J.-A. RICAUD

ÉTUDE

COMMERCIALE — INDUSTRIELLE — ÉCONOM[IQUE]

CONSTITUTIONNELLE etc.

DE LA

GRANDE RÉPUBLIQUE AMÉRICAINE

17 ANNÉES CHEZ LES YANKEES

DEUXIÈME ÉDITION

[B]IBLIOTHÈQUE UNIVERSELL[E]
A.-M. BEAUDELOT
IMPRIMEUR-ÉDITEUR
PARIS — 8, Place des Vosges, 8 — PARIS
1889

LA

GRANDE RÉPUBLIQUE

AMÉRICAINE

17 ANNÉES CHEZ LES YANKEES

J.-A. RICAUD

ÉTUDE
COMMERCIALE — INDUSTRIELLE — ECONOMIQUE
CONSTITUTIONNELLE, ETC.

DE LA

GRANDE RÉPUBLIQUE AMÉRICAINE

17 ANNÉES CHEZ LES YANKEES

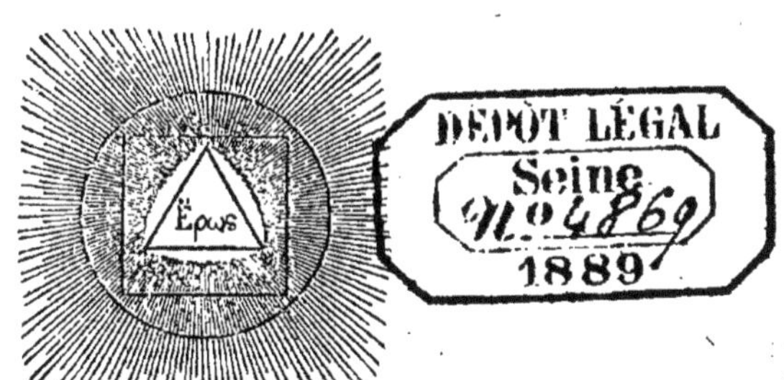

BIBLIOTHÈQUE UNIVERSELLE
A.-M. BEAUDELOT
IMPRIMEUR-ÉDITEUR
PARIS — 9, Place des Vosges, 9 — PARIS
1889

AVERTISSEMENT

Notre siècle accuse, par la fréquence et l'acuité de ses crises, la nécessité de modifications importantes à notre état économique et social. En face de cette nécessité inéluctable, nous ne saurions trop observer et, de quelque côté que nous vienne la lumière, nous ne saurions trop la regarder en face et la proclamer, afin de hâter, autant qu'il est en notre pouvoir, la réalisation des progrès souhaités. Si nous persistons à vouloir fermer les yeux, nous subirons encore, jusqu'à ce que notre intelligence et notre conscience soient éclairées, les rudes leçons dont nous sommes victimes chaque jour par notre ignorance et notre égoïsme.

L'histoire du siècle, — le premier que viennent de traverser les Etats-Unis, — nous force à fixer nos regards sur ce peuple du nouveau monde. Nous voyons, à son origine, un groupement composé d'éléments les plus divers, auxquels sont venus se joindre des caractères d'élite, des esprits généreux, qui après avoir assuré leur indépenpance en s'affranchissant de la domination anglaise, se sont constitués sous le soleil tout puissant de la Liberté, pour grandir avec une rapidité qui nous étonne. Leur puissance, leur population, qui sera de 86,000,000 en 1900 et de 110,000,000 en 1910, les admirables ressources d'un continent qui ne laisse rien à envier à l'ancien monde sont autant de sujets intéressants qui s'imposent à nos méditations. Leur étendue territoriale est aussi considérable que l'Europe entière et composée comme elle de nombreux états, mais soumis à une législation à la fois autonome et commune qui favorise merveilleusement leur développement. La Liberté est reconnue comme la loi suprême pour les Etats comme pour les individus. Les uns et les autres se félicitent de cette même solidarité qui les unit.

L'ancien monde, au contraire, semble avoir pour unique mission d'élever constamment entre les peuples des barrières infranchissables. Nous sommes réduits par un esprit d'égoïsme à hérisser nos frontières de baïonnettes, et sous prétexte de sécurité, à nous entourer de formidables forteresses en face de celles que nos voisins ont élevées menaçantes.

Le despotisme et l'ambition de quelques monarques, qui rappellent les rois sauvages de l'Afrique, soumettent leurs sujets et contraignent l'Europe au plus honteux des esclavages, la tyrannie militaire. Ce monstrueux état de chose arrache à la production plus de 15,000,000 d'hommes, les forces vives de la population.

Le commerce et l'industrie, écrasés par de telles préoccupations, languissent et s'épuisent à consacrer leurs ressources à des armements sans fin, barbares instruments des mauvais génies qui trônent sur les destinées de l'Europe.

Tandis que le principe qui a été accepté par les

Etats-Unis et qui inspire leur législation est le *droit*, l'ancien monde est encore gouverné par la *force*.

L'Amérique est libre et en pleine possession de sa destinée — l'Europe, au contraire, le monde civilisé par excellence (ô ironie) est à la merci de quelques potentats dont elle est la chose.

Un contraste pareil n'est-il pas fait pour attirer l'attention des philosophes, des hommes d'état de tous les pays, et les pousser à chercher le remède aux maux dont nous souffrons?

Le remède à ces horribles tueries qui se préparent avec un luxe effréné et des frais qui nous ruinent, est-il introuvable? Nous ne le croyons pas, et c'est à ce sentiment que nous devons la conscience du devoir que nous remplissons aujourd'hui en divulgant la prospérité, la richesse présente et la fortune future des Etats-Unis d'Amérique.

Cette fortune, ils la doivent en premier lieu à leur état économique particulier favorisé par leur situation continentale; mais la *Constitution* et la *Fédération* qui relient ces nombreux états ne sont sans doute pas étrangères aux progrès gigantesques que nous constatons chez eux.

Ce peuple *neuf*, sans préjugés, ni monarchiques, ni religieux, a pu facilement et sans hésitation, d'un seul trait, faire des lois qui satisfissent les aspirations et les besoins de citoyens qui se savent libres. Mais, un siècle après notre affranchissement social, un siècle après la proclamation solennelle des Droits de l'Homme devant le monde entier, le temps n'est-il pas venu d'asseoir enfin notre vieille société sur des bases plus en harmonie avec nos aspirations et nos besoins? Après avoir contribué à l'affranchissement des Etats-Unis, ne devons-nous pas enfin, une fois pour toutes, dépouiller notre constitution de ce que l'on pourrait appeler le *vieil homme*.

N'est-il pas logique de penser que ce qui a fait le bonheur des Etats-Unis peut aussi, pour les mêmes raisons, faire la fortune du nôtre, étant donnée la communauté de nos principes. En tout cas, l'étude de la Constitution américaine s'impose à tous les esprits sérieux qui, dans leurs préoccupations de l'avenir, ne séparent pas de l'idée de patrie l'humanité tout entière. Car, il ne faut pas oublier que, comme les individus, les nations sont solidaires et, comme eux, ont le devoir de profiter de leurs expériences réciproques.

La *Constitution* et la *Fédération* sont donc deux points particulièrement importants et qui méritent de notre part une attention toute particulière.

Le premier point a été mis en lumière d'une façon complète par l'auteur de ce travail qui ne l'a perdu de vue ni dans ses études ni dans ses comparaisons. S'il est vrai que la Grande République Américaine doit beaucoup de sa fortune à sa Constitution, est-ce à dire que la nôtre soit la cause unique de tous nos maux ? La vérité c'est que le nombre des partis, la diversité de leurs vues et de leurs intérêts sont un obstacle bien plus grand à notre bien être et bien plus nuisible au progrès que nous désirons que notre Constitution elle-même, toute imparfaite qu'elle soit.

Si, pour de nombreuses raisons, nous ne pouvons accepter dans son ensemble la Constitution américaine, son esprit mérite cependant d'être étudié avec le plus grand soin. Nous ne pouvons nous désintéresser de cette question au moment où le mot de Revision est dans toutes les bouches et hante beaucoup d'esprits, qui la préconisent comme un remède souverain à nos plaies sociales, sans savoir la plupart, ce qu'ils veulent reviser.

A cette époque surtout, où une certaine agitation se fait autour de la Constitution de la Grande République Américaine, que l'on connaît si peu, n'est-il pas vraiment utile, pour la sûreté de notre orientation, d'avoir entre nos mains des éléments sérieux qui nous permettent de judicieuses comparaisons entre elles et les lois qui nous régissent.

Ce volume nous fournira sur ce point de nombreux et importants matériaux.

Quant à l'état économique de l'Europe, que nous trouvons si défectueux et qui nous présage un avenir si sombre, il n'appartient qu'à notre volonté de le modifier. Quand je dis *nous,* j'entends les nations européennes, car, toutes ont le plus grand intérêt à ce qu'une législation internationale plus équitable, établie sur ces bases indiscutables : la *Solidarité* et la *Justice*, vienne les sauver de la ruine imminente pour toutes.

Toutes, en effet, sentent la nécessité de mettre leur situation économique en harmonie avec le progrès qui marche sans cesse de l'autre côté de l'Atlantique. Les observateurs attentifs ne s'y trompent pas. La supériorité croissante des Etats-Unis, impose aux états européens une solidarité d'intérêts analogue à celle qui donne des résultats si prodigieux en Amérique et qui nous menace d'une formidable invasion de produits naturels ou manufacturés.

Si, dans une certaine mesure, les productions naturelles d'Europe peuvent rivaliser avec celles des Etats-Unis, nos produits manufacturés soutiennent bien moins la concurrence sur le terrain de la lutte commerciale.

Cette infériorité est due uniquement aux impôts écrasants que souffrent chez nous le commerce et l'industrie, ce problème peut-être résolu par une opération très simple :

Supprimons dans tous les états européens les charges militaires que leur impose leur antagonisme *factice*.

Les impôts énormes qu'elles exigent, se trouvant supprimés, le commerce et l'industrie seront d'autant soulagés.

Il s'agit d'une somme qui représente, depuis dix années seulement, plus de 40.000.000.000 de francs, consacrés à l'entretien de ces armées et absolument perdus pour le commerce et l'industrie, ces « mamelles » de l'Europe.

Voilà pour l'argent, mais le travail que devraient produire les 4 ou 5.000.000 d'hommes retenus sous les drapeaux ne représente-il pas une somme de bien être, une fortune considérable que nous sommes condamnés à sacrifier tous les ans au militarisme ?

Cette plaie, cette honte, les Etats-Unis n'ont pas à en souffrir, et nous devons, nous, par tous les moyens en notre pouvoir, supprimer cette indignité. Le jour n'est peut-être pas éloigné où ce progrès sera atteint.

Le *Congrès interparlementaire de la paix*, qui vient d'avoir lieu, n'est-il pas la preuve de l'intérêt qu'attachent à la destruction des haines entre les nations les hommes politiques les plus distingués, qui sont venus d'Angleterre, d'Italie, de Hongrie, d'Espagne, de Danemark, de Belgique se joindre aux membres les plus éclairés du parlement français pour élaborer ensemble les bases de l'harmonie humaine ? N'est-ce point là un acheminement vers la fondation d'un tribunal international, juge suprême des différents entre les Etats ?

N'est-il pas vrai que le sentiment du Droit se développe et tend à remplacer les effusious de sang dans le règlement des intérêts des peuples ? C'est l'avenir prochain du triomphe de l'Intelligence, de la Justice et de la Fraternité sur la barbarie.

N'est-ce pas la preuve aussi que les peuples sont écœurés des horreurs de la guerre, honteux d'avoir, pendant des siècles, sacrifié à ce Moloch tant de victimes humaines ?

Au moment où les nations, par une heureuse intuition du bonheur qu'elles entrevoient, semblent si bien disposées à s'entendre et à vouloir s'harmoniser, nous ne saurions trop souhaiter la réalisation d'aussi nobles aspirations. La Confédération est devenue une nécessité primordiale pour l'Europe. Ce projet n'est pas aussi chimérique qu'il semble à première vue. Les peuples, malgré l'opposition de leurs gouvernants, semblent vouloir se rapprocher les uns des autres ; ils comprennent enfin la solidarité de leurs intérêts et la nécessité de se grouper dans une alliance pacifique. Ils attendent impatiemment que dans leurs Parlements, leurs défenseurs les plus autorisés s'élèvent en faveur de l'Arbitrage et de la Fédération européenne. Que les hommes d'Etat de tous les pays, qui entrevoient les bienfaits que de telles mesures doivent répandre sur l'Humanité, proclament hautement cette motion et la lumière se fera dans les consciences.

Les gouvernements n'oseront plus alors fomenter entre les nations des haines qui ne doivent servir qu'à des ambitions personnelles ; ils ne les contraindront plus à forger des fers pour s'entr'égorger. Puissent les rois, pour leur honneur, encourager l'éclosion de cette ère de Justice qui se lève sur leurs peuples ! Après avoir été seuls arbitres de la guerre, le temps n'est-il point venu pour eux de cesser de conduire leurs sujets, par millions, à la boucherie, et de déclarer tous ensemble que la guerre désormais ne désolera plus leurs campagnes et n'exterminera plus leurs troupeaux, car, tout rois qu'ils sont, ils n'en sont pas moins des humains ?

Aux bénédictions de leurs sujets se joindront alors les applaudissements des Républiques.

Et ce siècle aura vu la réforme la plus sublime qu'ait osé espérer l'Humanité, qui régénérée dans la Justice, grandira dans la Paix, sous l'égide de la loi suprême des peuples : l'AMOUR.

A.-M. Beaudelot,

Editeur.

PRÉFACE

Je me suis proposé de publier ce petit volume, afin de contribuer pour une faible part à faire connaître à mes compatriotes un pays où j'ai vécu pendant dix-sept ans. Ce long séjour aux États-Unis m'a familiarisé avec la langue, le caractère, les mœurs, l'esprit et les idées de ce peuple Yankee dont les progrès rapides, ininterrompus, malgré quelques crises passagères, font l'étonnement de l'Ancien Monde. Cette race hétérogène, issue du mélange de toutes les races et de toutes les nationalités européennes, où l'Anglo-Saxon a la prédominance, tout en subissant les modifications dues à l'influence du sol, du climat, du contact et du mélange des autres races, et a formé un peuple extraordinaire, sans contredit le plus fort, le plus énergique, le plus entreprenant, le plus audacieux et peut-être aussi le plus intelligent qu'il y ait actuellement dans le monde.

Quand on considère ce qu'étaient les États-Unis en 1776 et ce qu'ils sont en 1886, ce qui s'est fait en 110 ans dans ce pays est prodigieux ; quand je considère moi-même les progrès de cette République pendant le séjour que j'y ai fait de 1866 à 1884, je suis frappé d'admiration. J'ai suivi pas à pas, au jour le jour, pendant ces longues années, le mouvement industriel, agricole, commercial et social des Américains. Ce n'est pas dans un simple voyage de quelques semaines de New-York à San Francisco, de Boston à la Nouvelle-Orléans, de Chicago à Galveston; ce n'est pas en assistant à quelques meetings politiques, à quelques séances du Congrès, à quelques réunions intimes dans les salons de l'aristocratie américaine, de l'aristocratie de la fortune, que j'ai pu étudier ce grand peuple et cette vaste contrée. J'ai vécu de la vie américaine pendant les plus belles années de ma vie, de 28 à 45 ans. J'ai vécu avec le peuple, de la vie du peuple, constamment mêlé au peuple; j'ai fréquenté les blancs, les nègres, les indiens, les yankees du Nord, les créoles du Sud, les pionniers de l'Ouest, les mineurs de la Pensylvanie, les chercheurs d'or de la Californie, les riches planteurs de la Louisiane entourés de leurs nègres, les étrangers, les émigrants, les natifs, les ouvriers des grandes manufactures de l'Est, les industriels, les marchands, les fermiers, etc.; j'ai étudié, j'ai observé les races, les classes, les religions, les sectes, les partis politiques, la presse, les arts, l'industrie, le commerce, l'agriculture, l'éducation en un mot, tout ce qui constitue la vie de cette grande nation hétérogène dont le progrès matériel nous surprend et qui menace d'envahir un jour notre vieux continent.

En ce siècle, les Américains du Nord ont défriché plus de terres, construit plus de chemins de fer, de villes, de ports, de monuments publics et privés, de manufactures, de bateaux à vapeur, d'églises, d'écoles, etc., que toutes les nations de l'Europe ensemble. La population de l'Union a décuplé en 80 ans et la richesse publique et les fortunes privées s'y sont accrues dans des proportions plus grandes encore.

Depuis mon retour en France, j'ai été frappé du grand nombre d'idées erronées qui circulent ici sur les États-Unis, des connaissances imparfaites que les Français, en général, ont de l'Amérique et des Américains du Nord. Nos journaux, nos revues, la plupart même des meilleurs ouvrages écrits en France sur l'Amérique, contiennent des notions vagues, incomplètes, souvent fausses sur la Grande République modèle.

Le Français, essentiellement casanier, probablement parce qu'il se trouve fort bien chez lui, voyage peu et connaît fort mal les pays étrangers;

les quelques rares voyageurs de notre pays qui s'aventurent dans les contrées lointaines n'y font généralement qu'un court séjour. Ils voient à la hâte et en courant, observent peu, écrivent à la légère, quoique avec esprit, ce qui s'offre à leur vue de prime abord, sans se donner la peine d'étudier, longuement, lentement et péniblement, les questions qu'ils traitent ; ils n'ont pas la ténacité des Anglais et l'esprit philosophique des Allemands ; ils se contentent d'effleurer leur sujet et, comme notre bon La Fontaine, loin d'épuiser une matière, ils n'en prennent que la fleur.

Les voyageurs français ont un autre défaut. Ils sont et ils veulent toujours et partout rester trop Français ; ils veulent tout assimiler aux mœurs et aux goûts des Français ; ils ne tiennent pas assez compte de la latitude et de la longitude des pays qu'ils parcourent, du climat, des peuples, des langues, des mœurs, des lois, des religions, etc. Ils ont en tête un idéal auquel ils comparent tous les peuples et tous les pays: cet idéal, c'est la France et le Français. Le Parisien voudrait trouver partout des Parisiens; le Marseillais se moque de tous ceux qui ne parlent pas comme sur la Cannebière; le Gascon trouve les Yankees trop sérieux, les Anglais trop fiers, les gens du Nord trop peu communicatifs; il voudrait voir tout le monde manger, boire et blaguer comme lui. Combien peu de voyageurs savent juger sainement les divers peuples qu'ils rencontrent dans leurs courses autour du monde! Combien savent les apprécier à leur juste valeur, sans idées préconçues, sans préjugés de race, de nationalités, de religion, de langage, etc. Reconnaissons bien sincèrement que c'est là notre grand défaut, le défaut surtout des voyageurs superficiels qui ne font qu'un court séjour dans les pays et chez les peuples qu'ils veulent dépeindre. Méfions-nous de ces voyages en quelques semaines, de ces vues à vol d'oiseau, de toutes ces promenades, visites, excursions de quelques jours qui s'étalent dans les vitrines de nos librairies. On y trouve presque toujours de l'esprit et de l'élégance, mais rarement du fond, du sérieux, du positif, des renseignements exacts, des matériaux précieux sur les pays et les peuples que les auteurs trop pressés n'ont fait qu'entrevoir.

Enfant, j'avais lu les voyages de Chateaubriand en Amérique et je les trouvais bien beaux ; ils ont peut-être contribué pour une bonne part à m'y pousser ; mais après avoir passé quinze années sur les bords du Mississipi, l'ouvrage m'étant un jour tombé sous la main, je le jetai au fleuve, furieux d'y trouver tant d'erreurs. Dans moins de cinquante ans, ce volume pourra certainement encourir les mêmes reproches, mais pour le moment s'il a quelque mérite, c'est celui de l'exactitude. Puisse ce seul mérite le recommander à la bienveillance des lecteurs qui cherchent dans leurs lectures autre chose que les agréments du style et les charmes de la poésie.

PREMIÈRE PARTIE

CHAPITRE PREMIER

EN AMÉRIQUE

Le 19 septembre 1866, je m'embarquai au Havre pour le Nouveau-Monde. Je pris passage à bord du *Cella,* grand steamer blindé appartenant à une Compagnie Anglo-Américaine ; c'était la première fois que je me mettais en mer et je payai mon tribut à l'Océan. Il y avait à bord 400 passagers d'entrepont ; la plupart étaient des émigrants Allemands vivant pêle-mêle dans le plus parfait désordre. Quand on apportait à l'entrepont des monceaux de choucroute, ils s'y jetaient dessus à poignées et tout disparaissait en un clin d'œil ; les gros quartiers de bœuf bouilli et les pommes de terre en robe de chambre étaient devorés avec la même avidité. J'ai bien voyagé depuis, mais je n'ai jamais rencontré des gens aussi affamés que ces émigrants allemands. Nous étions une trentaine aux secondes et il y avait vingt passagers de première classe et, en outre, environ soixante employés à bord, matelots, officiers, cuisiniers, domestiques. Je passai les trois premières nuits sur le pont, appuyé au grand mât et enveloppé d'une grosse couverte de laine. Quand le mal de mer fut passé, l'appétit revint et je fis honneur aux quatre repas qu'on servait tous les jours dans le grand salon. Vers la fin de septembre nous essuyâmes une affreuse tempête. Pendant huit jours, il fut impossible de monter sur le pont ; toutes les voiles étaient baissées, la machine à vapeur cessa de fonctionner et notre navire fut pendant tout ce temps abandonné au milieu de l'Océan, à la garde de Dieu et à la violence des vents. J'avais souvent désiré voir une tempête. Je fus complètement satisfait. Toutes les descriptions que j'avais lues dans les auteurs ne m'avaient donné qu'une idée fort incomplète de ces vagues immenses, soulevées par les vents impétueux du Nord, de ces montagnes cristallines aux crêtes transparentes qui menaçaient à chaque instant de nous engloutir. Un jour que le soleil brillait d'un vif éclat, bien que la mer fut terriblement agitée par les vents, je voulus contempler d'un peu plus haut et en toute liberté ce magnifique spectacle. Je grimpai aux échelles et j'allai me blottir au fond d'une chaloupe suspendue à quelques mètres au-dessus du plus haut pont. J'étais à près de dix mètres au-dessus de la ligne de flottaison. Couché au fond de ma petite barque, il me fut permis d'admirer pendant quelque temps le plus beau spectacle qu'une mer en fureur puisse offrir à l'œil humain. Le navire, emporté par la violence des vents, s'élevait sur la cîme des vagues, puis s'enfonçait comme dans un gouffre mouvant. Quelquefois une vague immense le couvrait entièrement et, un instant après, je voyais sa grosse masse noire surgir de ce gouffre béant. Tantôt il était penché sur le flanc droit et soudain il se relevait et tombait sur le côté gauche. Quelquefois la poupe semblait plonger dans un abîme et la proue s'élevait à pic. Ballotté par les vagues successives qui venaient se briser contre la lourde cuirasse du steamer, je m'abandonnais à mes rêveries, lorsqu'une vague énorme, plus haute que toutes les autres, m'inonda complètement et remplit d'eau salée la petite barque où je reposais dans une délicieuse contemplation de l'immensité de l'Océan. Je bus une bonne gorgée d'eau saumâtre et je descendis à la hâte dans mon étroite cabine.

Le 12 octobre, nous aperçûmes les côtes verdoyantes de Long-Island; vers trois heures de l'après-midi, nous entrons dans l'immense baie de New-York et à 6 heures, au soleil couchant, nous débarquons au Castel-Garden. Nous avions mis 23 jours pour faire une traversée que les bons steamers accomplissent maintenant en 8 jours. La tempête, l'ouragan, la longue et pénible traversée, tout fut bientôt oublié en mettant le pied sur cette belle terre de la libre Amérique. Nous apprenons, en débarquant, que, pendant la tempête que nous avions essuyée, onze navires avaient fait naufrage sur les côtes des Etats-Unis, et entre autres l'*Evening-Star*, magnifique steamer faisant le service de New-York à la Nouvelle-Orléans, à bord duquel étaient 60 personnes de la troupe française organisée par M. Paul Alhaiza pour jouer l'Opéra à la Nouvelle-Orléans pendant la saison d'hiver, et environ 400 autres passagers ou matelots. Tout périt dans ce terrible naufrage. Paul Alhaiza n'était pas avec sa troupe, il était allé au-devant, l'attendre à la Nouvelle-Orléans ; il a depuis dirigé avec talent plusieurs scènes à Bruxelles et à Paris. Heureusement, nous nous trouvions en pleine mer et notre navire fut assez fort pour résister pendant huit jours à la fureur des vagues.

CHAPITRE II

NEW-YORK

La première impression que l'on subit en arrivant dans la métropole américaine, c'est celle d'un mouvement, d'un bruit, d'un tumulte continuels. On n'y marche pas, on ne s'y promène pas comme sur nos boulevards de Paris, on court. La foule houleuse, affairée, empressée, semble courir constamment. J'avais beau allonger le pas, je ne pouvais suivre la masse mouvante dans Broadway, la grande artère de la cité. Les nombreux émigrants débarqués au Castel-Garden, remontèrent d'abord tous en groupes serrés cette immense voie, puis ils se dispersèrent dans les rues latérales et se perdirent dans la foule immense. Harcelé à chaque instant par des agents, courtiers, commissionnaires, qui m'interpellaient en anglais, allemand, italien, français, espagnol, etc., je fis semblant d'ignorer toutes ces langues et je refusai de suivre tous ces exploiteurs des émigrants. Il y avait si longtemps que je n'avais mis les pieds sur le « plancher des vaches » que j'éprouvais un plaisir indicible à marcher, à fouler le sol stable, à frapper du talon le macadam des larges trottoirs de Broadway.

Après avoir fait quelques kilomètres, le long de cette magnifique rue, je lus sur un grand mur blanc : Saint-James Hôtel, en grosses lettres dorées. J'entre et je m'installe sur un balcon pour continuer à voir passer la foule. L'hôtel que j'avais choisi est au coin d'une rue qui coupe Broadway à angles droits et, de mon balcon, je voyais aux deux extrémités de la rue transversale les mâts des navires à l'ancre dans le port.

New-York est bâti sur la petite île de *Manhattan*, à l'embouchure de l'Hudson, qui la sépare de la terre ferme du côté de l'Ouest. Un petit bras de mer étroit la sépare à l'Est de Long-Island et, vers le Nord, une autre rivière navigable, de douze kilomètres de longueur, met en communication l'Hudson et la rivière de l'Est et isole complètement l'île de Manhattan, qui a environ 21 kilomètres de long sur une largeur de 2 à 4 kilomètres et une superficie de 56 kilomètres carrés. La ville de New-York occupe entièrement la petite île de Manhattan.

Le commerce est établi dans la partie inférieure de la ville dont les rues, quoique généralement droites, sont tracées avec moins de régularité que dans le haut. Ces rues sont toutes perpendiculaires ou parallèles au port qui entoure la ville. Dans la partie haute de New-York se trouvent ces magnifiques avenues qui se prolongent parallèlement jusqu'à l'extrémité nord de la ville. La 5e avenue part du milieu de la place Washington et partage la ville, dans sa largeur, en deux parties presque égales. Les rues transversales coupent les avenues à angles droits et aboutissent toutes du côté de l'Ouest à l'Hudson, et vers l'Est à l'East-River; elles ne portent qu'un numéro et sont à 80 mètres de distance l'une de l'autre. Les avenues sont à environ 300 mètres. Il y en a une douzaine; elles sont très larges, plantées de beaux arbres et sillonnées de tramways; elles ont de 12 à 15 kilomètres de longueur. A la 59e rue, en remontant la ville, on rencontre le fameux Central-Park, vaste rectangle de 4 kilomètres de long sur 900 mètres de large. Il s'étend de la 59e à la 110e rue, entre la 5e et la 8e avenue. Il y a au milieu du parc un grand réservoir et le bassin de Croton qui fournissent l'eau à toute la ville. Un aqueduc souterrain, de 64 kilomètres de longueur, amène l'eau d'un petit lac situé au Nord et alimente le réservoir d'eau limpide et fraîche; il peut fournir 240 millions de litres d'eau par jour. Ce grand ouvrage fut achevé en 1842 et a coûté 75 millions.

Les plus importantes rues de New-York sont, après le Broadway et les avenues: Bowery, du côté de l'Est parallèle à Broadway, les rues du Canal et Grand, qui croisent Broadway; Wall-Street, qui part de Broadway vers le bas de la ville. C'est la rue des banquiers. Ses caveaux regorgent d'or. On trouve dans cette rue quelques beaux édifices publics, entr'autres la Bourse des Marchands, vaste bâtiment massif en granit, surmonté d'un dôme magnifique de plus de 40 mètres de hauteur. Ce monument a 65 mètres de longueur, plus de 50 de profondeur et 25 mètres de hauteur à la corniche. Il y a, au-devant, un beau portique formé de 18 colonnes monolithes de 12 mètres de hauteur, pesant chacune 43 tonnes. Parmi ses vastes salles, il y a une rotonde de près de 25 m.

de diamètre, couronnée par un dôme très élevé, supporté en partie par huit belles colonnes de marbre d'Italie. La rue de l'Ouest, le long de l'Hudson et la rue du Sud, le long de la rivière de l'Est, sont occupées par les grandes maisons d'exportation et d'importation; les rues Pearl, Pine, Cédar et Broad sont bordées de magasins d'étoffes pour l'exportation et la vente en gros; les rues Water et Front, sont occupées par le commerce en gros des groceries ou épiceries; dans la rue Nassau sont établies de vastes imprimeries et de nombreuses librairies.

L'architecture de New-York a quelque chose de grandiose, elle est simple dans ses ornements et imposante par les vastes dimensions des beaux édifices publics et privés que l'on rencontre partout. Les maisons ont généralement un sous-sol habité. Les cuisines, les salles à manger, dans les hôtels et les restaurants, sont ordinairement au sous-sol. Cet étage inférieur, souterrain, sert d'entrepôt dans les magasins et les manufactures. On y descend par de vastes escaliers en pierre de taille. Le granit et le marbre sont prodigués dans les vastes constructions qui sont généralement très élevées, surtout dans la partie la plus commerçante de la ville. Parmi les plus beaux monuments publics de New-York, on doit citer : l'Eglise de la Trinité, dans Broadway, en face de Wall-Street. C'est un des plus anciens et des plus beaux temples des Etats-Unis ; sa haute tour domine la ville et apparaît en entrant dans la baie. L'Hôtel-de-Ville ou City-Hall, qui occupe un magnifique emplacement sur le Parc, est bâti tout en marbre et pierre de taille. Il a une belle coupole surmontée d'une statue colossale de la Justice. La Douane, dans Broad-Street, est un splendide monument en marbre blanc, construit sur le modèle du Parthénon d'Athènes. La Nouvelle-Poste, achevée il y a quelques années seulement, est le plus beau monument de ce genre aux Etats-Unis et peut-être dans le monde entier; elle a coûté des sommes fabuleuses. Le Palais de Justice, appelé communément les Tombes, comprend un groupe de vastes bâtisses construites d'après le style égyptien. Le Pénitentiaire, les Asiles des Fous et des Indigents, situés dans l'île Blackwell, sont de vastes monuments d'une architecture imposante. Le Nouvel Arsenal de l'Etat, sur la 5e avenue entre la 62e et la 64e rue, est un vaste bâtiment d'architecture gothique surmonté de huit tours de 22 mètres dont quatre sur la façade de la 5e avenue. Il y a à New-York plus de 500 églises consacrées aux divers cultes qui tous rivalisent de zèle et font une active propagande religieuse. C'est le Catholicisme qui, depuis quarante ans, a fait le plus de progrès ; il compte maintenant à New-York plus de 600,000 membres et des centaines d'églises.

Les établissements d'éducation : universités, collèges, lycées, académies, séminaires, etc.; les sociétés scientifiques, historiques, géographiques et littéraires et les établissements de bienfaisance y sont nombreux et bien dotés ; les théâtres et les lieux d'amusement n'y font pas défaut non plus. Mais ce qui caractérise la ville de New-York, ce qui la distingue de toutes les grandes villes du monde, c'est son activité industrielle et commerciale. Nulle part on ne rencontre tant de banques, de compagnies d'assurance, de navigation, de chemin de fer, de sociétés industrielles et commerciales, et toutes ces innombrables compagnies et agences ont leurs bureaux dans les palais qui bordent Broadway, Bowery, Chambers, Canal, Grand, Hudson, Wall-Street, etc. New-York est non seulement l'entrepôt des Etat-Unis, c'est aussi celui de toute l'Amérique. Les plus belles rues sont sillonnées de tramways et cela ne suffit pas à la circulation, au mouvement colossal, à l'activité fébrile de cette ville immense. Au-dessus de la tête des piétons, au-dessus des rues boueuses où roulent les lourdes charrettes, on voit circuler les wagons du Métropolitain, du chemin de fer aérien. De loin en loin, on trouve en plein air un escalier tournant en fer et au sommet de l'escalier une petite plate-forme. Toutes les dix minutes, des trains passent et arrêtent aux stations pour prendre les passagers qui sont sur la plate-forme et débarquer ceux qui veulent descendre. Moyennant cinq sous, on voyage en l'air, à 10 ou 12 mètres au-dessus du sol, et l'on peut aller d'un bout à l'autre de la vaste cité. Comme l'oiseau, vous planez au-dessus du sol boueux, des pavés retentissants, de la foule, du bruit, du tumulte, de l'encombrement et, de cette voie aérienne, vous contemplez avec orgueil la foule qui roule sous vos pieds ; parfois vous jetez un coup d'œil clandestin aux fenêtres et aux jalousies entrouvertes qui passent en face ou au-dessous de vous. J'avoue que si ce Métropolitain a des inconvénients, je le préfère à celui de Londres qui est presque partout souterrain ; et si jamais les Parisiens s'avisent d'en établir un, je leur conseille de suivre le système des Yankees.

Les lignes télégraphiques et téléphoniques sont si nombreuses et si multipliées que dans toutes les rues de New-York vous voyez au-dessus de votre tête un réseau de fils métalliques. J'ai compté jusqu'à 160 fils accrochés à un seul poteau.

L'activité règne partout dans cette ville extraordinaire, en l'air, dans les rues et sous terre ; au dehors et dans l'intérieur des maisons ; dans toute la ville et plus encore dans le port qui l'environne.

La rade de New-York est une des plus belles, des plus vastes, et des plus sûres qu'il y ait dans le monde. Toutes les flottes de la terre pourraient s'y mouvoir à l'aise. A l'entrée, on a à sa gauche l'île Staten et à droite Long-Island. Une passe étroite et profonde, défendue par les forts de La Fayette et Richemont, se trouve entre ces deux îles verdoyantes. Dans l'intérieur de la baie, il y a quelques petits îlots et, vers le milieu, en face de la ville, se trouve le petit récif de Bedloc où s'élève le large piédestal qui supporte la colossale statue de Bartholdi : la Liberté éclairant le monde, qui tient dans sa main droite, à 110 mètres de hauteur, un phare électrique de première grandeur, illuminant la vaste baie et les villes de Brooklyn, New-York et New-Jersey. Au fond de la baie, apparaît le fameux Castel-Garden où débarquent tous les jours des milliers d'émigrants européens ; le port s'étend de chaque côté de la ville qui est très allongée. Les plus vastes embarcadères sont sur l'Hudson, ou rivière de l'Ouest, qui est navigable jusqu'à Albany, capitale de l'état de New-York, environ 220 kilomètres plus au Nord. Sur la rive droite de l'Hudson, en face de New-York, est bâtie la ville de New-Jersey qui a déjà une population de plus de 300,000 habitants. C'est à Jersey-City qu'aboutissent la plupart des grandes lignes de chemin de fer de l'Ouest et du Sud. D'immenses bateaux plats appelés Ferry-Boats font le service entre New-York et les embarcadères des Rail-Roads à Jersey-City. Un bras de mer étroit et profond s'allonge au Sud-Est et à l'Est de la ville de New-York et la sépare de Long-Island où est bâtie la vaste cité de Brooklyn, qui a maintenant plus de sept cent mille habitants et qui, de même que New-Jersey, peut être considérée comme un faubourg de New-York. Un beau pont suspendu, achevé en 1883, met en communication les deux grandes cités. Le pont de Brooklyn, en fil de fer, a un kilomètre de long ; c'est le plus vaste pont du monde ; les plus gros navires passent au-dessous, à pleines voiles ; il a coûté près de 80 millions de francs.

Le port de New-York est des plus commodes. De nombreuses jetées sur pilotis s'allongent autour de la ville ; les navires viennent à pleines voiles s'amarrer le long de ces jetées, dans les bassins qui les séparent, et peuvent directement embarquer et débarquer les marchandises et les voyageurs dans de vastes entrepôts construits sur ces jetées. Les grandes lignes de navigation ont chacune leur embarcadère marqué simplement par un grand poteau ne portant qu'un numéro. En face du poteau ou *pier* est bâti l'entrepôt sur la façade duquel on peut lire de loin le nom de la Compagnie de Navigation, et de chaque côté de la jetée est un bassin dont un côté est affecté spécialement aux navires de cette Compagnie. La Compagnie Transatlantique française est au poteau 44 sur l'Hudson ou rivière de l'Ouest.

New-York avait en 1880 une population de 1,200 mille habitants ; elle doit en avoir maintenant un million et demi et, en y comprenant ses faubourgs : Brooklyn, Jersey-City, Hoboken, Newark, Williamsburg ; on a, au fond de la baie de New-York, une agglomération de plus de deux millions et demi d'habitants.

Cette ville a progressé rapidement comme la grande République Américaine. Son commerce n'est dépassé que par celui de Londres et il est destiné à atteindre bientôt et même à dépasser celui de la métropole anglaise. C'est le grand entrepôt du Nouveau-Monde. De nombreuses et colossales fortunes s'y sont accumulées en peu d'années. Les millionnaires s'y comptent par centaines. Au premier rang, il faut placer les Vanderbilt qui, depuis le commencement du siècle, ont amassé une fortune de plus d'un milliard et demi. Le chef de la dynastie, le Commodore Cornélius Vanderbilt, mort en 1875, avait, par son activité et par son génie commercial gagné environ 500 millions ; son fils aîné William, le roi des chemins de fer, quoique moins intelligent que son père, a considérablement augmenté l'héritage paternel. Il vient de mourir, frappé d'une attaque d'apoplexie, sur les dalles de marbre de son magnifique palais de la 7e avenue. Il laisse 500 millions à chacun de ses deux enfants et 500 millions aux œuvres de bienfaisance. Il se sentait écrasé par une telle fortune et il a voulu alléger le fardeau de ses enfants en en léguant une part considérable au public.

Jay Gould, quoique jeune encore. a déjà gagné plus d'un milliard, soit dans les entreprises de chemins de fer, soit dans d'heureuses spéculations sur les fonds publics. Collis P. Huttington possède 500 millions, et un grand nombre d'autres millionnaires ont fait des fortunes colossales dans les Rail-Roads.

A. T. Steward, le prince des marchands, mort il y a quelques années, avait gagné 500 millions dans le commerce des étoffes. Outre son vaste magasin du bas de la ville pour la vente en gros, il avait fait construire sur Broadway, entre la 8e et la 9e rue, un immense bâtiment à six étages, tout en marbre et granit, pour la confection et le commerce de détail.

Il y avait là une armée d'employés et, au 5e étage, cinq cents machines à coudre tenues par des femmes. On sait que son cadavre fut volé après sa mort. Sa veuve offrit un million de dollars à quiconque le ferait retrouver. Les voleurs demandaient 10 millions pour la restitution du cadavre. Peu à peu ils diminuèrent de leurs prétentions et la veuve réduisit graduellement ses offres. Enfin, on lui écrivit un jour : « Le corps de votre cher et regretté mari est dans telle ville, rue ... n° .... Combien donnez-vous comptant pour l'avoir et que voulez-vous que nous en fassions ? » La veuve inconsolable répondit par un seul mot : « Keep it, Gardez-le. »

Astor a fait une fortune colossale en spéculant

sur la propriété foncière, dans une ville où les immeubles ont souvent décuplé et centuplé en quelques années. Il a fondé la plus belle bibliothèque de New-York et bâti l'un des plus vastes hôtels du monde : l'Astor-House, qui a plus de mille chambres. La famille Astor a gagné quelques centaines de millions parce qu'un de ses ancêtres, prévoyant la grandeur future de New-York, avait eu l'idée d'acheter de vastes terrains vagues dans le Nord de l'île Manhattan.

P. Lorillard a fondé à New-York la plus grande manufacture de tabacs qu'il y ait dans le monde. Il occupe plus de 2,000 ouvriers et, dans une seule année, en 1883, il a payé au gouvernement 55 millions de taxes, ce qui suppose une vente d'au moins 150 millions des produits de sa manufacture : tabacs divers, cigares et cigarettes.

Dans la finance, dans le commerce, dans l'industrie, il s'est fait à New-York des fortunes rapides et colossales.

Récemment, le général Grant, au retour de son voyage autour du monde, voulant montrer sa reconnaissance pour la généreuse hospitalité qu'il avait reçue au Japon, offrit un splendide dîner à l'Ambassade Japonaise qui visitait les Etats-Unis. Tous les invités à ce festin, qui eut lieu dans les salons de l'Union-Club, étaient des archi-millionnaires. Personne ne fut honoré d'une lettre d'invitation s'il ne possédait en propriétés ou marchandises, titres ou obligations, au-delà de un million de dollars. L'ancien Président de la République a voulu montrer aux princes Japonais, aux parents du Tycoon, que la seule aristocratie, la seule noblesse aux Etats-Unis, c'est celle de la fortune, et que ceux qui, par leur travail et par leur industrie, ont acquis une grande fortune, sont les égaux au moins, sinon les supérieurs, des nobles qui, dans les vieilles contrées, ont hérité leurs titres, leurs terres et leur fortune de leurs ancêtres.

En Amérique, chacun est le fils de ses œuvres. Un Self-made-man, un homme qui s'est fait lui-même, qui s'est créé par son travail personnel une position élevée dans la société, est tout particulièrement respecté. Il n'y a que deux classes d'individus : ceux qui ont fait fortune et travaillent à l'augmenter, et ceux qui travaillent à édifier leur fortune. Et qu'on ne se figure pas qu'en Amérique tous les moyens sont bons pour arriver à la fortune. Erreur grossière : Un travail constant et des entreprises honnêtes et heureuses sont les seules voies qui mènent à la fortune. Les fortunes mal acquises y sont excessivement rares et ne sont pas solides. On peut faire une spéculation frauduleuse aux Etats-Unis, mais on n'en fera pas deux, parce que tout le monde y est intelligent et que tout le monde y spécule, plus ou moins bien, plus ou moins heureusement, il est vrai ; mais chacun spécule ; et quiconque peut une fois tromper le public ne le trompera pas deux fois, parce que dans ce public, il se rencontrera toujours quelqu'un de plus intelligent et plus habile que lui, et une affaire louche, une spéculation frauduleuse suffisent toujours pour ruiner le crédit et la fortune d'un individu.

CHAPITRE III

ÉMIGRATION

Près de 2,000 Européens débarquent chaque jour au Castel-Garden de New-York, et cette foule d'émigrants de toutes les nationalités présente un aspect curieux à l'observateur :

Anglais, Irlandais, Allemands, Danois, Suédois, Belges, Français, Suisses, Italiens, Hongrois, Illyriens, Grecs, Espagnols, s'accostent, se heurtent, se coudoient sans pouvoir se comprendre. Aussitôt qu'ils ont mis pied à terre, ils se hâtent de remonter le Broadway, emportant leurs malles, valises, paquets, ustensiles de ménage, tout ce qu'ils avaient de plus précieux et de plus utile dans la vieille Europe. A leurs habits grossiers, à leurs chaussures ferrées, on reconnaît aisément dans les rues tous ces nouveaux déballés qui, peu à peu, se dispersent dans les rues transversales et vont se perdre dans la foule immense de la grande ville. Une foule d'agents, de commissionnaires, parlant toutes les langues de l'Europe, s'emparent des émigrants, se les disputent, se les arrachent, leur promettant tous de les nourrir et de les loger à meilleur marché pour mieux les exploiter. Dans d'énormes wagons, ils jettent, ils entassent les bagages, font monter les femmes et les enfants et entraînent des bandes nombreuses dans leurs gargotes, dans de prétendus hôtels de la pire espèce, où ils tâchent de les garder tant qu'il leur reste quelques pièces d'or d'Europe. Une multitude de maisons interlopes ne vivent que de l'exploitation des émigrants. En arrivant, avant même de débarquer, des agents subalternes s'offrent à eux, comme guides, conducteurs ou placeurs. Les nouveaux arrivés les suivent, heureux de trouver quelqu'un qui les tire de l'embarras où ils se trouvent en débarquant au milieu de la foule. Au bout de quelques jours, chacun s'aperçoit que son prétendu protecteur lui a fait payer cher ses services. Malgré les plaintes et les réclamations continuelles, les émigrants sont toujours exploités de la même façon à leur arrivée à New-York. Le gouvernement lui-même a voulu avoir sa part, il a mis un impôt de un dollar sur tout émigrant qui débarque sur le sol Américain.

Dix millions d'Européens ont débarqué au Castel-Garden depuis 1866 et, depuis cette époque, la situation n'a guère changé. Les émigrants apportent généralement avec eux un petit pécule, ne serait-ce que pour vivre pendant quelques semaines en attendant l'ouvrage ou un placement convenable qui leur permette de gagner leur vie. Quelques-uns, la plupart même, se dirigent vers l'Ouest ou le Sud, et, bien que les trains d'émigrants soient à prix réduits, ils coûtent encore assez cher. C'est certainement rester au-dessous de la vérité que d'évaluer à 500 fr. le numéraire de chaque émigrant à son arrivée. Cela fait néanmoins cinq milliards que l'Europe a versés aux Etats-Unis depuis 1866, en 22 ans. Ce n'est pas tout : il faut tenir compte de la valeur de ces dix millions de travailleurs courageux, énergiques et entreprenants ; car, il faut bien se figurer que ce ne sont pas les moins actifs, les moins audacieux qui émigrent. Il faut une certaine hardiesse pour oser s'aventurer à travers l'Océan, quitter le pays natal toujours si cher, le foyer paternel, le village où l'on a passé son enfance, dire adieu aux parents, amis, voisins et camarades pour aller au loin tenter fortune dans des pays inconnus. Ces émigrants sont pour la plupart des adultes et ce n'est certainement pas exagérer que d'estimer à mille francs la valeur qu'ils représentent individuellement : Cela fait encore dix milliards ; en outre, ces émigrants sont d'excellents travailleurs, des ouvriers précieux, des producteurs économes. Ce n'est pas la paresse qui les pousse à émigrer ; c'est surtout l'ambition et peut-être aussi un peu la misère des basses classes en Europe. Ils ne traversent pas l'Océan pour aller se croiser les bras sur les côtes américaines ; ils savent que tout n'y est pas roses, ils savent qu'ils ne parviendront à s'y créer une position convenable que par le travail et l'économie. Ils ne sont ni plus intelligents, ni plus adroits, ni plus habiles que ceux qui sont nés sur le sol américain ; mais ils devront être plus laborieux et surtout plus économes, ce sont ces deux seules qualités qui les conduiront à l'aisance et même à la fortune. Que l'on calcule maintenant la production annuelle de ces millions de travailleurs et l'on se fera une idée de l'augmentation prodigieuse de la richesse aux Etats-Unis par le fait de l'émigration. On comprend ainsi que l'Europe contribue pour une bonne part aux progrès monstrueux du colosse Américain. On verra plus loin que la production totale agricole, industrielle et minière de la Grande République est annuellement de plus de cinquante milliards, soit environ mille francs par personne, et les émigrants contribuent certainement pour une large part à cette immense production.

Depuis 1820, les Etats-Unis ont reçu 14 millions d'émigrants blancs :

Sur ce nombre :

L'Irlande a fourni plus de....	4.000.000
L'Angleterre et l'Ecosse......	1.500.000
L'Allemagne................	4.000.000
Le Canada..................	1.000.000
La Suède et la Norwège......	570.000
La France..................	330.000
La Suisse..................	100.000
L'Italie...................	250.000
La Belgique et la Hollande...	200.000
La Russie..................	125.000
L'Autriche	150.000

On voit, d'après cette statistique, que la masse de la population des Etats-Unis est d'origine Anglo-Saxonne. Ce sont ces Anglo-Saxons américanisés qui forment le peuple Yankee, sans contredit le plus fort, le plus audacieux, le plus énergique, le plus entreprenant et, j'ose avancer, le plus intelligent des peuples existant actuellement dans le monde. J'ai étudié pendant vingt ans ce peuple hétérogène, issu du mélange de toutes les nations européennes ; je l'ai suivi dans sa marche progressive depuis la lutte fratricide qui avait un moment arrêté son essor merveilleux. L'Union, un instant relâchée, s'est consolidée depuis la suppression de l'esclavage, et débarrassée enfin de cette plaie qui faisait ombre à sa gloire, elle marche maintenant plus unie, plus forte, plus triomphante et plus prospère que jamais.

Nous avons vu d'où viennent les émigrants qui vont chaque année augmenter la population et la richesse des Etats-Unis. Où vont-ils et que font-ils dans la grande République? Les Allemands vont surtout dans les vastes plaines de l'Ouest et deviennent d'excellents fermiers; dans les villes, ils tiennent ordinairement les groceries, les barrooms et surtout les débits de bière. Les Irlandais vont partout où il y a des travaux pénibles à exécuter : ce sont les hommes de la pioche, de la pelle et de la brouette; ils font les terrassements des routes, creusent les fossés, construisent les levées, les chemins de fer, etc.; ce sont, avec les nègres, les travailleurs les plus précieux, ceux qui remuent le plus de terre. Quelques-uns, les plus intelligents, font d'excellents entrepreneurs, de bons négociants honnêtes, dignes de toute confiance. Les Anglais font surtout le haut commerce et la banque; ils se livrent aussi à l'industrie et réussissent généralement partout. Les Français, dispersés dans toutes les villes, sont ouvriers, artisans, cuisiniers ; quelques-uns font le commerce de détail. Les Italiens et les Espagnols font le petit cabotage ; ils vendent des fruits, des huîtres, du poisson, etc. Les

Belges et les Suisses sont partout d'excellents ouvriers, de bons artisans.

Tous ces émigrants s'américanisent promptement et peu à peu se mêlent, se confondent et se perdent dans la masse du peuple américain. Leurs fils sont citoyens américains et se hâtent d'oublier le pays d'origine de leurs pères. J'ai remarqué que ces fils d'étrangers sont toujours ceux qui dédaignent le plus, qui méprisent même les pays d'Europe. Fiers de leur titre et de leurs droits de citoyens américains, ils s'inquiètent peu du pays de leurs ancêtres et, si leurs pères sont mariés à des femmes du pays, ils ne reconnaissent guère que leurs parents maternels. Après quelques générations, l'américanisation, le mélange des races est complet, la langue des aïeux est oubliée, les mœurs, les coutumes, le caractère même, se modifient sous l'influence du milieu et l'on ne distingue guère les descendants d'Anglais, d'Allemands, de Suédois, de Belges, de Français, de Suisses, d'Italiens, etc., tous sont devenus de purs Yankees, de bons et vrais patriotes américains. Les Irlandais semblent seuls conserver un peu plus longtemps leur caractère national, qui finit aussi par disparaître.

CHAPITRE IV

VOYAGE A TRAVERS LA GRANDE RÉPUBLIQUE

Après avoir passé huit jours à New-York, je pris un matin l'Hudson-Rail-Road qui se dirige d'abord vers le Nord en suivant la rive gauche de l'Hudson jusqu'à Albany, capitale de l'Etat, qui est à environ 230 kilomètres de New-York. Rien n'est plus charmant ni plus majestueux que les bords de ce fleuve sillonné de bateaux à vapeur. C'est, en effet, sur l'Hudson qu'a été inaugurée la navigation à vapeur. Le 11 août 1807, l'illustre Fulton qui, d'abord, était venu offrir sa belle invention à Napoléon Ier et qui avait fait sur la Seine un premier essai de navigation à la vapeur qui ne fit qu'amuser les Parisiens ; Fulton, dis-je, lança sur l'Hudson le premier bateau mu uniquement par la vapeur. Le bateau se détache d'abord lentement des quais bordés d'une foule immense : « Il partira », criaient les uns. « Il ne partira pas », répondaient les autres. Après avoir lentement et péniblement fait un mille, le *Clermont* prend sa course aux applaudissements de la foule. Arrivé à Albany, Fulton annonce qu'il va prendre des passagers pour les transporter à New-York moyennant six dollars. Un seul homme, un Français du nom d'Andrieux, ose se hasarder sur ce bateau qui lance des bouffées de fumée noire. Sur toute la rive, on admire la hardiesse de ce premier voyageur et de l'inventeur qui est acclamé en débarquant sur le quai de West-Street. Quelques années plus tard, des milliers de bateaux à vapeur parcouraient tous les grands fleuves américains. A Albany, le chemin de fer traverse l'Hudson sur un beau pont en fer et se dirige vers l'Ouest, en traversant tout l'Etat de New-York jusqu'aux chutes du Niagara. La maison d'Etat ou le Capitole d'Albany est, après le Capitole de Washington, le plus vaste monument public des Etats-Unis. Il vient à peine d'être achevé et a coûté 175 millions de francs.

Albany est à la tête de la navigation de l'Hudson. Deux canaux importants y aboutissent : le canal Champlain, qui met en communication l'Hudson et le Saint-Laurent par les lacs Georges, Champlain et la rivière Saint-John ; et le canal de l'Erié, qui traverse presque tout l'Etat de New-York et fait communiquer l'Hudson aux grands lacs de l'Amérique du Nord.

Plusieurs lignes de chemin de fer aboutissent aussi à Albany et font de cette ville l'entrepôt d'un immense commerce entre le nord et l'ouest de la République.

Après avoir parcouru le vaste Etat de New-York, le plus peuplé, le mieux cultivé et le plus riche des Etats de l'Union, j'arrivai à Niagara-City au coucher du soleil et par une de ces magnifiques soirées du commencement de l'automne, si calmes et si belles dans les vastes solitudes du Nouveau-Monde ; j'eus le plaisir de contempler la cataracte du Niagara, une des plus belles et des plus imposantes scènes naturelles de l'Amérique, si souvent décrite par les voyageurs.

Le lendemain, je passai le pont du Niagara et je fis une petite excursion au Canada, cette ancienne terre française, où je retrouvai les descendants de nos émigrés du XVIe et du XVIIe siècle, des compagnons de Champlain, Cartier, Jumonville, qui ont conservé, malgré la longue domination anglaise, la langue, les mœurs et la religion de leurs ancêtres. Je revins le soir sur la terre Américaine, et en passant le pont suspendu sur la cataracte, je m'arrêtai un instant pour contempler une dernière fois ce majestueux Saint-Laurent, aux ondes limpides et fraîches, dont le lit large et profond reçoit les eaux du Canada et celles des grands lacs de l'Amérique du Nord. Assis sur le rocher à pic qui partage en deux branches la vaste nappe d'eau qui se précipite avec fracas de plus de 50 mètres de hauteur au fond d'un gouffre d'où elle s'élève ensuite en bouillonnant dans des flots d'écume étincelants aux rayons du soleil couchant, j'avais au-devant de moi, à quelques kilomètres, la vaste nappe argentée du lac Ontario, si calme et si paisible, présentant un contraste admirable avec le bruit étourdissant de la cataracte. Les mêmes eaux, redevenues tranquilles et unies, ressemblaient à un miroir d'argent entouré de vertes collines et de sombres forêts de pins. De loin en loin, on apercevait, dans les éclaircies, de charmants villages aux murs blancs et, de temps à autre, le sifflet strident des locomotives et des bateaux à vapeur se mêlait au bruit monotone des vagues. Je pris ensuite le Lake

Shore R. R., qui suit la côte méridionale du lac Eriéjusqu'à Tolédo. L'Erié a 416 kilomètres de longueur, de Buffalo à Tolédo. Les principales villes que l'on traverse sont : Buffalo, Dunkirk, Erié, Cleveland, Tolédo, cités industrielles et ports commerçants sur la côte méridionale du lac. De Tolédo à Chicago, on coupe en ligne droite la presqu'île du Michigan, qui s'étend entre les lacs Erié, Michigan, Huron et St-Clair. Cette presqu'île forme l'Etat du Michigan, si riche en cuivre et en fer. La région du cuivre s'étend sur la côte méridionale du lac Supérieur ; la région du fer occupe presque toute la presqu'île située entre le lac Supérieur au nord, le lac Michigan au Sud, et la rivière Sainte-Marie à l'Est. On y trouve la ville de Marquette, port important sur le lac Supérieur. Cette ville doit son nom au religieux français qui, le premier, explora ces contrées lointaines. Dans ces régions, on rencontre presque partout des noms Français qui rappellent les établissements des premiers colons français et canadiens : Détroit, Ste-Marie, La Fayette, Joliet (1), La Salle, Fond-du-Lac, Racine, St-Louis, Vermillon, La Crosse, Traverse-City, Des Moines, Louisville, Terre-Haute, Vincennes, St-Joseph, Belle-Ville, Ste-Geneviève, Saut-Ste-Marie, Prairie-du-Chien, St-Clair, etc., sont des villes importantes fondées par des Français ou en souvenir des premiers colons français, sans compter les nombreux : Paris, La Fayette, Orléans, Versail-

(1) Joliet et Marquette sont les deux premiers blancs qui ont parcouru le Mississipi en pirogue. Leur voyage eut lieu en 1673.

lès, etc. On est heureux, quand on voyage dans ces vastes régions de l'Ouest de rencontrer sinon beaucoup de Français, ils y sont malheureusement clair-semés, du moins un grand nombre de noms qui nous montrent que des Français sont passés par là et y ont laissé des traces ineffaçables, des souvenirs de leurs colonisations. Sans doute leurs descendants américanisés, perdus dans la masse Anglo-Saxonne, n'ont conservé de leur origine que le nom patronymique ; quant aux prénoms ils sont bien vite anglicanisés : les Jean deviennent John, les Pierre se font appeler Peter, les Guillaume, William. J'ai connu un gascon, Jacques Billion, qui de son vivant même se faisait appeler James Billion ; il mettait James sur son enseigne, sur ses factures, il prétendait que cela sonnait mieux, que ce changement augmentait sa clientèle. On reproche assez aux Français de n'être pas colonisateurs et, néanmoins, ils ont colonisé le Canada et la vallée du Mississipi, de l'Atlantique aux Montagnes-Rocheuses ; de la baie d'Hudson au golfe du Mexique, ils ont laissé des traces ineffaçables de leur passage et de leurs premiers établissements; et, dans le temps que Dupleix faisait la conquête de l'Inde, Champlain fonde Québec, Bienville fonde la Nouvelle-Orléans, et Pontrincourt s'empare de l'Acadie, de la Nouvelle-Ecosse et bâtit Port-Royal. D'autres Français explorent la Floride, Terre-Neuve, la Guyane, le Brésil et les Antilles. Que nous reste-t-il de notre empire coloniale du XVIe, du XVIIe et du commencement du XVIIIe siècle? Quelques points isolés, quelques îlots épars : les Anglais nous ont partout supplantés.

CHAPITRE V

CHICAGO THE GARDEN CITY

Chicago, ville de plus de 600,000 habitants, grand port de commerce au fond du lac Michigan, n'était qu'un village il y a quarante ans ; cité merveilleuse, sortie comme par enchantement des brumes du lac, c'est la ville du porc et de la viande. Elle prépare et livre à la consommation du monde pour plus de 500 millions de francs de viande de porc et de bœuf par an. C'est là qu'on trouve la plus grande boucherie du monde, qui abat 460,000 bœufs par an, soit plus de 1,500 bœufs par jour ouvrable. Un seul homme suffit à cette monstrueuse hécatombe ; à l'aide d'un gros marteau mû par la vapeur, il abat ses 1,500 bœufs en dix heures. Les bœufs, en tombant, roulent sur un tramway et sont écorchés, dépouillés, nettoyés, mis en quartiers par une armée de bouchers ; ils sont ensuite entassés dans des centaines de wagons qui les transportent immédiatement dans les grandes villes de l'Est ; dix ou douze heures après qu'ils ont été abattus, ces bœufs sont étalés sur les marchés de New-York, Boston, Philadelphie, Baltimore, Washington. Autrefois, on transportait les animaux vivants et ils arrivaient meurtris, exténués; on trouve maintenant qu'il est plus avantageux de ne transporter que la viande.

Un autre boucher tue chaque jour 2,000 cochons qui sont immédiatement préparés par une armée de charcutiers. Les jambons sont sucrés ou fumés et cousus dans de la toile ; les épaules sont salées et mises en boucants de 1,000 à 1,200 livres ; les côtés sont mis en barils de 200 livres et conservés dans la saumure ; la graisse est fondue et mise en kegs ou en barils de 150 kilos, et les pieds, les têtes, les langues, etc., sont enfermés dans des barils, barillets, caisses et boîtes en zinc hermétiquement fermés.

En 1871, un terrible incendie, le plus vaste peut-être que le monde ait vu depuis l'incendie de Londres en 1666, dévora un tiers de la ville de Chicago ; la partie la plus riche, la plus commerçante, le centre du mouvement et des affaires. Les pertes s'élevèrent à plusieurs milliards ; les plus riches compagnies d'assurances contre l'incendie furent ruinées ; quelques-unes firent faillite. Deux années après, toutes les traces de l'incendie avaient disparu, et la ville était sortie de ses ruines, plus brillante, plus prospère et plus riche que jamais.

Voici une anecdote qui donne une idée de l'activité et de l'esprit pratique des Yankees. Un Français et un Américain, associés depuis quelques années, avaient un magasin de détail dans la partie de la ville détruite par l'incendie. Ils furent si surpris dans la conflagration qu'ils s'enfuirent sans pouvoir rien sauver, pas même leurs livres de commerce. Ils se séparèrent dans la bagarre et le

Français ne s'arrêta que lorsqu'il fut hors de la ville. Il s'assit alors sur une hauteur et y passa le reste de la nuit à contempler ce vaste embrasement et à déplorer son malheur et celui de milliers d'autres marchands ruinés comme lui. Il était complètement découragé. Son associé, qu'il n'avait plus revu, avait peut-être péri dans l'incendie qui se propageait avec une rapidité surprenante, activé par les vents du lac, dans une ville dont la plupart des constructions étaient encore en bois de pin résineux. Le pauvre marchand français était désespéré et ne se sentait plus le courage de recommencer sa fortune perdue en un moment. Le lendemain, tandis qu'il était encore là à se lamenter, sur le point d'aller se jeter dans le lac, il voit arriver un train par le chemin de fer de Saint-Louis; instinctivement il va au débarcadère et qui trouve-t-il? son associé qui arrive avec cinq ou six wagons remplis de marchandises. Le Yankee n'avait pas perdu un temps précieux en plaintes inutiles. A peine avait-il vu l'incendie se répandre et dévorer les magasins et les entrepôts bondés de marchandises qu'il était parti par le premier train pour Saint-Louis où il avait acheté à la hâte, chez ses correspondants qui lui ouvrirent un crédit, un nouveau stock de marchandises de première nécessité. Il savait fort bien qu'après l'incendie des milliers de personnes, n'ayant sauvé que leur or, se trouveraient au milieu de l'hiver, sans vêtements, sans chaussures, sans couvertures, sans provisions. Et, en effet, pendant quelques jours les articles indispensables à la vie eurent à Chicago un prix excessif et, huit jours après, les deux associés étaient quatre fois plus riches qu'auparavant, grâce à la présence d'esprit et à l'énergie du Yankee qui releva le courage de son camarade.

Au recensement de 1850, Chicago n'avait que 29,000 habitants ; en 1880, elle avait 503,000 habitants. A la fin du siècle, cette ville merveilleuse aura plus d'un million d'habitants. A-t-on jamais vu dans le monde un exemple d'une grande ville fondée aussi rapidement !

Dix-sept lignes de chemin de fer aboutissent à Chicago et y apportent les riches productions agricoles des États voisins, et son port reçoit tous les ans, dans la saison où les lacs sont ouverts à la navigation, des milliers de navires chargés des produits des vastes contrées qui avoisinent les grands lacs. De nombreux élévateurs embarquent et débarquent en quelques heures les immenses cargaisons de l'Illinois, du Wisconsin, des bords fertiles du Michigan, de l'Indiana et des côtes canadiennes.

Des tramways à chevaux et d'autres à vapeur parcourent les magnifiques avenues et les principales rues de Chicago. Ajoutons que cette ville a un climat délicieux et qu'elle est la plus saine du monde. Elle est située un peu au-dessous du 42e parallèle : c'est la latitude de Barcelone, de la Corse, de Rome, de Constantinople, etc., mais en hiver il y fait un peu plus froid que dans ces villes d'Europe.

Voici quelle a été, en 1880, la mortalité par mille habitants dans quelques grandes villes où la statistique est faite régulièrement :

Noms des Villes	Population	Décès p. 1000 habitants
Chicago	503,000	17,9
Philadelphie	850,000	18,3
Saint-Louis	350,000	18,8
Boston	375,000	20,»
Baltimore	400,000	20,9
Londres	3,254,000	21,»
Leeds	318,000	21,8
Glasgow	556,000	21,9
New-York	1,200,000	23,4
Paris	1,988,000	24,»
Brooklyn	556,000	25,»
La Nouvelle-Orléans	216,000	27,7
Lyon	342,000	27,7
Berlin	1,096,000	29,8
Dublin	314,000	32,9

On voit d'après ce tableau, fourni par le bureau de statistique sanitaire de Washington, que les villes américaines sont généralement plus saines que nos villes d'Europe. Cela tient à plusieurs causes: les grandes villes des Etats-Unis occupent en général de vastes espaces et sont régulièrement construites. Leurs rues, larges et droites, se coupant toujours à angles droits, permettent à l'air de se renouveler facilement; le moindre vent qui souffle dans n'importe quelle direction, pénètre à l'intérieur de ces villes pour en chasser les miasmes délétères. Les vastes places, les belles avenues, les jardins publics et privés, plantés d'arbres majestueux, contribuent aussi à l'assainissement des grandes villes. Nulle part l'espace n'est économisé dans ces villes toutes modernes; l'emplacement est toujours admirablement choisi, soit au fond des baies, soit sur les bords des lacs ou des grands fleuves. L'air, la lumière, la verdure n'y manquent jamais et, dans certains quartiers des grandes villes américaines, on se croirait presque en pleine campagne, tellement les arbres y dominent les maisons. Si, du sommet du Capitole de Washington, on regarde du côté de l'avenue de la Pensylvanie, on ne voit que des alignements d'arbres magnifiques; à peine distingue-t-on au loin un coin de la façade de la Maison-Blanche, que l'on dirait perdue dans une forêt.

Chicago a été surnommée la ville des jardins, et nulle part, en effet, dans aucune ville d'Europe, on ne trouve plus d'arbres et de jardins publics et privés. Les bords du lac, les avenues Wabash, Michigan, Indiana, Milwaukee, Clybourne, Division, Nord, Sud, etc., les belles rues de Clark, State, La Salle, Wells, Franklin, Market, Welester, Canal, Clinton, Jefferson, etc., sont plantées d'arbres de toute beauté.

Les bords du lac étaient bas et marécageux, ils ont été exhaussés et ils sont maintenant très sains et la ville semble dominer le grand lac et la vaste plaine qui l'environnent. Les Américains l'appellent aussi la Reine des lacs. Les riches produits des bords de ces grands amas d'eau douce s'y accumulent. Elle est le grand entrepôt du Nord. Les rivages canadiens des lacs y envoient des bois de charpente, des animaux, des fourrures et des céréales. Placée à peu près à égale distance entre les deux Océans, elle est l'intermédiaire naturel du commerce entre San-Francisco et New-York, entre l'Atlantique et le Pacifique, entre le Canada et les Etats-Unis. C'est le centre du commerce de l'Amérique du Nord; l'avenir lui appartient comme à New-York, San-Francisco, Saint-Louis et la Nouvelle-Orléans, dont le site a été admirablement bien choisi.

CHAPITRE VI

DANS LE FAR-WEST

Les grands lacs de l'Amérique du Nord

Une chaîne de grands lacs se déversant l'un dans l'autre et le plus inférieur dans le Saint-Laurent, sépare au Nord, sur une étendue de 1,600 kilomètres, le Canada des Etats-Unis. Ces grands lacs américains contiennent plus de la moitié de la masse d'eaux douces qu'il y a dans le monde. Le volume de leurs eaux est évalué, par Maury, à 11,300 milles cubes ou environ 45,200 kilomètres cubes. Toutes ces eaux s'écoulent dans l'Atlantique par le Saint-Laurent, un des plus beaux fleuves du monde, qui porte à la mer 4,300,000 tonnes d'eau fraîche par an. Une immense navigation à voile et à vapeur est établie dans tous ces lacs. Les plus gros navires peuvent remonter le Saint-Laurent et, à l'aide du canal Welland qui contourne la chûte du Niagara, aller jusqu'au fond du lac Supérieur, parcourant ainsi une route navigable de mille lieues. Le Saint-Laurent proprement dit, n'a qu'une longueur de 692 milles, environ 1,100 kilomètres, de son embouchure au lac Ontario.

Le lac Supérieur est le plus vaste réservoir d'eau douce qu'il y ait dans le monde. Il a 640 kilomètres de longueur, 128 kilomètres de large et une profondeur de 263 mètres. Sa superficie est de 82,800 kilomètres carrés ; il est à 195 mètres d'altitude. Plus de 200 rivières tombent dans ce lac dont les bords sont ordinairement rocheux et très pittoresques. Ses côtes sont bien boisées ; la côte méridionale, qui appartient aux Etats-Unis, est riche en minerais de cuivre, de plomb et de fer exploités sur une vaste échelle. Les principaux ports sur cette côte sont : Port-Charlotte, Duluth, Fond-du-Lac, Port-du-Cuivre, Marquette et Saut-Sainte-Marie. Les eaux du lac Supérieur s'écoulent dans le lac Huron par la rivière Sainte-Marie, rendue navigable à l'aide d'un petit canal qui contourne les rapides du même nom situés à l'entrée de la rivière. Le lac Huron est à 47 pieds au-dessous du niveau du lac Supérieur; il a 380 kilomètres de long, 130 de large, environ 300 mètres de profondeur et 50,000 kilomètres carrés de superficie. Il communique, au Nord-Ouest, avec le lac Michigan qui s'enfonce entièrement dans les Etats-Unis entre les états du Michigan et du Wisconsin. Le lac Michigan a 500 kilomètres de longueur du Nord au Sud, 112 kilomètres de large et une superficie de 55,000 kilomètres carrés. Il est aussi profond que le lac Huron. Ces deux grands lacs sont à la même altitude et sont situés entre le 42e et le 46e de latitude Nord : c'est la latitude du Midi de la France. Les vastes plaines qui les environnent sont riches en bois et en pâturages et produisent d'immenses quantités de céréales, de légumes et de fruits qui font l'objet d'un grand commerce d'échanges avec l'Est et le Sud de la République. Les principaux ports que l'on trouve sur leurs rives sont : Chicago sur le lac Michigan, dont nous avons parlé ; Racine, belle ville un peu au Nord de Chicago ; Milwaukee, grand port de commerce sur le même lac, qui a déjà plus de 150,000 habitants.

C'est la ville de la bière, par excellence. Elle possède les plus vastes brasseries des Etats-Unis ; un seul fabricant de bière en expédie 20,000 barils par jour. La bière de Milwaukee est excellente et est répandue dans toute l'Amérique. En remontant la côte occidentale, on trouve encore quelques points importants : Port-Washington, Sheboygan, Matawac, Fond-du-Lac, etc. La côte orientale appartient à l'Etat du Michigan qui est presque entouré par les lacs. Le lac Huron se déverse dans le lac Saint-Clair, le plus petit des grands lacs ; il n'a que 32 kilomètres de long sur 30 de large et une superficie de 100 kilomètres carrés ; ses eaux s'écoulent dans le lac Erié. A l'entrée de la rivière qui fait communiquer ces deux lacs, est bâtie la ville de Détroit, qui a 150,000 habitants, port riche et commerçant, la plus importante ville de l'Etat du Michigan. En face de Détroit, est la belle ville de Windsor qui appartient au Canada. Les autres ports importants de la presqu'île du Michigan sont : Port-Huron, sur la rivière Saint-Clair qui fait communiquer le lac du même nom au lac Huron, Port-Austin, Baie-City, Saginaw, au fond de la vaste baie du même nom, Mackinaw, à l'entrée du détroit qui fait communiquer le lac Huron au lac Michigan, Grand-Haven, Port-Shelton, South-Haven, Benton, New-Buffalo. Les ports de la rive canadienne sont aussi nombreux et non moins importants par leur commerce de bois, de céréales et de bestiaux.

Le lac Erié a 380 kilomètres de longueur sur une largeur de 50 à 60 kilomètres ; sa superficie est de 24,864 kilomètres carrés. C'est le moins profond des grands lacs; il communique avec le lac Ontario par le Niagara dont nous avons parlé. Le lac Ontario n'est qu'à 75 mètres au-dessus de l'Océan, tandis que l'Erié est à 150 mètres d'altitude. Le lac Ontario a 288 kilomètres de long, 58 kilomètres dans sa plus grande largeur et une superficie de 16,300 kilomètres carrés. Les principaux ports sur la côte méridionale ou américaine des lacs Erié et Ontario sont, en partant de l'Ouest : Tolédo, grande ville de plus de 50,000 habitants, au fond de l'Erié; Port-Clinton ; Sandusky ; Cleveland, ville très industrielle qui avait 160,000 habitants en 1880 et qui fait de rapides progrès ; Erié, charmante ville où j'ai passé une agréable journée à l'ombre de ses grands pins; je me suis baigné dans les eaux limpides du lac ; Dunkirk; Buffalo (160,000 habitants) port très commerçant près du Niagara; Oswéga (25,000 habitants), le meilleur port Américain sur le lac Ontario. Les villes situées sur les côtes septentrionales de ces deux beaux lacs appartiennent au Canada et sont généralement très prospères et commerçantes ; nous devons amèrement regretter d'avoir perdu ce vaste pays.

Tous les états et les territoires voisins des

grands lacs ont été colonisés par des Français et, par le malheureux traité de 1763, la France a cédé toutes ces immenses colonies à l'Angleterre. On y rencontre partout des noms français, et notre langue, notre religion, nos mœurs se sont conservées presque intactes au Canada, malgré la longue domination anglaise.

Les eaux du lac Ontario s'écoulent dans l'Atlantique par le Saint-Laurent, le grand déversoir de la masse d'eau des grands lacs et des provinces du Bas-Canada. Le Saint-Laurent a environ 1,100 kilomètres de longueur du lac Ontario à la mer, il est fort large et assez profond pour porter les plus gros navires. Cinq mille bateaux parcourent en été ce beau fleuve et les grands lacs qui, en hiver, sont couverts de glaces épaisses. La saison navigable dure ordinairement sept mois ; pendant ce temps, les plus gros navires de Londres et de Liverpool vont charger les bois, le cuivre et le plomb sur les côtes du lac Supérieur, les grains et les viandes à Chicago, Toronto, Montréal, Québec, et les transportent directement dans les ports d'Europe. Pour éviter les chutes du Niagara, le gouvernement Anglais a creusé le canal Welland qui met en communication les lacs Erié et Ontario, et un autre petit canal contourne les rapides de Sainte-Marie entre le lac Supérieur et le lac Huron, de sorte que les navires vont de l'Atlantique au fond du lac Supérieur. Un autre débouché est ouvert à la navigation des hauts lacs. Les navires peuvent passer du lac Huron dans la baie Georges qui communique par la French River avec le lac canadien Nipissing, communiquant lui-même par une petite rivière navigable avec l'Ottawa, le plus grand fleuve du Canada, qui est partout navigable et se jette dans le Saint-Laurent près de Montréal. Cette route abrège la distance des hauts lacs à la mer, d'environ 160 kilomètres. Les ouragans sont aussi fréquents et aussi dangereux dans les grands lacs qu'en pleine mer. Quant le vent souffle, les vagues s'élèvent aussi impétueuses que sur l'Océan, mais le bureau météorologique de Washington est admirablement bien organisé pour signaler les dangers ; il rend de grands services à la navigation et a évité bien des naufrages, grâce au télégraphe qui transmet les changements atmosphériques avec une rapidité supérieure à celle des vents et des tempêtes. Aucune contrée au monde n'est si bien pourvue d'eau douce que le Canada et le Nord des Etats-Unis. Les provinces de l'Ontario et du Manitouba renferment une multitude de lacs aux eaux limpides et fraîches et, au-delà du lac Supérieur vers le Nord-Ouest, commence une nouvelle série de grands lacs dont les eaux s'écoulent au Nord, soit dans la baie d'Hudson, par le Nelson, la Severn et le Churchill ; soit dans l'Océan glacial Arctique par le Makensie, dont le vaste bassin fait le pendant de celui du Mississipi. Le Minnesota est en grande partie couvert de petits lacs qui donnent naissance à un grand nombre de rivières ; les unes s'écoulent vers le Sud, dans le golfe du Mexique, et d'autres appartiennent au versant du Nord. La vaste plaine élevée, qui s'étend du lac Supérieur aux Montagnes Rocheuses, limite les deux grands bassins de l'Amérique du Nord, et le 49° de latitude sert de limite entre l'Amérique anglaise et les Etats-Unis, à partir du lac des Bois, un peu à l'Ouest du lac Supérieur, jusqu'au Pacifique. Cette ligne ne correspond pas exactement à la ligne de partage des eaux. Quelques rivières ayant leurs sources dans le Manitoba tombent dans le Missouri, le grand affluent du Mississipi, et d'autres, qui ont leurs sources dans les Etats-Unis, coulent vers le nord.

Ces immenses régions, longtemps inhabitées, ont un climat tempéré qu'elles doivent surtout à leur peu d'élévation et à la présence de ces vastes amas d'eau douce. Elles sont très boisées et, depuis que le Transcontinental Canadien et le Northern Pacific-Rail-Road ont été achevés, l'émigration s'est portée dans ces régions et de vastes plaines ont été converties en riches pâturages et en champs de blé d'une admirable fertilité. Les découvertes de métaux précieux sur les flancs des montagnes Rocheuses ont attiré un vaste courant d'émigration vers le Far-West. Après avoir creusé des canaux, lavé des sables, fouillé le sous-sol, les chercheurs d'or se sont aperçus que la principale, que la véritable richesse de ces contrées incultes était dans la fécondité d'un sol vierge d'une admirable fertilité, et tous ces états du nord-ouest, de même que les états de la Californie, sont devenus, après l'effervescence de l'or, de riches contrées agricoles. Le Manitoba, la Colombie Britannique, et les états américains voisins : le Montana, l'Idaho, le Wyoming, le Colorado, le Minnesota, le Dakota, nourrissent maintenant de nombreux troupeaux d'animaux domestiques et produisent d'énormes quantités de céréales, de laines et de fruits.

Les troupeaux de buffles sauvages ont fait place aux troupeaux de moutons qui paissent toute l'année dans ces plaines vertes et humides dont la température est adoucie par les nombreuses nappes d'eau douce.

CHAPITRE VII

VALLÉE DU MISSISSIPI

Toute la vaste plaine qui s'étend des monts Alleghany à l'Est, aux Montagnes Rocheuses à l'Ouest ; du golfe du Mexique aux grands lacs et à l'Amérique anglaise, est arrosée par le Mississipi et ses nombreux tributaires. Cette immense vallée, la plus grande du monde après celle de l'Amazone, comprend les deux tiers de la surface des Etats-Unis, soit plus de cinq millions de kilomètres carrés : c'est dix fois la superficie de la France. Cette plaine, bien arrosée, est généralement très fertile, excepté dans le nord-ouest du Texas où se trouve une région aride de 300 milles de long et 200 de large, appelée communément le Liano Estacado ou le désert Américain. Les belles forêts et les plus riches pâturages se rencontrent partout ailleurs. Ce vaste bassin compris entièrement dans la zône tempérée, fournit en abondance les productions les plus utiles. On cultive la canne à sucre, le riz, le coton et le maïs dans le Texas, la Louisiane, le Mississipi, l'Alabama et l'Arkansas. Dans les états du centre et du nord on récolte d'immenses quantités de céréales, le tabac, les légumes et tous les fruits des climats tempérés. On y élève de nombreux troupeaux d'animaux domestiques : moutons, chevaux, bœufs et cochons, qui fournissent en abondance des laines, des peaux, de la viande de boucherie, des salaisons, du lait, du beurre et du fromage. C'est une contrée essentiellement agricole, sillonnée de belles rivières navigables qui facilitent le transport des riches produits du sol. Des milliers de bateaux à vapeur, de barges, de chalands, parcourent constamment le Mississipi et ses nombreux affluents. Les bords des rivières ont été les premiers endroits défrichés et cultivés ; puis, quand est venue l'ère des chemins de fer, les émigrants, les pionniers ont cherché à s'établir le long des voies ferrées ; partout alors les arbres sont tombés, la forêt a reculé le long des voies ferrées et a fait place aux champs de blé ou de maïs et aux vertes prairies. Chaque nouvelle ligne a été suivie d'une large éclaircie à travers la forêt sans fin ; les chemins de fer se sont rapidement multipliés et, maintenant, de belles fermes s'étendent le long de toutes les voies ferrées comme le long des fleuves et des rivières navigables. En parcourant ces routes, on voit partout des troncs d'arbres secs au milieu des champs de blé ou de maïs. Sur les racines des gros arbres abattus s'étalent de gros melons, d'énormes courges; les choux, les pommes de terre, les pieds de tabac sont plantés entre les souches à demi-pourries des pins, des chênes, des hêtres, des acatalpas, des magnolias ou des platanes, et l'humus entassé depuis des siècles et les cendres des vieilles forêts se transforment en fruits et en légumes de toute beauté. Les colons, les pionniers du Far-West ont un moyen de défrichement bien simple. Ils coupent les broussailles et les petits arbres de la forêt et se contentent de cerner les gros ; quand le petit bois est sec, ils y mettent le feu. Cerner un arbre, c'est faire une entaille tout autour de l'arbre pour arrêter la circulation de la sève ou bien lui enlever vers la base une ceinture d'écorce pour le faire sécher. Je voyais partout ces vieux troncs blanchis des géants des forêts ; dépouillés de leur parure, ils ressemblaient à d'énormes squelettes battus par les vents et les orages. Ils finissent par tomber quand leurs racines pourries ne peuvent plus les rattacher à cette terre qui les a nourris pendant des siècles. On se contente alors de les rouler en tas et d'y mettre le feu pour débarrasser le sol cultivé et ils restituent ainsi à la terre tout ce qu'ils lui avaient pris ; et cette terre engraissée de leurs vieux débris devient d'une admirable fécondité. Les arbres fruitiers prennent bientôt leur place et les pommes, les poires, les pêches délicieuses mûrissent sur les débris des forêts qui avaient occupé le sol depuis le commencement du monde. On ne peut se faire en Europe une idée de la fécondité de ce sol vierge de toute culture. Il suffit de gratter un peu la terre entre les souches des arbres abattus au milieu des troncs desséchés, des arbres cernés et d'y jeter quelques graines nouvelles pour avoir de magnifiques récoltes. Pendant quelques années, aucune mauvaise herbe ne nuit aux semences. Le feu a détruit tous les germes de l'antique végétation ; les débris des vieilles forêts disparaissent comme par enchantement et il s'écoule quelques années avant que les germes des mauvaises herbes, des plantes nuisibles à la culture se soient répandus, et pendant ce temps on fait de magnifiques récoltes presque sans travail. Plus tard il faudra labourer profondément et sarcler pour détruire la mauvaise herbe qui croît toujours trop vite ; mais en attendant le défricheur est payé largement de ses peines par les premières récoltes qui ont poussé presque sans travail et, comme l'espace ne manque pas, lorsqu'un champ commence à s'appauvrir, lorsqu'il est envahi par les plantes nuisibles aux récoltes, on l'abandonne souvent en savane ; on le laisse en friche, on le livre au pacage et l'on fait un pas en avant. Le fermier abat quelques arpents de plus de l'immense forêt qui l'entoure ; il se crée un champ nouveau, une nouvelle terre vierge, en attendant que le premier champ ait repris, après un long repos, sa fécondité première. On comprend aisément que dans de telles conditions les fermiers américains peuvent produire le blé et la viande à des prix impossibles à nos agriculteurs européens. Déjà, ils leur font une redoutable concurrence et bientôt ils causeront leur ruine. Il y a dans le dernier roman de Zola, *la Terre*, au milieu des turpitudes, une page vraie : c'est celle où le maître d'école fait connaître aux paysans de la Beauce, ébahis et trop attachés à leurs terres, que les blés d'Amérique arriveront bientôt en telles quantités qu'ils ne pourront plus vendre les leurs. Déjà, ils nous envoient des ceps pour renouveler nos vignobles détruits par le phylloxera ; bientôt ils nous enverront des vins ; il ne leur manque pour cela que cent mille vignerons européens de plus.

CHAPITRE VIII

NAVIGATION INTÉRIEURE

Au milieu de cette plaine immense dont nous venons de parler et à peu près à égale distance de l'Atlantique au Pacifique, coule du Nord au Sud le grand Mississipi ou Méchacébé, le père des eaux, qui reçoit de ses nombreux tributaires un grand nombre de navires chargés des riches produits du sol et met les habitants de cette heureuse vallée en communication directe et facile avec la mer. Le Mississipi prend sa source dans le lac Itaska, un peu à l'ouest du lac Supérieur, au milieu du plateau du Minnesota couvert de petits lacs et élevé de cinq à six cents mètres au-dessus du golfe du Mexique. Il a une longueur de 5,060 kilomètres ; sa pente moyenne est de onze centimètres par kilomètre. Il est navigable sur une étendue de 4,250 kilomètres, depuis les rapides de Saint-Antoine, un peu au nord de Saint-Paul, capitale du Minnesota, jusqu'au golfe du Mexique. Les principaux affluents du Mississipi sont les rivières Ste-Croix, Chipewa, Wisconsin, Illinois, Ohio et Yazoo, qui coulent sur la rive gauche, et la rivière Rouge, l'Arkansas, le Missouri et la rivière des Moines, sur la rive droite.

Le Missouri est le plus grand des tributaires du Mississipi ; il a près de 5,000 kilomètres de sa source à son confluent avec le Mississipi, et sa longueur totale est de 7,000 kilomètres, huit fois la longueur de la Seine ; c'est le plus long de tous les fleuves connus. La vallée du Missouri est beaucoup plus étendue que celle du Mississipi et ce fleuve aurait dû donner son nom au bassin. Le Missouri est navigable depuis le fort Benton, dans le Montana, près des Montagnes Rocheuses, soit plus de mille lieues, jusqu'à sa jonction avec le Mississipi. Il reçoit plusieurs rivières considérables : le Yellow Stone, le Big-Hand, la Powder, le petit Missouri, la Cheyenne, la Platte au Nebraska, qui a 2,400 kilomètres et est navigable sur la plus grande partie de son cours, et le Kansas. Le Missouri et tous ses affluents sortent de la chaîne des Montagnes Rocheuses. Les deux autres grands tributaires de la rive droite du Mississipi, l'Arkansas (3,400 k.) et la rivière Rouge (2,400 k.) sont aussi navigables sur une grande étendue.

L'Ohio est le principal affluent de la rive gauche du Mississipi. La vallée de l'Ohio s'étend jusqu'aux monts Alleghany et renferme plusieurs des plus beaux états de l'Union : le Tennessee, le Kentucky, l'Indiana, l'Ohio, une grande partie de la Pensylvanie, et la Virginie Occidentale. L'Ohio a 1,500 kilomètres de longueur et est entièrement navigable. Il est formé de la réunion de l'Alleghany et du Monougahela, qui arrosent l'ouest de la Pensylvanie et de la Virginie et qui sont navigables sur une grande longueur. Ces deux belles rivières prennent leurs sources dans la chaîne des Alleghanys si riche en métaux et minéraux utiles, fer, houille et pétrole. La rivière Alleghany communique par un canal avec le lac Erié et par le grand canal de la Pensylvanie avec la Susquehanna et la Delaware qui tombent dans l'Atlantique ; de sorte que la navigation intérieure du bassin du Missisipi est reliée à celle des grands lacs, au Nord, et à l'Est avec l'Océan. Aussi la houille de Pittsburg, à l'ouest de la Pensylvanie, est amenée dans des chalands jusqu'à la Nouvelle-Orléans et alimente toutes les villes et les usines des bords de l'Ohio et du Missisipi. D'un autre côté, elle est transportée, toujours par eau en suivant le canal de la Pensylvanie et les diverses rivières navigables que ce canal met en communication, à Philadelphie, Baltimore, Washington, Trenton, New-York, etc.; elle alimente toutes les grandes villes de l'Est, les baies de Delaware et Chesapeake et les ports de l'Atlantique. Malgré la multiplication des chemins de fer, les transports par eau sont et seront encore de longtemps les plus commodes et les plus économiques. Les bateaux à vapeur amènent du Minesota à la Nouvelle-Orléans, des barges remplies de grains et de légumes, moyennant 30 à 35 centimes le boisseau ; une barge contient deux à trois mille boisseaux de 60 livres. Les chalands de houille de Pittsburg contiennent de 12 à 1.500 barils de 100 kilos et l'on voit fréquemment un fort bateau à vapeur pousser au-devant de lui ou traîner à sa suite dix à douze chalands placés sur trois rangées.

Les habitants sucriers de la Basse-Louisiane, les usines riveraines achètent la houille par chalands, livrée sur place aux prix de 35 à 40 centimes le baril, 1 fr. 75 à 2 fr. les 100 kilos.

Les principaux tributaires de l'Ohio sont : l'Alleghany, le Monougahela, le Wabash, le Mrami, le Sciota, le Big-Sandy, le Kentucky, le Cumberland et le Tennessee qui a près de 1,300 kilomètres de long ; ils sont tous navigables sur une grande partie de leur cours. Des centaines de villes plus ou moins importantes, mais toutes très commerçantes, sont bâties sur les rives du Mississipi et de ses affluents. Toutes ces villes sont riches et prospères et deviendront considérables avec le temps, lorsque cette belle vallée aura la population qu'elle peut nourrir ; il y a là place encore pour des centaines de millions d'habitants qui pourront y vivre heureux. Elle contient dix fois la superficie de la France ; avec la même densité de population, elle pourrait avoir 375,000,000 d'habitants et la France est loin d'être arrivée au maximum de population.

Les villes maintenant les plus importantes que l'on rencontre en descendant le Mississipi en bateau sont : St-Anthony, près des rapides du même nom, tête de la navigation du fleuve, Saint-Paul (41,000 habitants), capitale du Minesota, ville très prospère, Prescott, Alma, La Crosse, Prairie-du-Chien, Dubecque (22,000 habitants), Clinton, Davenport, Burlington, Nawoo, fondée par les Mormons; Quincy, Hamubal, Alton, au confluent du Missouri, Saint-Louis, la plus grande ville du centre de la République, qui a déjà plus de 400,000 habitants et qui en aura un million dans quelques années, grand port de commerce où les navires du Havre et de Liverpool pourraient aller charger les grains, les laines et les viandes salées, si le Mississipi était, comme l'Amazone, ouvert à la navigation universelle, si St-Louis était déclaré port de mer. La ville est bâtie sur les deux rives du fleuve, qui sont mises en communication par un magnifique pont suspendu construit par l'ingénieur Eads; c'est le seul qui existe encore sur le grand fleuve. De Saint-Louis à la Nouvelle-Orléans il y a par le fleuve 1,250 milles, environ 2,000 kilomètres. J'ai fait plusieurs fois ce voyage très intéressant; les bateaux mettent à la descente environ six jours et sept à huit jours pour remonter le fleuve. La première ville importante que l'on trouve est Cairo, dans une belle situation à l'embouchure de l'Ohio, appelée à surpasser un jour le grand Caire d'Egypte, de même que Memphis (40,000 h.), qui est un peu plus bas, dépasse déjà l'antique cité Egyptienne. Colombus, entre Cairo et Memphis, port important, Helena ravagée par la fièvre jaune en 1878; Napoléon, au confluent de l'Arkansas; Bolivar, Wieksburg, bombardée pendant la guerre civile par les gunboats de la flotte fédérale. Lorsque, en 1866, je passai par là pour la première fois, cette ville était en ruines, tous les murs étaient percés par les projectiles; elle s'est promptement relevée de ses ruines et maintenant elle est en pleine prospérité et expédie de grandes quantités de coton, ainsi que Natchez (20,000 habitants) un peu au-dessous, siège d'un évêché catholique; Bayou, Sara, Port-Hudson, Bâton-Rouge, exportent aussi beaucoup de coton et tous les bateaux des fleuves y font escale. Bâton-Rouge est redevenue la capitale de la Louisiane, le Capitole, brûlé pendant la guerre civile, a été rebâti et le gouvernement de l'Etat y siège de nouveau après avoir été transféré pendant dix à douze ans à la Nouvelle-Orléans. On passe ensuite Bayou-Goula, Plaquemines, Donaldsonville, charmante petite ville à l'entrée du bayou Lafourche ; Gentilly, dans la paroisse St-Jacques, qui doit son nom à mon ami J. Gentil de Blois, le proscrit de 1851. Je n'oublierai jamais ce coin de terre où j'ai passé de longues années, le collège Jefferson avec son beau portique grec, le couvent du Sacré-Cœur avec sa façade orientale, l'église St-Michel et les magnifiques habitations sucrières du voisinage: Whellam, Bourgeois, Malris, Farstal, Fartier, Roman, Burnside, Armand, Wallis, etc. Une cinquantaine de milles encore, quelques heures en bateau ou en chemin de fer à travers les riches paroisses de St-Jacques, St-Jean-Baptiste, Saint-Charles et Jefferson, et l'on arrive à la Nouvelle-Orléans, la métropole du Sud, le grand port du golfe du Mexique, débouché naturel des produits de l'immense vallée du Mississipi, à laquelle nous consacrerons un chapitre à part.

La Nouvelle-Orléans est à plus de 150 kilomètres de l'embouchure du Mississipi dont le delta s'agrandit annuellement. Toute la Basse-Louisiane était autrefois sous l'eau et, maintenant encore, elle n'est protégée contre les inondations périodiques du fleuve que par de grandes jetées en terre appelées levées. La construction et l'entretien des levées est une des plus grandes préoccupations de l'Etat de la Louisiane et des riverains du grand fleuve, ainsi que des nombreux bayous qui communiquent avec le fleuve et qui grossissent en même temps que lui, du mois d'avril au mois de juillet. La hausse est quelquefois de 6 à 7 mètres, le maximum de la crue arrive ordinairement au mois de juin. Souvent alors, les vagues soulevées par les vents ou les bateaux à vapeur descendant où remontant le fleuve, passent par dessus la crête des levées et inondent les plaines environnantes qui sont à quelques mètres au-dessous du niveau des eaux du fleuve. Quelquefois même, les levées cèdent sous le poids des eaux ou sont minées par le courant et s'affaissent dans le vaste lit du fleuve; c'est alors une immense inondation. La brèche s'agrandit rapidement, une masse considérable d'eau se répand dans la plaine environnante qui est bientôt changée en un vaste lac. Les hommes et les animaux fuient à l'approche des eaux envahissantes; les maisons, pour la plupart en bois, sont emportées par le courant; les champs et les récoltes sont recouverts d'un épais limon, des milliers d'hectares de champs cultivés sont noyés en quelques heures. Les habitants essayent quelquefois de boucher les crevasses; avec des planches, ils font des barrages en bois au-devant desquels ils entassent des milliers de sacs remplis de terre, mais lorsque la brèche a atteint seulement 30 à 40 mètres de largeur, la fermeture devient impossible; il faut attendre la baisse des eaux pour reconstruire une nouvelle levée. Pour fermer la crevasse du Bonnet-Carré, dans la paroisse St-Jean-Baptiste, on a employé

400 hommes du pénitentiaire de Bâton-Rouge, qui y ont travaillé plus de six mois. La brêche avait un mille de large et il a fallu faire une levée de trois milles de long. Aux endroits les plus profonds de la crevasse, cette levée avait 35 mètres de largeur à sa base et 12 à 15 mètres de hauteur. Quelle montagne de terre il a fallu entasser avec la brouette! La fermeture de la crevasse de Marganzas, dans la Pointe-Coupée, a coûté huit à dix millions de francs; on l'avait laissé couler plusieurs années à cause de la difficulté de l'entreprise. Une commission spéciale permanente est chargée en Louisiane de la surveillance et de l'entretien des levées.

Le Mississipi arrive à changer de lit; tantôt il mine un de ses bords et dépose son limon sur le bord opposé; certains habitants riverains voient leurs champs s'agrandir annuellement par les alluvions du fleuve, tandis que d'autres voient leurs riches terrains s'en aller en dérive dans le courant qui va les déposer ailleurs. Quand le fleuve approche d'une levée, il faut la reculer, c'est-à-dire en construire une autre plus éloignée du bord. Inutile de chercher à arrêter les empiètements du grand fleuve qui a souvent, dans les endroits où il mine sa rive, une profondeur de 50, 60 et même 100 mètres.

Ainsi, ce grand fleuve est tout à la fois un bienfaiteur et un dangereux voisin; il porte la vie et la terreur; il vivifie et détruit, enrichit et ruine et il devient de plus en plus redoutable, de plus en plus dangereux. Le Mississipi grossit d'année en année; il est deux fois plus considérable qu'au temps de Chateaubriand et, dans cent ans, il sera bien plus grand encore. A mesure que les forêts sont abattues, que les plaines sont cultivées et canalisées, le volume de ses eaux augmente. Les déboisements, les défrichements facilitent l'écoulement des eaux dans le grand fleuve, et il arrivera un temps où il sera impossible de le maintenir dans son vaste lit, à moins que ce lit ne se creuse à mesure de l'augmentation des eaux en le maintenant rétréci autant que possible. C'est le système préconisé par l'ingénieur Eads. D'autres voudraient pratiquer des saignées au grand fleuve, rouvrir les bayous naturels qui ont été fermés par les premiers habitants dans le but de mettre en culture les terres fertiles situées le long de ces bayous : ainsi l'Achafalaya, le Manchac, le bayou Grosse Tête, le bayou Plaquemines servaient autrefois à l'écoulement du trop plein des eaux du Mississipi pendant les grandes crues ; l'entrée de ces bayous a été fermée par des digues et leurs rivages, formés de riches terrains d'alluvions, sont maintenant couverts de magnifiques plantations de cannes et de coton ; en les rouvrant, toutes ces habitations seraient ruinées. Les deux systèmes sont actuellement discutés par le bureau des levées et l'on ne sait encore lequel l'emportera.

Le capitaine Eads vient d'expérimenter son système en construisant deux jetées à l'embouchure du Mississipi. Ce fleuve, quoique généralement très profond, a de mauvaises passes. Les sables, accumulés à son embouchure, obstruaient, il y a quelques années, l'entrée de ses trois principales passes, et, malgré le travail incessant des dragues, les navires tirant plus de 20 pieds d'eau ne pouvaient entrer aisément et s'échouaient fréquemment à l'entrée du port. Le capitaine Eads, le constructeur du pont de Saint-Louis, s'est engagé, il y a une dizaine d'années, à établir et à maintenir une passe de 26 à 28 pieds, moyennant la somme de 25 millions, payée après l'exécution de ses travaux, s'il réussissait, et une somme annuelle de 500,000 francs. Il a construit dans le golfe, à l'entrée de la passe principale, deux jetées parallèles au cours du fleuve. Ces deux jetées formées de fascines et de terre se prolongent de 4 à 5 kilomètres dans la mer. Les adversaires de M. Eads ont assez critiqué son entreprise, ils ont assez ri de ses jetées ; ils prétendaient qu'elles seraient emportées par le premier ouragan, mais, depuis dix ans, elles ont résisté aux vagues et le fleuve resserré s'est creusé un lit plus profond, les sables vont se déposer plus loin et les plus gros navires entrent librement et viennent charger les balles de coton sur les quais de la Nouvelle-Orléans. L'ingénieur Eads a eu un plein succès ; le gouvernement des Etats-Unis lui a payé les 25 millions promis et lui alloue tous les ans un demi million pour l'entretien de ses jetées, qui ressemblent maintenant à deux haies vertes s'allongeant dans la mer ; il avait eu le soin de mettre dans ses fascines beaucoup de branches de saule et d'osier, qui ont pris racine et qui poussent avec vigueur dans ce sol limoneux. Les poteaux enfoncés dans le fond de la mer pour retenir les fascines, pourriront avec le temps, mais la jetée est vivace et tiendra bon; elle s'affermira toujours de plus en plus à mesure que les sables accumulés se transformeront en une magnifique saulaie et, dans quelques siècles, de beaux jardins étaleront leur magnifique végétation tropicale autour de ces jetées qui ressemblent maintenant à deux petits îlots flottants toujours verts.

CHAPITRE IX

Au-delà des Montagnes Rocheuses

Lorsqu'en 1869 fut inauguré le premier chemin de fer transcontinental américain, il y eut une vive émotion parmi les Yankees, ordinairement si calmes et si froids dans les affaires; un sentiment d'orgueil national traversa le continent avec la trainée de vapeur de la locomotive du premier train, et ce peuple sembla prendre plus intimement possession du Grand Océan, qui se rapprochait de l'Atlantique. Les nombreux archipels du Pacifique, le Japon, la Chine, l'Australie, l'Inde même, étaient rapprochés. Un nouveau commerce était à la portée des Américains ; de nouvelles lignes de bateaux à vapeur furent immédiatement établies de San-Francisco à Honolulu, Yokohama, Chang-Haï, Sidney, Aukland ; et un grand marché fut ouvert à Chicago pour le commerce du thé et des autres produits chinois et japonais. Quatre lignes ferrées traversent aujourd'hui le continent Américain : la ligne Canadienne, de Montréal à Victoria ; le Northern-Pacific-Rail-Road, qui part de Duluth au fond du lac Supérieur, traverse le Minesota, le Dacotah, le Montana, l'Idaho, le territoire de Washington, suit le cours de la Colombia jusqu'à son embouchure près d'Astoria ; le Pacific-Rail-Road, de Chicago à San-Francisco, qui va presque parallèlement au 40° de latitude ; et enfin, la ligne du Sud, qui part de la Nouvelle-Orléans, traverse la Louisiane et le Texas, croise le Rio-Grande à Paso-del-Norte et, se dirigeant ensuite vers le Nord-Ouest, traverse le Nouveau-Mexique, l'Arizona et la Californie jusqu'à San-Francisco. Ces grandes lignes ont amené et amènent des masses d'émigrants et de nombreux aventuriers, attirés par les découvertes des riches mines d'or et d'argent des Montagnes Rocheuses et de la chaîne des Andes. Entre ces deux rangées de montagnes se trouve un vaste plateau élevé et un grand bassin, où l'on rencontre des plaines arides à cause de la sécheresse et du manque de cours d'eau. La chaîne des Andes arrête les vents et les orages du Pacique, et celle des Montagnes Rocheuses arrête les vents d'Est, de sorte que les pluies sont rares, presque nulles, entre les deux chaînes qui vont du Nord au Sud. La côte du Pacifique a un climat très doux et un sol d'une admirable fertilité partout où il y a de l'eau, partout où les arrosages sont possibles. Les ressources agricoles y sont aussi précieuses que les richesses minérales ; les légumes et les fruits de toutes sortes y sont beaux et délicieux, et les céréales de première qualité y abondent. Le thé, le café, la canne à sucre, le coton, le chanvre, le tabac, la vigne et le mûrier même, y trouvent le climat et le sol qui leur convien-

4.

nent, principalement dans les belles et fertiles vallées de la Basse-Californie et de l'Arizona. C'est là qu'on rencontre ces géants des forêts, uniques dans le monde, qui atteignent des proportions étonnantes. C'est dans le comté de Calaveras, un peu au sud-est de San-Francisco, que l'on a découvert ces colosses végétaux; quelques-uns mesurent 150 mètres de hauteur et 18 à 20 mètres de circonférence. Chacun a son nom. Un homme à cheval peut pénétrer dans le tronc creux de l'un de ces géants tombé de vétusté. Un omnibus à trois chevaux passe dans le tronc d'un autre, et le postillon ne manque jamais de faire halte au milieu de ce curieux passage pour montrer aux voyageurs que les chevaux le conducteur et la voiture sont entièrement dans le tronc d'un arbre. Un bal fut donné, il y a quelque temps, sur la souche aplanie de ce géant des forêts. Les musiciens et les danseurs se tenaient tous sur la plate-forme arrondie formée par le tronc de l'arbre colossal. D'autres arbres de la même espèce ont été découverts dans d'autres districts montagneux de la Basse-Californie et de l'Arizona. Près de là, se trouve la rivière Merced qui descend des Andes et se jette dans le San-Joaquin, qui coule du Sud au Nord et se jette dans la baie de San-Francisco; pendant son cours impétueux, la Merced traverse la vallée de Yosemite, qui offre une des plus belles scènes du monde. Elle coule au fond d'une profonde vallée circulaire, presque entourée de rochers perpendiculaires de 800 mètres d'élévation. Les chutes du Yosemite sont les plus hautes et les plus curieuses du monde; elles ont seize fois la hauteur de celles du Niagara; avant d'arriver au fond de la vallée, la nappe d'eau n'est plus qu'un brouillard vaporeux. Vue des bords du précipice, cette scène est étourdissante, elle donne le vertige, et quand on est au fond de l'étroite vallée, on se trouve comme dans un gouffre énorme ; de toutes parts, la roche s'élève comme un mur gigantesque recouvert de mousse et de broussailles ; à l'extrémité de la vallée, une gorge étroite et profonde donne passage à la petite rivière de la Merced. Combien de siècles a-t-elle mis à se creuser ce lit profond ? Les cascades, les chutes d'eau, les canyous ou rivières encaissées, se rencontrent fréquemment dans cette pittoresque région. Le Colorado, le Lewis ou rivière du Serpent, coulent parfois à une immense profondeur dans des lits très étroits. Ces vues m'ont rappelé les abîmes du Fier, près d'Annecy, qui ont 90 mètres de profondeur, et la perte et l'encaissement du Rhône à Bellegarde. Dans les Alpes, le pont du Châtelet, sur l'Ubaye, est à 108 mètres de hauteur et n'a pas 10 mètres de longueur. Combien de temps a dû mettre la petite rivière pour creuser perpendiculairement la roche vive à une telle profondeur !

Peu de personnes ont visité les merveilles de la rivière du Serpent dans l'Idaho. Elle prend sa source dans un petit lac au sud-ouest du parc National de Yellowstone près des trois Tétons. Plusieurs autres rivières importantes coulant au Nord, au Sud et à l'Est, ont aussi leurs sources dans le massif des montagnes qui entourent ce beau parc, au milieu duquel est le lac Yellowstone qui donne naissance à la rivière du même nom , un des principaux affluents du Missouri. La rivière du Serpent, Snake-River, ainsi nommée à cause de son cours tortueux, forme le bassin du Téton ; elle coule d'abord du Nord au Sud, puis, décrivant un demi-cercle, elle se dirige vers le Nord-Ouest et va rejoindre la Colombia qui vient du Nord et prend alors sa direction vers l'Ouest. jusqu'au Pacifique. Dans son long cours à travers l'Idaho et l'Orégon, le Snake-River reçoit un grand nombre d'autres rivières remarquables, excessivement pittoresques. Il est navigable après la chuté du Saumon et reçoit sur sa rive droite la rivière Malade, le Punshly, la rivière Boisée qui passe à Boisé-City, capitale de l'Idaho, le Lafayette, le Saumon et le Touchet. Sur sa gauche, il reçoit les rivières Powder, Brûlée, du Malheur, Orvhee, du Milieu, etc.; les sables de toutes ces rivières ont été bouleversés et lavés par les chercheurs d'or. Dans son cours supérieur, la rivière du Serpent fait quelques chutes magnifiques et présente divers aspects féeriques. A l'endroit appelé le Rocher de l'Aigle, elle est traversée par un embranchement de chemin de fer, allant d'Ogden, près du lac Salé, à Héléna dans le Montana ; un peu plus bas, elle fait un magnifique plongeon, l'American Fall ; à cet endroit, une roche à pic partage la rivière du Serpent ; une partie des eaux tombe perpendiculairement de 50 pieds de hauteur, tandis que l'autre moitié descend en petites cascades. Un pont du chemin de fer est placé de manière à offrir une belle vue de ces cataractes, rivales de celles du Niagara. Quelques milles plus bas, la rivière déjà considérable entre dans un canyou étroit entouré de murs perpendiculaires de plusieurs centaines de mètres d'élévation et elle est presque partout inabordable. Elle coule alors au milieu d'une immense plaine de laves et de roches trachytiques ou basaltiques. Au centre de cette plaine élevée, on aperçoit une ouverture béante et tortueuse de cinq à six cents mètres de large et deux à trois cents de profondeur, au fond de laquelle serpente une belle rivière. De distance en distance, des canyous latéraux, étroits, au fond desquels roulent de petites rivières aux eaux limpides, découpent de chaque côté ce vaste champ de laves qui a plus de 1,000 kilomètres de longueur sur une largeur de 100 à 150 kilomètres. Par ces ouvertures latérales, seulement, on peut arriver à la grande rivière et la parcourir en esquif ou en bateau à vapeur sur de grandes étendues, et contempler ces massifs de roches couronnées de verdure et s'élevant comme des murs de chaque côté de ce lit profond et tortueux qui a fait donner à la rivière le nom du Serpent. Mais ce qu'il y a de plus remarquable, ce sont les cataractes nombreuses de la rivière et de ses tributaires. Les plus belles sont celles de Shoestone, dont nous avons quelques jolies vues photographiques. La rivière, à cet endroit, coule péniblement entre deux rives escarpées jusqu'à une petite île de 100 mètres de long sur 30 de large, qui partage les eaux en deux parties à peu près égales. La rivière de droite se précipite par une série de petites cascades au fond d'un gouffre de 190 pieds de profondeur, tandis que celle de gauche glisse d'abord sur une roche unie et tombe ensuite en une nappe magnifique de plus de 50 mètres de hauteur. Plusieurs autres jolies cascades succèdent aux chutes de Shoestone et, sur un cours de trois milles, la rivière descend de plus de 500 pieds, environ 150 mètres.

J'ai visité le Niagara et d'autres cataractes célèbres, mais je n'ai rien vu de plus grand, de plus imposant, de plus pittoresque et de plus merveilleux dans la nature, que la rivière du Serpent s'élançant dans ce canyou étroit, au fond de ce gouffre profond, avec un bruit étourdissant, répété par l'écho des murs perpendiculaires qui s'élèvent de chaque côté à plus de 100 mètres de haut. Du sommet de ces roches, on voit des arcs-en-ciel autour des cascades, des gouffres profonds, des cavernes creusées sous les rives, des îles rocailleuses couvertes de mousse et l'on peut suivre pendant quelques lieues ce lit profond et tortueux d'où s'élève un fracas épouvantable, qui devient un doux murmure à mesure qu'on s'éloigne des bords du précipice ; au-dessus de tous ces abîmes, un plateau uni s'étendant à l'infini, tantôt nu, tantôt couvert d'une riche verdure ; des cèdres sombres, penchés sur les bords du précipice, rendent la scène encore plus pittoresque. Çà et là, quelques sentiers étroits conduisent aux divers points les plus intéressants dans le voisinage des chutes. L'un d'entre eux mène à la roche et à l'île de Bell, où s'est passée une curieuse aventure dramatique; un autre sentier conduit au saut des Amants, roche nue qui s'élève comme une colonne sur le bord de la grande cataracte; immédiatement au-dessous est la Steamboat-Cave, vaste caverne s'enfonçant dans les roches, ainsi nommée parce que le bruit qu'y forment les eaux ressemble à celui d'un bateau à vapeur allant à toute vitesse. A l'entrée des rapides, qui sont au-dessous de l'île Bell, s'élèvent trois grandes roches appelées les Trois-Sœurs, qui en sont comme les gardiennes ; en face est la roche du Pupître et, entre ces roches, est la cataracte du Voile de la Mariée, magnifique nappe d'eau limpide, qui a près de 20 mètres de hauteur. Le Tuyau du Diable, le Pont Naturel, la Roche de la Sentinelle, la Pointe du Photographe, le Parc des Démons, la Salle des bains de Diane, etc., sont autant d'endroits curieux et pittoresques, où aboutissent divers sentiers. J'ai passé une semaine à visiter ces merveilleuses scènes de la nature et je les ai quittées avec l'espoir de les revoir ; je suis persuadé qu'elles attireront à l'avenir un grand nombre de touristes amoureux du beau et du grand dans la nature.

Le vaste plateau Californien, dont nous avons parlé, subit vers le centre et le Sud une dépression considérable ; il s'abaisse graduellement jusqu'au lac Salé, qui est au-dessous du niveau de l'Océan. Ce grand bassin intérieur, qui occupe une bonne partie de l'Utah et du Névada, a quelque rapport avec le petit bassin du lac Asphaltite ou Mer Morte, dans la Palestine, qui est aussi au-dessous du niveau de la mer Méditerranée. C'est là que les Mormons, sous la conduite de leur prophète Brigham Young, sont venus s'établir et ont bâti leur Ville Sainte, la Nouvelle Jérusalem, la grande ville du Lac Salé. Persécutés dans l'Illinois, ils ont quitté Nawoo en 1848 et émigré dans la Nouvelle-Palestine où ils ont pu être, pendant quelques années, complètement libres dans des solitudes reculées, loin de toute civilisation. Ils s'y sont rapidement multipliés, et ont fait des progrès surprenants; ils ont défriché les plaines et les vallées aux environs du Lac Salé et leur jeune capitale est une des plus jolies villes des Etats-Unis. Mais la découverte de l'or, en Californie, a amené de nombreuses populations dans ces régions, et l'achèvement du Pacific-Rail-Road, qui traverse l'Utah et contourne le Lac Salé, a mis de nouveau les Mormons en contact avec les gentils, et les persécutions ont recommencé, ainsi qu'on va le voir au chapitre suivant, que nous consacrons aux « Saints des derniers jours. »

CHAPITRE X

Les Mormons. — The last Days Saints.

Parmi les sectes religieuses qui ont le plus agité la société américaine depuis cinquante ans, il faut compter le Mormonisme, répandu surtout dans l'Utah et les territoires environnants. Dans un demi-siècle, l'église Mormonne a fait des progrès surprenants ; d'une demi-douzaine de membres à son origine, elle compte maintenant près de 200,000 adhérents. C'est le 6 avril 1830, à Lafayette, dans le comté de Sénéca, état de New-York, que le prophète des Mormons, Joseph Smith, son frère Hiram et quatre autres individus organisèrent habilement cette nouvelle secte religieuse qui n'est qu'un mélange de Paganisme, de Judaïsme, de Mahométisme, de Jésuitisme et de Protestantisme. Au Mahométisme, ils ont pris la polygamie, au Paganisme ils ont emprunté leur idée de la divinité basée sur le polythéïsme. Non seulement ils croient à plusieurs dieux, mais chaque Mormon sera un dieu dans l'autre monde et sa puissance sera proportionnée au nombre de femmes et d'enfants qu'il aura eus en ce monde. Au Judaïsme, ils ont pris leur théorie sur la prêtrise et leur organisation civile et politique. Deux hommes sur six ont une fonction dans l'église mormonne. Ils ont deux grands conseils qui assistent le président ou Grand-Prêtre suprême, 12 apôtres, 50 patriarches, 4,260 chefs de 70; 3,241 grands-prêtres, 9,615 anciens, 1,347 prêtres, 1,515 enseignants et 2,997 diacres. Ils ont environ 500 missionnaires dispersés à travers le continent américain et l'Europe. Ces missionnaires ne reçoivent aucun salaire et pourvoient à leur propres dépenses. Ils recrutent des adhérents surtout parmi les classes les plus pauvres et les plus ignorantes de la société et parmi les mécontents. En Angleterre, ils prêchent la Bible qu'ils appellent Mormonisme. Quand les nouveaux convertis arrivent dans la terre promise de l'Utah, la Bible est mise de côté et le livre des Mormons prend sa place. On donne ou plutôt on vend à crédit à chaque émigrant 60 arpents de terre et même plus, s'il peut les travailler; on lui paye son passage et il trouve aux magasins coopératifs des Mormons les outils, les vêtements et toutes les provisions dont il a besoin. On lui fournit tout cela à crédit, mais on l'oblige à rompre toutes relations avec les Gentils et il doit donner à l'église la dîme de tous ses produits. Quand toutes ses dettes sont payées, le pauvre converti est ordinairement vieux et décrépit, prêt à partir pour un monde moins exigeant, sinon meilleur.

La bible des Mormons est le plagiat d'un joli roman. Elle est pour les saints ce que le Coran est pour les Mahométans, et les deux livres ont beaucoup de similitude. Joseph Smith, l'auteur ou le traducteur prétendu inspiré de ce livre fameux fut un hardi plagiaire. Il fit adapter des passages de la Genèse, parlant de Joseph fils de Jacob à un certain prophète appelé aussi Joseph, qui devait apparaître dans les derniers temps, et il se dit le prophète annoncé. Il réédita le sermon du Christ sur la montagne et le mit dans son livre comme si c'était lui qui l'avait prononcé. Il prétend avoir écrit son livre tandis qu'il était inspiré et d'après des hiéroglyphes égyptiens que lui seul a pu lire. C'est un assemblage de caractères de diverses langues, souvent contrefaits ou placés à l'envers; des lettres grecques et hébraïques avec des croix, des traits de plume et des ornements divers; des caractères romains renversés et placés en colonnes obliques, ou perpendiculaires, le tout encadré dans un espèce de cercle irrégulier divisé en compartiments et évidemment copié sur le Calendrier Mexicain donné par Humboldt, mais de façon à cacher le larcin.

Joseph Smith dit qu'un messager spécial envoyé du ciel sous la figure d'un ange tout vêtu de blanc lui indiqua l'endroit où étaient cachées les planches en cuivre contenant ces hiéroglyphes et qu'à l'aide de deux pierres opaques ayant un pouvoir magique il put lire et traduire tout ce qui était gravé dessus depuis plus de deux mille ans. Voici le récit du prophète :

Vers l'année 600 avant Jésus-Christ, quelques descendants de la tribu de Joseph vinrent de la Palestine à travers le détroit de Behring pour coloniser l'Amérique, depuis la terre des braves. Ils étaient conduits par Nephi et Laman. En fouillant toutes les terres et en s'emparant de tous les cours d'eau, ces tribus devinrent très riches et furent connues sous les noms de Néphites et de Lamanites. Les Néphites étaient agriculteurs et devinrent de bons citoyens, mais les Lamanites étaient de cette classe de gens qui ne peuvent supporter la prospérité et tombèrent dans la barbarie. Les descendants des Lamanites changèrent de couleur et devinrent Indiens. Mais les Néphites étaient hautement favorisés de Dieu, recevaient fréquemment des visites de ses anges et même en deux occasions spéciales, ils reçurent la visite de Jésus-Christ lui même. Mormon était le prophète et le devin de la tribu des Néphites, et il écrivit une histoire de sa tribu donnant un récit exact des visites des anges à ce peuple choisi de Dieu, ainsi que le récit des prophéties rapportées ici et des détails sur tous les faits et les évènements ayant rapport à l'introduction de la religion parmi eux. Vers ce temps-là une bataille rangée eut lieu sur la colline de Gomorrah, près d'Ontario, dans l'état de New-York et les Néphites furent massacrés. Avant de mourir, Mormon fit un récit graphique de tout cela et, vers l'an 420 avant le Christ, il enterra les tables sous cette colline. Il mourut de ses blessures et, comme Moïse, il ne fit pas connaître sa mort et le lieu de sa sépulture est resté inconnu même au prophète Smith. Ces planches gravées restèrent ensevelies sous la colline de Gomorrah jusqu'au 6 septembre 1827 où un ange, aussi brillant que le jour, apparut à Joseph Smith et lui révéla l'endroit où il pourrait les trouver. Il les découvrit, en effet, et écrivit son « *Livre des Mormons* ».

Telle est l'origine de cette religion nouvelle, dont les progrès rapides sont un problème et qui est devenue un danger pour la paix américaine. Sa puissance n'est pas confinée dans le territoire de l'Utah ; les Mormons tiennent la balance du pouvoir politique dans le Wyoming, l'Idaho, le Montana, l'Arizona et le Névada. Ils ont des colonies au Colorado, en Californie et dans le Nouveau-Mexique ; des missionnaires au Canada, en Pensylvanie et dans tout le Nord de l'Europe.

J'ai fait en 1875 la traversée de New-York à Liverpool avec deux évêques Mormons. Voici une page extraite de mon journal de voyage.

A bord de l'Erin

Dimanche, 27 juin 1875

« Depuis huit jours, j'ai pour voisin de table un Bishop Mormon ; il y en a même deux à bord de l'Erin : M. Roboton et M. Unitc. Ce sont deux parfaits gentlemens, intelligents, instruits, rusés matois et fins gourmets. M. Roboton et son compagnon vont en Europe pour faire des recrues et ils doivent à leur retour amener 500 émigrants Mormons. Interrogés fréquemment par les passagers sur la religion, les mœurs, les usages et particulièrement sur la polygamie des Mormons, ils répondent d'une manière plaisante et avec esprit à toutes les questions qu'on leur adresse. Ils font activement la propagande religieuse ; on les voit souvent accoster les femmes et surtout les vieilles filles et ils ont l'air d'avoir pénétré assez profondément dans l'intimité de plusieurs charmantes passagères.

« La capitale de l'Utah, Salt Lake City, compte, quoique bien jeune encore, plus de 40,000 habitants et il y a dans l'Utah et les territoires voisins, environs 200,000 Mormons ayant pour chef Brigham Young, dont l'un des fils vient de graduer à West-Point. La ville est divisée en carrés égaux et dans chacun il y a un évêque chargé de la surveillance et de l'administration civile et religieuse de sa section. Outre le service religieux, ces évêques remplissent diverses fonctions : ils sont juges et règlent la plupart des différends qui surviennent dans leur section. Ils s'assemblent souvent en conseil. Au-dessus d'eux, est placé le Grand-Conseil composé des douze apôtres et présidé par Brigham Young. Ce conseil fait les lois et les règlements d'administration civile et religieuse.

Les terres de l'Utah sont divisées en parties égales et tous les nouveaux croyants reçoivent une part en venant s'établir dans le pays. La contrée est fertile, bien cultivée et renferme d'excellents pâturages.

La Nouvelle Sion, la ville Sainte des Mormons, est riche, prospère, bien bâtie et agréablement située sur le bord du Lac Salé. Elle a des églises et des écoles nombreuses, de beaux hôtels, un magnifique théâtre et d'autres établissements publics. Le tabernacle peut contenir 12,000 personnes. Brigham Young a 16 femmes et de nombreux enfants ; il possède une vaste et magnifique résidence, sa fortune est évaluée à 15 millions de dollars (75 millions de francs). La plupart des hommes ont 4 ou 5 femmes ; quelques-uns, en petit nombre, n'en ont qu'une. Mon voisin, interrogé plusieurs fois sur le nombre de ses femmes, n'a jamais voulu répondre d'une manière positive, il dit que M. Unite, son compagnon de voyage, en a 7 et que, quant à lui, il n'a jamais dépassé le nombre de femmes du prophète. Il paraît qu'une loi oblige les maris à coucher au moins une fois par semaine avec chacune de leurs femmes. Les épouses sont logées dans des appartements séparés. L'opinion de M. Roboton est qu'après la mort du chef Brigham Young la polygamie sera abolie chez les Mormons et qu'alors ils seront reconnus par le Congrès et pourront former un état dans l'Union.

Nous avons dit que la secte des Mormons s'établit d'abord aux environs de la colline de Gomorrah, dans le comté de Sénéca, état de New-York. Mais bientôt elle fut persécutée par les habitants du pays ; et en 1838, les Mormons, au nombre de 5,000, parmi lesquels 700 hommes armés, émigrèrent vers l'Ouest. Ils achetèrent de vastes terres dans l'Illinois, sur la rive droite du Mississipi. Là, dans un site admirable, ils bâtirent la ville de Novoo et élevèrent un temple magnifique au nouveau culte. Les meurtres, les pillages et d'autres crimes, devinrent bientôt fréquents dans le voisinage et les habitants des environs étaient furieux contre ces nouveaux sectaires. Le prophète Smith et son frère Hiram furent arrêtés par les officiers de l'état et emprisonnés à Carthage. Dans la nuit, une centaine d'hommes armés et masqués pénétrèrent par la force dans la prison et massacrèrent le prophète Smith.

Les Mormons vendirent alors leurs propriétés à Novoo et émigrèrent en Californie, au-delà des montagnes Rocheuses. C'était en 1848, ils quittèrent au nombre de 15,000 personnes, hommes, femmes et enfants, les bords du Mississipi et s'aventurèrent, avec leurs animaux et leurs wagons chargés de butin, à travers les immenses plaines désertes du Far-West ; un grand nombre périrent dans cette pénible exode et, au commencement de 1850, les survivants arrivèrent dans la vallée du Lac Salé, où ils trouvèrent une vaste plaine basse, complètementinhabitée. Ils s'y fixèrent et fondèrent la nouvelle Jérusalem, leur ville sainte, près du Lac Salé, au fond d'un bassin qui a beaucoup de rapports avec celui de la Palestine. C'est là qu'ils ont vécu en paix pendant trente ans ; ils s'y sont rapidement multipliés et enrichis. Mais la découverte de l'or en Californie et l'achèvement du Pacific-Rail-Road ont amené de nombreux émigrants dans ces régions qui n'étaient autrefois peuplées que par les Indiens et les Buffalos ; les Mormons se sont de nouveau trouvés en contact avec les gentils, c'est ainsi qu'ils appellent tous ceux qui ne professent pas leur religion. Une nouvelle persécution vient de frapper les saints des derniers jours. La loi Edmond a passé aux deux chambres du Congrès des Etats-Unis et on a commencé à la faire exécuter. Le gouvernement veut l'abolition de la polygamie, qui est considérée comme crime par les lois du pays. Ce n'est pas au point de vue religieux qu'on persécute et qu'on emprisonne les Mormons, c'est comme violateurs de la loi contre la bigamie ; c'est pour cohabitation illégale avec plusieurs femmes. Le gouverneur du territoire de l'Utah, en exécution du bill Edmond, qui prive les polygamistes de leurs droits civils, a révoqué tous les fonctionnaires Mormons et déclaré vacants tous les emplois qu'ils occupaient dans le territoire, et il a nommé à leur place environ 350 fonctionnaires anti-polygamistes. Les Mormons refusent de se soumettre ; une réunion générale des Saints est convoquée pour protester contre la loi qui attaque leurs sentiments et leurs principes religieux, garantis par la Constitution.

La masse des fidèles se rend à l'appel du patriarche. Le tabernacle est plein et un grand nombre de fidèles restent au-dehors, saisissant au vol les paroles saintes des chefs de l'église Mormonne.

L'évêque Lyman félicite les Saints sur leur rapide accroissement et compare l'Utah avec les autres pays au point de vue de la multiplication des enfants. Il dit que chaque femme de l'Utah donne de 7 à 14 enfants à la République, tandis que chez les gentils elles n'en donnent en moyenne que deux ou trois ; il pense que l'Utah a reçu à cet égard une bénédiction spéciale du Seigneur pour laquelle on lui doit des remerciements infinis.

L'apôtre Moses Thatcher attaque ensuite la loi Edmond. Il dit que les Méthodistes du Lac Salé sont les auteurs de la persécution et que la loi qui venait de passer au Congrès de Washington était le triomphe de cette secte maudite sur le gouvernement et la religion dominante de l'Utah, il rappelle qu'à l'élection récente pour un représentant au Congrès, l'honorable Campbell, qui est gentil, reçut 1,300 voix et l'apôtre Cannon 18,000 votes, et que néanmoins le gouverneur Murray délivra un certificat d'élection à M. Campbell. Mais, ajoute-t-il, je ne puis pas comme le Christ dire de nos persécuteurs : « Père, pardonnez-leur parce qu'ils ne savent pas ce qu'ils font, » car nos ennemis savent très bien ce qu'ils font et pourquoi ils le font.

L'apôtre Brigham Young fait ensuite un long

sermon sur les écoles publiques et sur la liberté de l'éducation. Je n'ai pas, dit-il, un fils ou une fille que je ne préférerais voir porter à la tombe plutôt que de les voir instruire par les gentils. Tels doivent être les saints des derniers jours. Je veux que vos enfants soient instruits par des hommes qui comprennent la parole de Dieu et qui leur enseignent le livre des Mormons tel qu'il a été révélé par Dieu à Joseph Smith. J'ai l'œil sur les gens qui viennent ici pour nous enlever nos enfants par leurs faux enseignements. Ce sont des loups au milieu du troupeau choisi du Seigneur. Aujourd'hui nous luttons contre cinquante millions, demain nous aurons à lutter contre cent millions d'adversaires. Nous ne pourrons vaincre par notre propre force. Je n'ai aucune confiance en ma force personnelle ; mais Dieu est avec nous et, dans cette lutte, un en vaincra mille et deux lutteront contre dix mille.

Brigham Young est mort. John Taylor qui a traduit en français le livre des Mormons a été élu président à la place de Brigham Young et la persécution religieuse continue ; un grand nombre de Mormons ont été arrêtés, condamnés et emprisonnés pour cohabitations avec plusieurs femmes. Un moment ils ont eu le projet d'acheter de vastes terres au Mexique et d'entreprendre une nouvelle exode. Le peuple américain et le gouvernement veulent la destruction de cette secte religieuse dont le progrès merveilleux est un mystère et qui menace de devenir un danger pour la paix et les institutions américaines. Quel sera le résultat de cette guerre politico-religieuse ? Va-t-elle, en faisant de nouveaux martyrs, donner une force nouvelle, une expansion plus grande encore à cette secte contemporaine ou bien finira-t-elle par disparaître comme tant d'autres sectes : c'est ce que l'avenir nous apprendra. Mais le fanatisme religieux est loin de s'éteindre et les guerres religieuses pourraient bien un jour ensanglanter la Grande République comme elles ont pendant de longues années ravagé l'Europe. Jusqu'à présent, il y a eu aux Etats-Unis une sorte d'équilibre entre les diverses sectes religieuses. Elles font toutes une active propagande, mais le champ libre est assez vaste pour satisfaire toutes les ardeurs religieuses; elles s'anathématisent et se condamnent mutuellement ; mais jusqu'à ce jour la lutte n'est pas sortie du temple, la Constitution a été à peu près respectée et la paix religieuse règne au-dehors sauf dans l'Utah. En sera-t-il toujours de même à l'avenir ? Que quelque jour une des sectes religieuses qui se partagent le peuple américain devienne plus riche, plus nombreuse, plus influente que les autres; qu'elle ait pour elle le pouvoir, l'appui du gouvernement fédéral et ne sera-t-elle pas alors portée à vouloir dominer les autres sectes ? L'ambition des Yankees est plus vaste encore que leur pays. Volontiers ils se persuadent qu'ils sont le premier peuple du monde et sous certains rapports ils n'ont peut-être pas tout à fait tort. Ils proclament hautement la doctrine Monroë par laquelle ils se disent et prétendent être les seuls arbitres des destinées du Nouveau-Monde. Le préjugé de race est profondément implanté chez les Yankees; pour eux la race Anglo-Saxonne est la première race du monde, la seule intelligente, progressive, morale et civilisatrice. La race latine, disent-ils, a fait son temps. De là au préjugé religieux, à l'intolérance religieuse, il n'y a qu'un pas. Qu'on ne se figure pas que c'est uniquement par amour de la race nègre que les Américains du Nord ont aboli l'esclavage. La haine contre les riches planteurs des états du sud a joué un grand rôle dans cette guerre civile et sociale ; et cette haine avait pour cause principale la différence de race et de religion. Cette haine de race n'est pas éteinte après la lutte fraticide qui a coûté au pays un demi million d'hommes et plus de quarante milliards. Le sud a été vaincu, mais il a conservé sa vieille antipathie contre les gens du nord qui, à leur tour, traitent les gens du sud de rebelles ; et qui sait si un jour les idées séparatistes ne se réveilleront pas sur la côte du Pacifique.

CHAPITRE XI

EN CALIFORNIE

Dans un siècle, l'histoire de la colonisation de la Californie paraîtra fabuleuse. Cette histoire date de quarante ans à peine, du jour où la première pépite jaillit sous la pioche de James Marshal, ouvrier mormon au service de Sutter, qui travaillait à l'établissement d'une scierie dans la Nouvelle-Helvétie, sur les rives du Sacramento. Nous n'avons pas oublié cet évènement mémorable qui a profondément modifié la situation économique des deux mondes. La Californie fut cédée aux Etats-Unis par le Mexique, le 2 février 1848, par le traité de Guadeloupe-Hidalgo. Cette cession coïncide avec la découverte de l'or dans un affluent du Sacramento. San-Francisco était alors un misérable village d'une centaine de cabanes où relâchaient quelques navires allant à la pêche de la baleine. Elle avait 450 habitants de race espagnole, vivant de pêche. Tout autour de la vaste baie du même nom on ne voyait aucune trace de culture ; les premiers colons, les premiers chercheurs d'or faisaient venir la farine du Chili; les salaisons, de Chicago ; les vêtements, les chaussures, les ustensiles de ménage et les outils pour fouiller le sol de New-York ou d'Europe. Les objets de première nécessité manquaient quelquefois totalement et acquéraient parfois des prix extraordinaires. On paya 25 francs pour une bouteille vide ; 350 francs un chapeau de feutre ordinaire ; 400 francs une couverture de laine grossière. Le sucre, le riz, la farine valaient 5 francs la livre ; un œuf 5 francs, les pommes de terre 1 fr. 25 la pièce, le vin ou l'eau-de-vie, 40 francs la bouteille. Un repas médiocre coûtait 100 francs en 1849.

Les premiers établissements publics, le Parker-House, l'El-Dorado, la Polka, où se sont joués tant de millions, furent construits avec les débris des navires abandonnés sur la plage de la baie par leurs équipages qui couraient aux mines. On avait de la peine à se procurer des manœuvres à 100 francs par jour. A la vue des premières pépites expédiées à San-Francisco, le cri de l'or retentit partout et toute la population valide du village et des environs courut aux placers. Les équipages désertaient à l'arrivée des navires et les capitaines ne trouvaient personne pour faire débarquer leurs marchandises. L'éditeur du premier journal de la contrée, le *Californien*, suspendit sa publication et partit pour les mines avec ses typographes.

La nouvelle de la découverte de l'or se répandit bien vite au loin et les aventuriers de toutes les parties du monde affluèrent bientôt sur la rade de San-Francisco. Ceux des états de l'Est arrivaient par terre après de longs, pénibles et dangereux voyages à travers les immenses plaines du Far-West, fréquentées alors seulement par quelques tribus d'Indiens sauvages et par de nombreux troupeaux de buffles.

Plus de 500 navires à voiles portant 35,000 émigrants et 3,000 matelots qui, tous désertèrent en arrivant, débarquèrent en 1849 dans le port de San-Francisco. Dans la même année, plus de 40,000 hommes arrivaient par terre des bords du Missouri et du Mississipi, et en moins de deux ans la population de la Californie s'éleva de 1,500 habitants à plus de 100,000 hommes de toute race et de toute couleur ; il n'y avait pas de femmes. San-Francisco était une véritable Babel : 200 navires étaient abandonnés sur la plage. De leurs débris on construisit des cabanes et des hangars pour abriter cette population flottante, des Bar-Rooms, des salles de bal, de jeu et d'encan. En 1850, San-Francisco avait 20,000 habitants et fut incorporée ; elle avait déjà quelques entrepôts de marchandises, de nombreux magasins en bois et deux bâtisses en briques. Deux violents incendies dévorèrent les quartiers nouvellement construits et malgré la cherté de la main-d'œuvre tout fut bien vite reconstruit. Les maisons arrivaient démontées de Boston ; toutes les pièces étaient numérotées et en quelques jours elles étaient édifiées. L'or affluait à San-Francisco. En 1849 la production était de 100 millions ; en 1850 elle dépassa 200 millions et elle a été toujours en augmentant. Qui pourrait raconter l'histoire de ces premières années ? Qui pourrait dire toutes les scènes tragiques et comiques, les aventures curieuses qui se passèrent dans cette contrée merveilleuse ; la vie des placers, les misères des mineurs, les découragements, les déceptions, les actes de hardiesse et de désespoir, les crimes, les meurtres, les actes de violence que la soif de l'or fit commettre ? Combien peu de chercheurs d'or ont vu leurs rêves se réaliser ? Combien peu ont joui paisiblement de cet or qu'ils avaient retiré des entrailles de la terre ? Combien ont succombé avant d'arriver à ces pépites qui avaient brillé dans leurs rêves ? Combien plus encore éblouis par la fortune, ont gaspillé dans les orgies cet or qui les enivrait autant que le gin de Hollande et se sont ruinés aussi vite qu'ils s'étaient enrichis? Mark Twain, Levy, de Varigny, Gonzalès et plusieurs autres écrivains, nous ont laissé quelques épisodes de cette histoire qui paraîtra un jour aussi fabuleuse que celle de la conquête de la toison d'or. C'est dans la mémoire de tous les vieux mineurs, des anciens prospecteurs, qu'on trouve toutes les légendes, toutes les aventures invraisemblables de cette époque mémorable. Les vieux pionniers ne tarissent pas en récits curieux et dramatiques, et toutes ces légendes tomberont dans l'oubli et disparaîtront avec leurs héros. Une nouvelle société se forma bientôt en Californie; les femmes y arrivèrent et la famille se constitua là comme ailleurs. A la plus complète anarchie des premières années succéda un commencement d'organisation sociale grâce à l'établissement des comités de vigilance qui se formèrent en 1856. C'était l'union des honnêtes gens contre les canailles. Ces associations débarrassèrent bien vite le pays des assassins, des voleurs, des vagabonds, de tous les criminels qui ne voulaient s'enrichir que par le jeu, le vol, le meurtre et le pillage. La loi de Lynch fut appliquée en grand et bientôt les malfaiteurs disparurent de cette contrée qui est destinée à devenir, non seulement la plus riche, mais une des plus heureuses et des plus paisibles du monde. L'ordre rétabli, ce pays est devenu un véritable El-Dorado. Favorisé par un climat délicieux et un sol vierge d'une admirable fécondité il a donné des richesses agricoles plus précieuses que ses mines d'or et d'argent. De tous les aventuriers accourus des quatre coins du monde dans ce nouvel El-Dorado, les mieux avisés ont été les marchands, les trafiquants, les spéculateurs sur les terrains et les fonds publics : actions ou obligations de mines, de chemins de fer, de transports maritimes et autres. Ceux-là, avec moins de peines et en courant moins de dangers que les chercheurs d'or, ont réalisé promptement des fortunes souvent colossales sinon scandaleuses. Les archi-millionnaires sont nombreux à San-Francisco et y étalent un luxe écrasant. Nous pourrions citer par douzaines ces heureux spéculateurs qui arrivés sans le sou sur les côtes du Pacifique possèdent aujourd'hui des centaines de millions. Mackay a gagné un milliard en vingt ans. Messieurs Flood et O'Brien tenaient un petit Bar-Room dans la rue Dupont en 1867 et ils sont aujourd'hui les plus riches banquiers d'Amérique. Leland, Standford et Crooker avaient un magasin de nouveautés à la même époque et maintenant ils possèdent des centaines de millions. William, Sharon et Ralston, fondateurs de la banque de Californie; Clinton, Hopkins, Huntington, Jones, sénateur du Névada, et d'autres sont plus de cent fois millionnaires. Le seul filon argentifère du Comstock a déjà donné plus d'un milliard et demi et a puissamment contribué à faire baisser le prix de l'argent dans le monde entier. C'est à ce filon, le plus riche du monde, que Mackay doit sa fortune colossale. Les terrains, sur l'emplacement de la ville de San-Francisco, augmentèrent en quelques années considérablement de valeur. Une parcelle de terre vendue 100 francs en 1847 en valait 1,000 en 1849 et vaut maintenant un demi million. San-Francisco, la reine du Pacifique, s'est élevée comme par enchantement sur la langue de terre sablonneuse qui sépare la vaste baie du Grand Océan. Elle fait face à la baie qui s'étend à perte de vue vers le Sud-Est et au Nord-Est jusqu'à l'embouchure du Sacramento, le plus grand fleuve de la Californie. En quelques années le petit village de Yerba Buena, ainsi l'appelèrent d'abord les Espagnols, est devenu une ville de palais splendides, centre d'un immense commerce avec les deux mondes. Il y a actuellement à San-Francisco quatre palais particuliers ou résidences privées, qui ont coûté plus de quinze millions chacune. Les heureux propriétaires sont : Stanford, ancien gouverneur, Charles Crocker, la veuve Hopkins, qui possède aussi une belle habitation sucrière en Louisiane exploitée par mon ami Auguste Servel du Glaisil. Le quatrième de ces splendides palais a été bâti par M. Clinton qui possède 130 millions de dollars soit 650 millions de francs. Quelques-uns de ces richards font un noble usage de leur fortune, ainsi Leland Stanford, qui vient de mourir, a légué cent millions à l'Etat pour fonder et doter une nouvelle Université qui doit porter son nom. La pose de la première pierre de cette nouvelle université californienne a été faite au mois de mai dernier avec grande pompe, et elle est maintenant en construction sur un vaste terrain, donné aussi à l'Etat par la famille Stanford.

La population de la Californie est essentiellement hétérogène, Chinois, Japonais, Chiliens, Mexicains, Yankees, Canadiens, Irlandais, Anglais, Allemands, Français, Italiens, etc., semblent s'être donné rendez-vous sur ce coin du globe. Jamais on n'a vu dans le monde une ville faire de si rapides progrès en population et en richesses. San-Francisco avait 450 habitants au commencement de 1848; 20,000 en 1850; 34,000 en 1852; environ 50,000 en 1854 et maintenant elle a plus de 300,000 habitants, et dans quelques années elle aura un million d'âmes.

La population de la Californie qui n'était que de 1,500 habitants au moment de la découverte de l'or, est aujourd'hui de plus d'un million d'âmes, et ce nombre serait bien plus considérable encore si l'on n'avait pas arrêté l'immigration chinoise.

San-Francisco possède une quinzaine de théâtres, de magnifiques établissements d'éducation, de nombreux établissements financiers, de splendides hôtels, de grandes et belles rues toutes tracées en ligne droite, de magnifiques avenues bordées de palais somptueux. Son port est un des plus beaux du monde, toutes les flottes de la terre pourraient s'abriter dans sa vaste rade qui communique avec l'Océan par une passe étroite et profonde appelée le Golden Gate, Porte d'or.

Des lignes de navigation à vapeur sont établies

avec l'Inde, la Chine, le Japon, les îles du Pacifique, Panama, le Pérou, le Chili, New-York et l'Europe et, quand le canal de Panama sera achevé, le commerce de San-Francisco et de toute la côte du Pacifique prendra une nouvelle extension, un accroissement qu'il est impossible d'imaginer aujourd'hui, parce que les états du Pacifique, la Californie, l'Arizona, le Névada, l'Orégon et le territoire de Washington renferment des richesses agricoles et minérales d'une valeur incalculable et commencent à peine à se coloniser. La vigne a été introduite en Californie et y a donné des résultats merveilleux; il n'y manque que de bons vignerons.

Déjà les Américains nous fournissent des ceps pour renouveler nos vignes détruites par le philloxéra, mais quand il y aura en Californie cent mille vigerons de plus, cette contrée fournira du vin à l'Europe.

La Californie exporte déjà de grandes quantités de céréales en Chine, en Angleterre et en France; des fruits de toutes sortes, verts et secs; des laines, des viandes, des conserves alimentaires, des vins blancs et rouges, du miel et de la cire, du poisson, des légumes, des peaux; ses fruits délicieux vont dans tous les Etats-Unis. Je me rappelle avoir mangé à la Nouvelle-Orléans des pêches et des poires excellentes venant de la Californie; de délicieux muscats des coteaux de San-Diégo. La Basse-Californie expédie par mer et par les diverses lignes transcontinentales des primeurs dans tous les états de l'est et du nord de la République et le jour n'est pas loin où l'on boira à Paris plus de vin de la Californie que du bordeaux, du champagne et du bourgogne.

Quand le canal de Panama sera achevé, les riches produits de la côte du Pacifique viendront en Europe en immenses quantités et les manufacturiers lyonnais iront chercher leurs cocons à Sacramento, San-Diégo, los Angèles, Monterey, plutôt qu'à Milan, Valence et Avignon, plutôt qu'en Turquie, en Chine ou au Japon. Le climat de la Californie convient parfaitement au ver à soie et les mûriers y sont de toute beauté et lorsque les Américains se livreront avec leur activité ordinaire, avec l'ardeur qu'ils mettent dans toutes leurs entreprises, à la culture de la vigne et à l'élevage des vers-à-soie, ils feront à nos producteurs une redoutable concurrence. En 1886, les quelques comtés de la Californie qui ont commencé à planter des vignes ont produit 20 millions de gallons de vin, près d'un million d'hectolitres, et 703,000 boîtes de raisins secs, de 20 livres chacune. Depuis 1880, la culture de la vigne a fait en Californie de rapides progrès.

Le tableau suivant indique l'état des vignobles pendant ces dernières années.

Années.	Nombre d'hectares plantés pendant l'année.	Superficie totale des vignobles.	Nombre d'hectares en plein rapport.
1881	4,000	24,000	»
1882	8,000	32,000	»
1883	12,000	44,000	20,000
1884	12,000	56,000	24,000
1885	15,000	71,000	28,000
1886	20,000	91,000	40.000
1887	»	»	52,000
1888	»	»	64,000

D'après les plantations faites il y a, en 1888, 64,000 hectares de vignes en plein rapport ; en 1886 les 40,000 hectares en plein rapport ont produit 20 millions de gallons de vin et près de 7 millions de kilogrammes de raisins secs, vendus en boîtes de 20 livres. La production sera près du double en 1888 et, comme les plantations continuent, dans quelques années la culture de la vigne aura pris une notable importance sur la côte du Pacifique, où le phylloxéra est encore inconnu. L'industrie de la préparation des fruits secs, des légumes, des fruits conservés en boîtes en zinc a pris aussi une grande extension en Californie. On a planté, depuis quelques années, 8 millions d'arbres fruitiers : noyers, pruniers, pommiers, poiriers, pêchers, abricotiers, amandiers. En 1886, l'exportation de tous ces fruits verts ou séchés au soleil, a été considérable. Le climat chaud et sec de la Basse-Californie se prête admirablement à la préparation et à la conservation des fruits et aucun sol n'est plus favorable à la culture des arbres fruitiers. Pour donner une idée de l'activité industrielle du peuple qui s'est formé sur la côte du Pacifique, nous reproduisons, d'après les statistiques commerciales du « board of trade » de San-Francisco, les quantités de fruits et gelées mises en boîtes pendant l'année 1886.

Fruits de table en cans de 1 kilogramme, 600 mille caisses de deux douzaines de cans chacune, soit 14,400,000 kilogrammes.

Fruits de table mis en cans de 1 gallon (4 litres), 4,420 caisses d'une douzaine de gallons soit 216,160 litres.

Confitures en cans de 1 kilogramme 22,500 caisses de deux douzaines chaque, soit 540,000 kilogrammes.

Confitures en gallons de 4 litres, 33,000 caisses d'une douzaine, soit 142,000 litres.

Légumes en cans de 2 livres, 36,000 caisses de deux douzaines chaque, 1,728,000 livres.

Légumes en cans de 2 livres 1/2, 151,000 caisses de deux douzaines chaque, 10,000,000 soit livres.

Légumes en gallons de 4 litres, 16,000 caisses d'une douzaine, soit 768,000 litres.

Gelées en cans de 2 livres, 22,500 caisses de deux douzaines, soit 1,080,000 livres.

Cela fait un total de :

659,950 caisses de fruits.
203,500 caisses de légumes.
22,500 caisses de gelées et confitures.

En prenant une moyenne de 48 livres par caisse, on a pour l'année 1886, 29,697,750 livres de fruits et végétaux, mis en boîtes ou en cans, pour l'exportation.

La production totale des raisins secs et des fruits séchés au soleil, a été pour la même année de 28,105,000 livres. Ces produits ont presque doublé depuis 1883 et chaque année l'augmentation est considérable.

Voici quelle a été pour les trois dernières années la quantité d'abricots, de poires et de pêches mises en boîtes.

Fruits	1884	1885	1886
Abricots.	85.000 livres	110.000 liv.	200.000 liv.
Pêches..	60.000 »	70.000 »	130.000 »
Poires....	55.000 »	78.000 »	120.000 »

Ainsi, pour ces trois articles qui sont en tête de la liste des fruits conservés en boîtes, les quantités préparées ont plus que doublé de 1884 à 1886 et il en est de même pour tous les autres produits. Aussitôt que les Américains entreprennent quelque chose ils le font avec ardeur et persévérance et ils sont certains du succès. Les Etats-Unis importent encore de grandes quantités de fruits de l'étranger. En 1884 ils ont importé 54 millions de livres de raisins secs, la plupart de Malaga ; 4.732,000 livres d'amandes ; 57 millions de livres de prunes françaises; 7,945,000 livres de figues ; 18,626 wagons d'oranges et de citrons ; 244 wagons d'huile d'olive, etc. Les Californiens disent que si le progrès constaté depuis six ans dans la culture de la vigne, de l'olivier et des arbres fruitiers ne se ralentit pas, ils pourront dans dix ans fournir à tous les autres états de l'Union, l'huile, le vin et les fruits dont ils auront besoin et en exporter même dans toutes les contrées du monde.

La vie, si chère en Californie, au début de la colonisation, y est maintenant à meilleur marché que partout ailleurs ; c'est que cette terre de l'or et de l'argent est en même temps celle des riches pâturages, des céréales de première qualité, des fruits. des végétaux et des légumes superbes et délicieux, Les mineurs fatigués de laver les sables ont fait d'excellents fermiers, d'habiles et industrieux jardiniers. Ceux qui en 1849 payaient à San-Francisco une once (80 fr.) pour un repas composé de biscuit de mer et d'un morceau de lard nageant dans une platée de haricots, y font maintenant un excellent repas pour 1 fr. 25. Dans les bons restaurants de la

Californie on leur sert à ce prix une demi-pinte de vin rouge, un bon potage, un gros bifteck aux pommes, un plat de légumes, une tranche de jambon ou de rôti, du pain frais à volonté, des fruits et du fromage pour dessert. Un de mes amis qui a vu tous ces changements, qui, depuis plus de 30 ans, tient une charcuterie au n° 303 de l'avenue Montgomery, m'écrivait le 11 mai 1886 : « Le sol de la Californie est très fertile et produit tout depuis les fruits tropicaux jusqu'aux produits de nos montagnes des Alpes, les denrées alimentaires y sont excessivement bon marché. Par exemple nous payons en ce moment au marché :

Les petits pois 2 1|2 cents la livre.

Le sucre raffiné 7 à 7 1|2 cents la livre.

Les haricots verts 3 cents la livre.

Le bœuf 5 à 6 cents.

Le mouton 3 1|2 à 5 cents.

Le veau 8 à 10 cents.

Le porc frais 6 à 7 cents.

La farine de 1re qualité 3 à 4 cents.

Les pêches dans leur saison valent 1 fr. 25 le panier, les belles oranges 10 sous la douzaine ; les pommes 1 fr. 25 la caisse de 25 à 30 livres; les pommes de terre 2 fr. 50 le sac de 100 livres ; le vin 1 fr. 75 à 2 fr. le gallon de 4 litres; la graisse de cochon fondue est cotée 7 à 8 sous la livre. Le pays regorge de toutes sortes de provisions.

Que l'on compare ces prix avec ceux de 1849 et 1850 et l'on aura une idée des changements qui ont dû se produire dans cette région depuis quarante ans.

CHAPITRE XII

LA PLUS GRANDE FERME DU MONDE

Peut-on imaginer un champ de blé de 12,000 hectares ou 120 kilomètres carrés? cent vingt kilomètres carrés d'épis dorés ondulant au plus léger souffle du vent, tout d'une pièce, sans barrières, sans arbres qui interceptent la vue forment certainement un des plus beaux spectacles que l'œil humain puisse contempler. J'arrivai un matin du mois de juillet avec un correspondant de l'Inter-Océan de Chicago, au milieu de la plus vaste ferme du monde, du plus beau champ de blé cultivé sous la direction d'un seul homme, appartenant à un propriétaire unique, M. Dalrymple. Aussi loin que la vue peut s'étendre, au nord, au sud, à l'est, à l'ouest on ne voit que le ciel bleu et des épis qui commencent à jaunir. Si ce champ de blé n'avait qu'un kilomètre de largeur, il pourrait s'étendre de Paris à Orléans; s'il n'avait que 150 mètres de large il irait de Calais à la Méditerranée. Près de nous était une petite maison blanche servant de magasin; là était le fournisseur d'une armée de travailleurs. Nous demandons au magasinier où nous pourrions trouver le propriétaire de l'habitation. Il appela un muletier qui conduisait un wagon chargé de provisions et lui donna l'ordre de nous mener au quartier général qui était à quelques kilomètres seulement. Il y avait là un groupe de vastes bâtiments, granges, greniers, écuries, hangars, un moulin à vent, et tout autour quelques arpents de terre plantés de choux, d'oignons, de betteraves, de navets et autres légumes. Au milieu du groupe de bâtisses rustiques s'élevait un charmant cottage. Nous frappons à la porte et on nous introduit dans un salon confortable, meublé avec le luxe que l'on trouve généralement chez les riches fermiers de l'ouest. Nous demandons M. Dalrymple et il descend aussitôt d'un étage supérieur ; c'est un homme grand et mince, au regard vif et calme ; avec sa plume derrière l'oreille on le prendrait pour un maître d'école ou un clergyman. Il avait les mains fines et blanches plus habituées à tenir la plume et les livres que la charrue, et sa figure n'était pas plus brûlée par le soleil que celle d'un bourgeois de la ville. Il nous reçut avec cordialité, nous invita à passer la journée dans son habitation et à dîner avec lui. Je me permis alors de lui adresser quelques questions.

La première sur l'état des récoltes.

Le printemps fut tardif, dit M. Dalrymple. A l'époque où nous commençons habituellement les semailles, l'habitation, à plusieurs milles autour de nous, était encore couverte d'eau provenant de la fonte des neiges et vous auriez pu naviguer en esquif dans ces champs que vous voyez maintenant couverts de moissons qui donneront 30 boisseaux à l'arpent (environ 25 hectolitres par hectare). Un moment j'ai craint une mauvaise récolte, mais je suis persuadé aujourd'hui que nous aurons une moyenne de plus de vingt boisseaux à l'arpent.

Combien de blé avez-vous semé ?

Nos semeuses répandent deux boisseaux et demi par arpent ce qui fait 75 mille boisseaux (27,350 hectolitres) pour les 30,000 arpents de terre ensemencés cette année.

Quelle sera votre récolte de l'année ?

J'espère que nous aurons 600,000 boisseaux de blé (218,000) hectolitres et environ 90,000 boisseaux d'avoine (32,704 hectolitres) que nous gardons pour la nourriture de nos animaux.

Est-ce que vous avez assez d'animaux pour consommer 90,000 boisseaux d'avoine?

M. Dalrymple sourit plaisamment et fit remarquer que 800 chevaux et mulets en mangeaient pas mal dans l'année.

Combien vous coûte votre récolte ?

Nous dépensons six dollars par arpent (75 fr. par hectare) pour faire une récolte quand nous n'employons que nos animaux de labour et lorsque nous payons nos hommes au mois.

Combien payez-vous vos travailleurs?

Nous payons 30 dollars par mois pour les travailleurs réguliers et deux dollars par jour pour les travailleurs extra pendant la moisson.

Quelles machines agricoles employez-vous ?

Deux cents moissonneuses liant en même temps les gerbes, et trente batteuses à vapeur. Les deux cents moissonneuses coupent en moyenne 2,800 arpents (1,120 hectares) par jour et les batteuses peuvent battre environ 30.000 boisseaux (10,900 hectolitres) de blé par jour. Aussitôt que le blé est nettoyé il est mis en sacs et porté à la station du chemin de fer qui est au bout de l'habitation. Les sacs sont vidés dans les wagons et nous chargeons trois trains par jour tant que dure la moisson et le battage, c'est-à-dire pendant vingt-cinq à trente jours. Le chemin de fer porte le blé à Duluth, port sur le lac Supérieur ; là nous chargeons un navire tous les deux jours et nous expédions notre blé à Buffalo ou à Chicago où il est vendu à l'arrivée au cours du marché.

Quel est le prix actuel ?

Le prix du jour, dit M. Dalrymple consultant un télégramme, est de 1 dollard 24 cents le boisseau (60 livres).

Où sont vos travailleurs ?

Si vous aviez été ici à cinq heures du matin vous auriez pu voir 800 hommes à déjeuner. Nous tenons presque un hôtel avec quarante cuisinières.

M. Dalrymple nous expliqua ensuite comment était conduite presque militairement cette vaste exploitation agricole. Les 12,000 hectares de terre cultivés sont divisés en cinq sections de 2,400 hectares chacune; ces sections sont subdivisées en tiers de section de 800 hectares et ceux-ci en quarts de 200 hectares. Tout marche militairement : à la tête de chaque section il y a un intendant qui répond du bon ordre de ses travailleurs, des animaux et du matériel agricole, destinés à sa section. Il a sous sa dépendance les chefs des subdivisions et tous les travailleurs de sa section. Il s'établit une rivalité entre les intendants généraux, chacun veut avoir les plus belles récoltes. Quand le labourage commence, au printemps, les hommes vont par petites troupes avec leur attelage. Chaque groupe prend environ 200 hectares à labourer et est placé sous la surveillance d'un foreman qui se promène à cheval pour voir si le travail est bien fait. Il faut 400 charrues pour retourner les 12,000 hectares ensemencés et la récolte en blé de cette vaste ferme vaut plus de trois millions de francs. C'est par cette organisation du travail et à l'aide des machines agricoles perfectionnées que les Américains peuvent fournir du blé à l'Europe à meilleur marché que nos cultivateurs et leur faire une concurrence mortelle. Sans l'établissement d'un tarif protecteur notre agriculture sera bientôt ruinée.

CHAPITRE XIII

DANS LE SUD

Après un long séjour dans les états du Nord et de l'Ouest de la grande République, je pris, un matin de septembre, passage à bord du *Great-Républic*, magnifique steamer qui fait le service de Saint-Louis à la Nouvelle-Orléans. Le bateau était tout pavoisé à l'honneur du grand-duc Alexis qui était à bord avec sept ou huit personnes de sa suite. Les Américains qui venaient d'acheter l'Alaska à la Russie, faisaient une brillante réception au jeune prince de la famille impériale de Russie. Alexis, d'ailleurs était beau : il avait vingt ans et il fit l'engouement de la jeunesse américaine qui pendant quelque temps s'habilla à la mode russe. Les premières cabines avaient été réservées pour le grand-duc et sa suite, qui néanmoins prenaient leurs repas dans le grand salon du bateau à côté des autres passagers. Je fus charmé de les entendre parler français à 2,500 lieues de ma patrie. Pendant ce voyage le capitaine, les officiers, le steward, et les nègres mêmes, qui faisaient le service de la table, se mirent tous à baragouiner le français. Alexis visita quelques plantations des bords du Missisipi entre autres celle de M. Louis S. Lebourgeois, sur la rive gauche du fleuve, à 58 milles de la Nouvelle-Orléans, au centre de la riche paroisse de St-James, que j'ai longtemps habitée. Il alla jusqu'à la sucrerie qui est à trois kilomètres du fleuve et le *Great-République* eut la complaisance de l'attendre au landing. Pendant cette excursion, les passagers qui n'accompagnèrent pas le prince engagèrent une de ces interminables parties de poker qui commencent quelquefois à Cincinnati ou à Saint-Louis et s'achèvent à la Nouvelle-Orléans. C'est le seul jeu capable de passionner ces froids Américains, mais aussi ils s'y livrent avec fureur. Les vieux sénateurs, les graves représentants du peuple, quittent les séances du Congrès pour aller jouer au poker. On cite plusieurs parties célèbres, une entre autres, chez un banquier de New-York, dans laquelle un riche marchand perdit trois millions de dollars sur un coup de cartes. Il avait arrêté les paris en disant à son adversaire : « Je ne veux pas vous gagner davantage et il montre un carré d'as. L'adversaire répond : « J'ai gagné » et il étale une floss-séquence, quinte à la dame de cœur. Le marchand s'avoue battu et continue froidement la partie.

J'arrivai dans cette belle Louisiane, colonisée par nos ancêtres pendant la récolte du coton. Sur les deux rive du Mississipi s'étendaient de vastes champs émaillés de flocons blancs. Une douce température faisait épanouir les grabots qui tous les jours s'entr'ouvraient plus nombreux. Partout des bandes de nègres, de négresses et de négrillons demi-nus ramassaient avec leurs doigts effilés les flocons neigeux qu'ils entassaient dans de grandes corbeilles d'osier. A tous les landings les bateaux chargeaient des balles de coton et en arrivant à la Nouvelle-Orléans le *Great-République* avait dans sa cale et sur ses flancs 6,000 balles du précieux duvet et 2,000 sacs de graines de cotonnier. La Nouvelle-Orléans est le grand port d'exportation du coton et elle vient de célébrer par une magnifique exposition universelle le Centenaire du coton. C'est en 1784 que la première balle de coton fut expédiée de la Nouvelle-Orléans à Liverpool et cet événement mémorable a été célébré par une grande fête à laquelle l'univers entier a été convié. C'est que le coton est vraiment roi, c'est le roi de l'industrie, des manufactures. Il a détrôné le lin, la laine et la soie et nul ne pourra le détrôner ; son règne est solidement établi, il habille maintenant la moitié de la population du globe ; et les Etats-Unis qui expédiaient, il y a cent ans, leur première balle de coton, en produisent maintenant six millions de balles par an et peuvent en exporter quatre millions cinq cent mille balles après avoir mis de côté ce qui leur est nécessaire pour alimenter leurs nombreuses manufactures et pour habiller six millions de nègres et plus de la moitié de la population blanche du pays. La production du coton est même devenue trop considérable ; elle est au-delà des besoins de l'industrie et de la consommation ; aussi le prix de ce fin duvet a-t-il constamment baissé depuis quelques années et le beau coton de la Louisiane, du Mississipi et de l'Arkansas, le Midling est maintenant côté de 8 à 9 sous la livre ; c'est réellement trop bon marché pour les planteurs. Ces prix ne sont plus rémunérateurs, car il faut un bon nombre de grabots pour donner une livre de duvet. Quatre livres de coton avec la graine ne donnent qu'une livre de coton nettoyé, passé au gin. Pendant la guerre civile le coton monta à un prix excessif : la culture fut interrompue durant quelques années et de plus on en détruisit de grandes quantités. Les fédéraux brûlaient le coton pour ruiner le Sud ; les confédérés brûlaient aussi les balles de coton qu'ils ne pouvaient exporter plutôt que de les voir tomber entre les mains des envahisseurs du Nord. Aussi le coton qui valait douze à quinze sous la livre dans l'intérieur des états du Sud se vendait un dollar et plus à New-York, Boston, Liverpool, Londres, Anvers et le Hâvre. L'exportation du coton était interdite aux gens du Sud et ceux qui pouvaient passer quelques balles en contrebande faisaient des bénéfices énormes. Immédiatement après la guerre, en 1865, les habitants du sud se remirent à semer du coton dans les riches plaines de la Louisiane, du Mississipi, de l'Alabama, du Texas, etc., et les récoltes ont bien vite été suffisantes pour répondre à toutes les demandes de l'industrie. Le prix a baissé d'année en année et il est maintenant si bas que les planteurs ne peuvent plus payer leurs travailleurs. Il en est bien un peu ainsi de tous les produits agricoles. Les fermiers du Nord et de l'Ouest se plaignent de la baisse des céréales, nos agriculteurs français aussi et ils n'ont peut-être pas tout à fait tort. Dans les Antilles, la Basse-Louisiane, partout où l'on cultive la canne on se plaint du bon marché du sucre ; les Brésiliens trouvent que ce n'est pas la peine de ramasser les baies du caféier à 8 ou 10 sous la livre. Partout la production semble dépasser les besoins de la consommation. Faut-il réellement s'en plaindre ? Est-ce un mal si l'on peut s'habiller chaudement pour peu de chose, si l'on peut se nourrir convenablement à bon marché ? Non certainement, car il y a plus de consommateurs que de producteurs, et il y aura toujours plus de pauvres gens qui profiteront de la baisse des denrées qu'il y en a qui gagnent à la hausse et l'on ne doit jamais redouter la trop grande abondance des choses utiles.

Après quelques jours de navigation sur le Missisipi, je me trouvai dans un pays tout à fait nouveau. De nouvelles populations de toutes couleurs, de toutes nuances, de nouvelles cultures, une flore et une faune presque tropicales. Aux champs de blé avaient succédé les immenses plantations de coton, puis de vastes champs de canne à sucre et quelques rizières dans les bas fonds. L'interminable pinière avait fait place aux forêts impénétrables de hauts cyprès, de tulipiers, de beaux magnoliers toujours verts, de grands platanes, d'acatalpas aux magnifiques fleurs blanches. Les orangers, les lauriers, les jasmins embeaumaient la contrée ; des lianes gigantesques au feuillage toujours vert enlaçaient les arbres des forêts et formaient des berceaux impénétrables aux rayons du soleil. A la lisière des bois des touffes de cannes sauvages élançaient leurs jets longs et flexibles, si serrés que les lapins seuls pouvaient passer au travers. J'étais émerveillé de cette riche et luxuriante végétation. Les habitations, les hameaux et les villages étaient perdus dans des bosquets d'arbres géants : les hauts pacaniers, les chênes verts aux larges branches noueuses ombrageaient toutes les demeures et si le bateau passait près des rives on entrevoyait à travers les branches des arbres des groupes de charmantes créoles, vêtues de blanc, se balançant paresseusement dans leurs berceuses, sur leurs verandahs tapissées de liserons et de vignes sauvages. Oh ! qu'elle est belle ! qu'elle est animée ! cette douce Louisiane pendant le mois d'automne, à l'époque de la cueillette du coton et des roulaisons des cannes à sucre ! La vie, le bruit, le mouvement n'arrêtent plus. Les cheminées des sucreries fument nuit et jour. Les cloches des habitations appellent les nègres au travail. Le sifflet strident des machines à vapeur retentit à chaque instant et l'écho des bois répète au loin ce bruit affaibli qui se perd dans les profondes solitudes des forêts. Les lourdes charrettes, les grands wagons sont attelés du matin au soir pour porter les cannes aux sucreries et le coton dans les remises où le gin mû par la vapeur doit séparer la graine du léger duvet qui l'enveloppe. Les bateaux s'arrêtent devant toutes les habitations pour charger les balles de coton, les boucauts de sucre et les barils de mélasse. Les passagers appuyés sur le parapet du steamer contemplent avec délices cette campagne toujours verdoyante ; les arbres verts y sont si nombreux qu'on ne s'aperçoit pas de la chute des feuilles à l'approche de l'hiver. Parfois une légère brise leur envoie des effluves de parfums d'orangers, de lauriers-roses et de jasmins du Japon. Partout les fleurs et la verdure donnent au pays un air de printemps perpétuel. Les rosiers de Bengale sont toujours en fleurs et les jardins et les parterres y sont aussi beaux en décembre et janvier que chez nous au mois de mai. Des myriades d'oiseaux chanteurs aux plumages les plus variés égaient ces charmants bocages et ne les quittent jamais. Les papes rouges, verts et bleus, les petits oiseaux-mouches aux brillantes couleurs, les rossignols, les pinsons, les fauvettes remplissent les vergers tandis que des nuées de tourterelles, de pigeons ramiers, de bécasses s'ébattent dans les champs où ils trouvent à toutes les saisons une abondante nourriture; le soir au bord du fleuve des bandes d'oies, de canards sauvages et de bécassines viennent effleurer l'eau de leurs ailes rapides à la grande joie des chasseurs à l'affût qui les guettent au passage couchés dans leurs pirogues légères. On n'entend que les coups de fusil et le bruit des pagaies des rameurs à la recherche des oiseaux tombés sous les coups répétés des chasseurs. Tandis qu'il gèle dans le Nord, que les grands lacs sont couverts de glaçons qui arrêtent la navigation, que les arbres y sont nus et que la terre, couverte d'un épais manteau de neige, semble plongée dans le silence de la mort, la plus grande animation règne dans les vastes et riches plaines de la Louisiane toujours vertes. La douceur du climat permet alors à l'homme de se livrer aux plus pénibles travaux. En été les chaleurs sont quelquefois si fortes qu'elles ôtent au corps toute son énergie, il faut alors rechercher les frais ombrages. Mais les automnes sont délicieux, en Louisiane, au Texas, dans le Mississipi, l'Alabama et la Floride; et les travailleurs peuvent alors récolter les riches produits de ces contrées. J'aime les pays où le soleil et les fleurs brillent dans toutes les saisons. J'aime les pays où fleurit l'oranger, où mûrit la canne à sucre, où s'épanouit le coton. La vie et la gaîté y règnent constamment, aussi les hivers sont charmants en Louisiane. C'est la saison des jeux, des fêtes, des théâtres, des bals et des concerts. C'est aussi la saison des grandes chasses dans les forêts et les bayous: chasse à l'ours, au chevreuil, aux canards, aux lapins et aux crocodiles. Les moustiques, la plaie du pays, pendant les nuits chaudes et humides de l'été, disparaissent aux premières fraîcheurs et l'on peut alors dormir en paix sans moustiquaire; les caïmans rentrent dans leurs retraites, au fond des marais; les serpents à sonnettes se cachent sous les feuillages dans les bois; les ours sortent des sombres forêts pour dérober des cannes mûres ou des épis de maïs tendre et s'enfuient à l'approche de l'homme. Quelles agréables soirées j'ai passées dans les sucreries à côté des grandes chaudières bouillonnantes! Les charmantes créoles faisaient avec les pacanes et la cuite de délicieuses pralines; on buvait à pleins verres le jus doux et rafraîchissant qui coulait à flots sous les grands cylindres en fonte qui écrasaient les cannes. Mêlé au rhum ou au whiskey on en faisait un excellent punch; les jeux et les danses allaient bon train, puis vers minuit quand sonnait l'heure du retour, chacun s'armait de grosses cannes pour les écraser le lendemain à belles dents; car le jus de la canne est vraiment délicieux, c'est une boisson saine et rafraîchissante qui convient parfaitement aux pays chauds où pousse cette précieuse plante, la reine des contrées tropicales. Si à bon droit le coton est roi, la canne à sucre est bien la reine des plantes tropicales. Il est vrai que l'on fait du sucre avec la betterave, la sève de l'érable et les raisins, mais jamais ces divers sucres ne pourront remplacer le sucre de canne, et c'est surtout à la canne que nous devons cette précieuse denrée, c'est grâce aux produits abondants de la canne que nous avons le sucre à si bon marché, à la portée de tout le monde, et il est à souhaiter que ce prix baisse encore afin qu'il entre pour une plus large part dans l'alimentation publique, car c'est une nourriture saine qui convient parfaitement à tous les estomacs. Nous sommes loin de consommer en France la quantité de sucre que consomment les louisianais et ils ne s'en portent pas plus mal. On y consomme autant de sucre que de pain, il est d'ailleurs à meilleur marché que le pain. A la dernière récolte, m'écrit un de mes amis qui a trois habitations sucrières sur les bords du Mississipi, le sucre était coté de 2 1/2 à 4 sous la livre suivant la qualité; à ces prix, me dit-il, nous faisons à peine assez pour payer les travailleurs et il ne reste aucun bénéfice.

Chaque famille louisianaise garde ordinairement, pour sa provision de l'année, un boucaut de sucre de 1,000 à 1,200 livres et un baril de sirop de 150 à 160 litres. Et quand le sucre sera au même prix en France, nous en consommerons tout autant et nous ne nous en porterons pas plus mal.

CHAPITRE XIV

Une plantation de coton dans la Pointe-Coupée.

Le petit village de Waterloo est situé sur la rive droite du Mississipi à 130 milles de la Nouvelle-Orléans. Le fleuve à cet endroit faisait autrefois un long circuit dans l'intérieur des terres sur sa rive droite et revenait deux milles plus bas à Hermitage-Landing. On a coupé la langue de terre entre Waterloo et Hermitage et le cours du fleuve a été raccourci de 45 kilomètres. De là vient le nom de Pointe-Coupée, donné à cette paroisse, l'une des plus belles, des plus fertiles et des plus productives en coton, de toute la Louisiane. L'ancien lit du fleuve forme maintenant un chenal ou coulée circulaire de 45 kilomètres de longueur, et l'espace entouré par ce chenal et le nouveau fleuve s'appelle l'Ile. C'est dans cet îlot, d'une admirable fertilité, qu'un de mes compatriotes a établi une magnifique plantation de coton. Je débarquai un soir de novembre, au soleil couchant, à Waterloo. Mon ami demeurait tout près, me dit-on ; une quinzaine de kilomètres, ce n'est rien dans ces vastes régions. Un belge qui tenait là un magasin, m'offre un cheval tout sellé et je prends la route qui longe le chenal. La nuit arriva bientôt, mais mon cheval connaissait mieux que moi le chemin qui conduisait à l'habitation de J.-B. Rougon. Je rencontrai quelques bandes de nègres portant sur leurs têtes de grandes corbeilles d'osier, pleines de coton. C'était la cueillette du jour ; on leur donnait pour ce travail 2 fr. 50 pour 100 livres de coton en graines. Les bons ramasseurs cueillent jusqu'à 150 et même 200 livres dans leur journée. Bientôt la nuit arriva et tout fut calme et silencieux ; la lune se leva, j'entrevoyais son large disque rouge luire à travers les grands arbres qui bordaient le chenal. Leurs longues branches se réfléchissaient dans la nappe d'eau limpide que j'avais à gauche, tandis qu'à ma droite s'étendaient à perte de vue des champs de coton émaillés de points blancs. Le temps était doux et calme, pas un rameau ne remuait à la surface de l'eau tranquille du bayou. Je mis mon cheval au pas, pour pouvoir contempler à mon aise la scène magnifique qui se déroulait autour de moi et jouir des charmes d'une promenade au clair de la lune, dans une des plus belles campagnes louisianaises. Je n'entendais plus que la douce mélodie du moqueur. De temps à autre, je passais à côté de charmantes maisonnettes en bois, dont la blancheur contrastait avec le feuillage sombre des grands arbres qui les abritaient. Je recevais, d'un côté, les odeurs des tulipiers, des lauriers, des rosiers de Bengale et des orangers qui bordaient la route, et de l'autre s'élevaient les parfums des nénufars dont les larges feuilles rondes tapissaient la longue nappe d'eau qui n'était troublée que par les bandes de canards sauvages aussi blancs que les flocons de coton des champs voisins. Des myriades de lucioles volantes étincelaient dans les endroits obscurs. Un moment je rêvais de voir quelque nouvelle Atala sortir de l'un des bosquets sombres du voisinage, quand tout à coup mon cheval s'arrêta en face d'une vaste habitation. J'étais chez mon ami Rougon. Il était parti à dix-huit ans de son petit village des Alpes, sachant à peine lire et écrire. Je le trouvai conduisant une machine à vapeur qui faisait marcher un gin, autre machine ingénieuse, qui sépare la graine de coton du duvet qui l'enveloppe. Ses enfants mettaient le coton en balles et lui seul entretenait le foyer et dirigeait la machine. Comment, lui dis-je, êtes-vous devenu ingénieur et mécanicien? Ici, me dit-il, je fais tout. Si j'étais resté au pays, je n'aurais jamais appris autre chose qu'à garder les moutons et à labourer les quelques maigres champs de mon père. Demain, si vous voulez venir avec moi dans la forêt, je vous montrerai comment je fais marcher ma scierie à vapeur dont la machine est bien plus forte que celle-ci. Cet homme, qui n'avait reçu aucune instruction, expédiait tous les ans deux à trois mille balles de coton à la Nouvelle-Orléans.

Une année, il en a vendu pour 150,000 francs au Havre. Plus de cent familles de travailleurs blancs et noirs étaient établies sur ses terres et cultivaient le coton à la part. Il leur avançait les provisions et tout ce qui leur était nécessaire jusqu'à la récolte qui, ordinairement, lui revenait en plein. La plupart des travailleurs sont satisfaits quand, à la fin de l'année, ils ont fait assez de coton pour payer leurs dettes. Il n'avait aucun commis ; son fils aîné tenait le magasin et, avec ses autres fils, M. Rougon conduisait l'habitation et faisait marcher les diverses usines à vapeur. Sa femme et ses filles s'occupaient du ménage et soignaient la basse-cour qui est un des principaux revenus des fermes américaines. Je me rappellerai toujours Mme Rougon donnant à manger à trois ou quatre cents volailles, caquetant, voletant autour d'elle. Il y avait aussi, dans la vaste cour de l'habitation, une vingtaine de vaches et veaux et autant de cochons, petits ou gros, et dans la savane paissait, avec les chevaux et les mulets, un troupeau de 400 bœufs. Les repas étaient abondants et faciles à préparer ; des œufs, du lait, de la crême, du pain de maïs (corn bread), des volailles, d'excellents légumes et les fruits variés du jardin composaient l'ordinaire de la famille. Les patates douces cuites au four, le riz, le gru ne manquaient jamais. De temps en temps on tuait un cochon, un mouton ou un bœuf. Dans le magasin, vrai bazar de campagne, il y avait tout ce qui est utile aux habitants de la contrée, depuis la fine mousseline blanche pour les robes d'été des demoiselles, les voiles et les couronnes de mariée, jusqu'aux pelles, pioches, charrues et harnais, habillements, chaussures, chapellerie, quincaillerie, mercerie, épicerie, vaisselle, tabacs, liqueurs, et surtout l'indispensable national, le whiskey, l'article le plus fréquemment demandé par les acheteurs noirs qui venaient surtout le soir après le travail. Durant le jour, les portes du bazar étaient presque toujours fermées, tout le monde était au travail ; elles s'ouvraient le matin de cinq heures à huit, une heure à midi, et le soir de quatre heures à dix. C'était le lieu de ralliement de toute la population environnante, à plusieurs lieues à la ronde. Les jeunes créoles y arrivaient en caracolant sur leurs chevaux à peine domptés, les chasseurs avec le fusil sur l'épaule et la gibecière bien garnie, les bûcherons avec leurs lourdes haches ; quelques habitants aisés voyageaient en boghey ou en voiture ; tous s'arrêtaient au-devant du magasin pour trinquer d'abord et ensuite pour acheter quelque chose s'ils avaient un compte ouvert. Les payements se font après la récolte du coton, le plus souvent en nature. Le magasinier est le courtier, l'agent, le fournisseur de tous les petits habitants ; il leur fait des avances pendant toute l'année et s'occupe de la vente de leurs produits.

Le lendemain, M. Rougon me fit visiter sa plantation et m'expliqua en détail les travaux d'une vaste exploitation agricole. Il y avait trente-cinq ans qu'il était arrivé dans la contrée avec une charrette chargée de marchandises. Il avait depuis acheté dix mille acres de terre, environ quatre mille hectares, et son rêve était de laisser une habitation à chacun de ses sept enfants. Il avait établi une scierie à vapeur dans la forêt et, avec les bois qu'il en tirait, il avait bâti de nombreuses cabanes pour ses travailleurs, des maisons, des greniers, des écuries, des hangars, un vaste magasin, etc., le tout en bois. Pas une pierre, pas une brique n'a été employée ; les cheminées sont en terre pétrie avec la mousse qui pousse sur les arbres. On n'achète absolument que les clous et la chaux ou la peinture pour blanchir les cloisons en planches. Les toits sont en bardeaux, minces planches de cyprès de 40 à 50 centimètres de longueur, fendues avec un coutre. Ces toitures durent de 25 à 30 ans. Voilà ce que le fils d'un grossier paysan des Alpes a fait, en 35 ans, dans une paroisse de la Louisiane. Quand j'ai pu apprécier tout ce que cet émigrant ignorant, quoique fort intelligent et surtout très actif et très énergique a accompli, je me suis rendu compte de ce progrès extraordinaire, colossal des américains, de ce peuple d'émigrants unique dans le monde et dans l'histoire. Ces émigrants européens n'ont avec eux, en arrivant sur le sol américain, que la force, le courage, l'énergie, la hardiesse et l'ambition de parvenir. Sous l'influence du milieu, leur intelligence se développe, la nécessité les rend ingénieux, le succès les enhardit. Ils étudient, ils observent leurs voisins et avec le travail, la persévérance et surtout l'économie à leurs débuts, ils arrivent généralement à l'aisance et même à la fortune. Ils font réellement des merveilles.

M. Rougon, s'apercevant que les récoltes de coton augmentaient tous les ans et que le prix de ce textile baissait graduellement, forma le projet d'établir une vaste sucrerie centrale et de se mettre à cultiver la canne à sucre qui rapporte beaucoup plus que le coton. Un arpent de coton ne donne pas plus de deux tiers de balle ; il faut du bien beau coton pour avoir une balle de 450 livres par arpent. A dix sous la livre, la balle de coton rapporte 45 dollars, tandis qu'un arpent de cannes donne facilement un boucaut et demi, soit 1,500 livres de sucre à cinq sous : cela fait 75 dollars et, de plus, environ deux barils de mélasse qui valent encore de 25 à 30 dollars. Ainsi, l'arpent de cannes rend aisément 100 dollars, et le cotonnier exige un travail aussi long, aussi soigneux que la canne. Il faut donner à la terre deux bons labours avant de semer le coton. Quand le champ est bien ameubli, on le sillonne. Les sillons sont à 1^{m}25 de distance. On sème la graine sur le talus des sillons et il faut que les pieds de coton soient à un mètre l'un de l'autre. On met plusieurs graines de coton dans chaque fosse et, quand elles sont levées, on éclaircit, on ne laisse que les plus beaux plants. La mauvaise herbe pousse avec vigueur dans les riches terres à coton et il faut sarcler tant que le cotonnier n'arrive pas à une certaine hauteur. Quand il commence à étendre ses rameaux, on l'abandonne ; il pousse alors rapidement, et, en quelques mois, il atteint la hauteur d'un homme. Les premiers grabots se forment en juillet et commencent à s'ouvrir au mois d'août. Tous les jours, de nouveaux grabots se forment, grossissent et s'épanouissent jusqu'aux premières gelées qui arrêtent toute végétation. Cela arrive ordinairement vers la fin de décembre. On coupe alors les pieds de coton et on les brûle sur place, puis on recommence les labours pour une nouvelle récolte. La cueillette du coton est assez longue et coûteuse. On paie 50 cents pour 100 livres de coton en graines qui ne donne que 25 livres de duvet. Le ramassage revient donc à 2 cents par livre de coton net. Ceux qui n'ont pas de gin paient un demi cent par livre pour le faire passer à la machine qui sépare la graine du duvet. La mise en balles n'est pas difficile. Les habitants ont des presses à bêtes. Un mauvais cheval ou un mulet fait tourner la vis de pression en bois ou en fonte et trois personnes font une balle en 15 ou 20 minutes. En arrivant à la Nouvelle-Orléans, ces balles reçoivent une nouvelle pression. Avant de les expédier à l'étranger, on les soumet à des presses hydrauliques qui les réduisent au tiers de leur premier volume. Mais les frais de culture, d'emballage, de transport sont assez élevés et, au prix actuel du coton, 8 à 9 cents la livre pour le midling, le planteur peut à peine faire assez d'argent pour payer ses travailleurs. Aussi, partout où la canne à sucre croît, il est plus avantageux de cultiver cette plante. Mais l'établissement d'une sucrerie occasionne une grande dépense ; au moins 100 à 150,000 francs, de sorte que la culture de la canne ne peut se faire que sur une vaste échelle, dans de grandes habitations, tandis que le coton se prête à la petite culture. Les petits habitants peuvent toujours cultiver quelques arpents de coton et vendre ce coton en graines sans frais d'installation.

CHAPITRE XV

Une habitation sucrière en Louisiane.

La canne à sucre est la reine des plantes tropicales et sa culture est la plus rémunératrice des récoltes, dans les terrains qui lui conviennent. C'est la canne qui fait la richesse de Java, de Sumatra, de Maurice, de la Réunion, de Cuba, de la Jamaïque, du Demerara, des petites Antilles, de la Basse-Louisiane, etc. Le sucre est devenu d'un usage général dans le monde, et l'on ne doit pas redouter l'excès de production de cette précieuse denrée. Le sucre à 20 centimes la livre, paye largement le planteur de cannes, et à ce prix la consommation dans le monde, sera pour ainsi dire illimitée, car ce ne sera plus un objet de luxe, ce sera un des premiers articles de l'alimentation des peuples. C'est une nourriture saine, nutritive, d'une assimilation facile, convenant parfaitement à tous les estomacs. Il ne servira plus seulement à adoucir le café et le thé, mais il pourra entrer, et il entre déjà dans la fabrication d'une foule de substances alimentaires : pâtisseries, confiseries, liqueurs, etc. Le sucre est aussi riche en principes nutritifs, hydrogène, oxygène et carbone, que beaucoup d'aliments grossiers d'une assimilation difficile. Aussi la consommation de cette denrée augmente d'année en année chez tous les peuples. Il y a cinquante ans, elle n'était en France que de quelques onces par personne, et maintenant elle est de 11 kilogrammes; elle est de 25 à 30 kilog. en Angleterre et plus encore aux Etats-Unis. C'était autrefois un article de luxe fort cher. Au commencement du siècle il valait chez nous 5 fr. la livre, et maintenant il vaut 50 centimes et il est fortement imposé. S'il n'y avait pas de droits sur le sucre, nous l'aurions à 25 centimes la livre, et à ce prix sa consommation doublerait certainement. Il se vend dans les Antilles et au Mexique de 15 à 25 centimes la livre, suivant la qualité. Dans toutes les contrées où pousse la canne, le sucre est à peu près à ce prix, aussi la consommation par personne y est beaucoup plus considérable; quand nous l'aurons à ce prix en Europe, nous en consommerons beaucoup plus et nous ne nous en porterons pas plus mal. J'ai dit que la culture de la canne est rémunératrice, en effet, un arpent de cannes ordinaires (40 ares) donne facilement 2,000 livres de sucre et 300 litres de mélasse. Le sucre à 25 centimes la livre seulement, et le sirop ou la mélasse à 50 centimes le litre, cela fait 750 francs de produit par arpent, soit 1,875 francs l'hectare, c'est là le rendement ordinaire. Il ne faut donc pas s'étonner de la richesse des colonies qui cultivent la canne. Ainsi la petite île de la Réunion, qui n'a que 1.979 kilomètres carrés et dont le dixième seulement est planté en cannes, a donné jusqu'à 73 millions de kilogrammes de sucre,

4 millions de litres de sirop et mélasse, et 1,480,000 litres de rhum ; et Maurice, à côté, plus petite encore que la Réunion, produit annuellement 150,000,000 de kilogrammes de sucre. En 1884, Maurice a exporté pour 90 millions de francs de sucre, bien que le quart seulement de la petite île soit cultivé en cannes. Ces deux îles n'ont pas ensemble la superficie de l'un de nos plus petits départements, et elles font néanmoins un commerce extérieur de 250 millions par an, malgré le bon marché du sucre, leur principal produit.

Presque toutes les grandes habitations sucrières de la Louisiane, sont situées le long du Mississipi ou sur les bords des nombreux bayous, petites rivières navigables communiquant avec le fleuve, déversoirs naturels du grand bassin. Les plus importants de ces bayous sont : l'Atchafalaya, le Têche, le Courtableau, le Lafourche, les bayous Manche, Plaquemines, Grosse-Tête, Bœuf, Crocodile, Vermillion, Tortue, etc. Toute la Basse-Louisiane a été formée par les alluvions du grand fleuve, et son sol d'une admirable fertilité, un peu humide, étant souvent au-dessous du niveau des eaux du fleuve, convient admirablement à la culture de la canne à sucre, bien qu'elle n'y fleurisse jamais, et qu'elle n'y mûrisse que par force à l'approche des gelées. Car la canne à sucre est une plante essentiellement tropicale, et la Nouvelle-Orléans est sur le 30e parallèle. Il y gèle quelquefois en hiver, quand le vent du nord souffle dans la vallée du Mississipi. J'ai vu en novembre de très fortes gelées, détruire dans une nuit la récolte d'une année. J'ai vu brûler de vastes champs de belles cannes, qu'on abandonnait, parce qu'elles ne donnaient plus que du vinaigre. Quand on parcourt le Mississipi surl'un de ces magnifiques bateaux plats, qu'on ne trouve qu'au Etats-Unis, on voit, sur chaque rive, depuis son embouchure jusqu'à Bâton-Rouge et même plus haut, une suite ininterrompue de belles plantations, distribuées presque toutes de la même façon et séparées par des barrières en pieux debout ou en lattes transversales. Depuis quelques années on commence à remplacer les barrières en bois par des barrières plus durables, en fil de fer galvanisé avec des piquants (barbed-wire). A 54 milles au-dessus de la Nouvelle-Orléans, sur la rive droite du Mississipi, on trouve la vaste et magnifique plantation de Valcour-Aime, qui a 35 arpents de façade sur le fleuve et s'étend à une profondeur de 80 arpents, ce qui fait une superficie de de 2,800 acres ou 1,120 hectares. Vers le milieu, et faisant face au fleuve, est bâtie la splendide résidence du propriétaire, entourée d'un vaste parc où l'on trouve tous les arbres rares et précieux de l'Amérique. Ce parc a coûté plus de 500 mille francs. Il y a là des arbres qui viennent du Yucatan, du Brésil, de l'Inde et même du Japon. Toutes les plantes tropicales et la flore louisianaise, si riche en belles espèces, sont représentées : les beaux magnolias, les grands tulipiers, les hauts pacaniers, les acatalpas, les lauriers roses, les cyprès élancés, les chênes verts aux larges branches horizontales, les platanes, les saules, les peupliers, tous les arbres fruitiers, tous les arbustes odoriférants, tous les bois fins s'y rencontrent et y poussent avec une telle vigueur, que la maison du maître, quoique vaste et élevée est presque invisible, et comme perdue dans les bois : on ne peut voir sa façade que du milieu de la vaste allée, qui partage le parc dans sa longueur et qui va de la maison au bord du fleuve. Au premier étage, une large galerie soutenue par des colonnes en bois, fait le tour de la maison. C'est sur ces galeries ombragées que les charmantes créoles passent une bonne partie de leurs journées et les belles soirées louisianaises.

A toutes les façades les ouvertures sont multipliées afin de donner passage aux plus légères brises, de quelque côté qu'elles viennent. Pendant les fortes chaleurs du jour, toutes ces ouvertures sont hermétiquement fermées par des persiennes vertes; et à l'ombre des grands arbres les belles créoles, un éventail à la main, se balancent gracieusement sur leurs berceuses. En Louisiane, la berceuse remplace la chaise et le fauteuil. Derrière la maison, et à quelque distance, sont les cuisines, les écuries, les remises, les cases des domestiques nègres de la maison et de la cour. Un peu plus loin est la sucrerie avec ses hautes cheminées en briques rouges, le vaste hangar pour les cannes, la maison de l'économe ou gérant de l'habitation, celle du sous-économe, les greniers à foin et à maïs, l'écurie, la forge, le moulin à gru et enfin le camp des nègres travailleurs de l'habitation, qui forme comme un petit village vers le centre de la plantation. Les cabines des nègres sont en bois, blanchies à la chaux et isolées à cause des incendies fréquents. A côté de la maison de l'économe, on voit une grosse cloche suspendue à deux grands poteaux. Cette cloche sonne à cinq heures du matin pour appeler les hommes au travail; à huit heures pour le déjeuner, à midi moins un quart pour quitter l'ouvrage et le soir à une heure et à six. La journée ordinaire des nègres est de 12 heures et, pendant la roulaison, ils font un quart en plus qui est payé à part, soit 18 heures de travail sur 24. Peu de blancs peuvent y tenir. Sur quelques habitations on a essayé les Chinois, mais pour les travaux pénibles ils ne peuvent remplacer les nègres. Ils sont trop faibles pour tenir la charrue ou conduire les charrettes.

Toutes les plantations sont sillonnées de canaux soigneusement entretenus. Ces canaux sont indispensables pour assainir et draîner ces vastes plaines basses qui, en été, sont presque partout au-dessous du niveau du fleuve et des bayous. Ce sont les Irlandais qu'on emploie généralement pour creuser et nettoyer les canaux de draînage, ce sont aussi ces robustes travailleurs qui construisent toutes les lévées protectrices. Les Irlandais sont les premiers hommes du monde pour manier la pelle et la brouette. Au bout du champ cultivé commence la forêt immense, impénétrable, souvent marécageuse, sillonnée par de petits bayous naturels que parcourent seulement les pirogues des hardis chasseurs louisianais. C'est là que pullulent les crocodiles, les caïmans, les crabes, les chevrettes et surtout les moustiques, la vraie peste de ces régions, l'animal le plus désagréable, le plus ennuyant des contrées chaudes et humides. Les oies, les canards, les sarcelles, les lapins et les chevreuils fournissent une chasse abondante. Les ours noirs et bruns y sont nombreux aussi et viennent quelquefois manger les cannes et le maïs à la lisière des bois. Dans toute la Basse-Louisiane, les bords du fleuve et des bayous naviguables sont seuls cultivés sur une largeur de 50 à 60 arpents (3 à 4 kilomètres). Les forêts occupent plus des trois quarts de ces riches terrains d'alluvion, et depuis l'abolition de l'esclavage, de vastes habitations sont en friche, abandonnées en savanes. En certains endroits la forêt reprend son empire et se rapproche des bords des rivières d'où elle avait été chassée. C'est que le travail libre est loin de valoir le travail de l'esclave, et l'affranchissement subit des nègres a été la ruine du Sud. Les parcs ne sont plus entretenus, les champs sont mal cultivés et ces riches habitations, ces demeures luxueuses, ces résidences princières où les planteurs enrichis de la sueur et du sang de leurs esclaves menaient une véritable vie de pachas sont, pour la plupart, en pleine décadence. Les plantations voisines de Valcour-Aime, Armand, Fortier, Ferry, Bourbon, Chopin, Roman, etc. tombent en ruines. Tous les vieux habitants, tous les riches planteurs d'avant la guerre sont dans la misère; la plupart des habitations ont changé de maîtres. Les hommes du Nord, les banquiers et quelques marchands enrichis ont acheté presque pour rien ces splendides propriétés. Valcour-Aime valait un million de dollars avant la guerre avec ses centaines d'esclaves. Je l'ai vu vendre à l'encan, en 1869, pour 45,000 piastres. La sucrerie seule, où l'on faisait le sucre raffiné, avait coûté davantage; la maison et les autres bâtisses avaient coûté plus de

100,000 dollars, le parterre et le parc tout autant; le matériel d'exploitation, les mulets et autres animaux domestiques, valaient le prix payé pour toute l'habitation. M. Burnside, irlandais enrichi par le commerce des étoffes, en est devenu l'heureux propriétaire pour 45,000 dollars. Il a acheté de même, presque pour rien, huit ou dix des plus belles habitations de la Louisiane: Armand, Home-Place, Conway, Bringier, etc. Depuis quelque temps il expédie à la Nouvelle-Orléans 10,000 boucauts de sucre par an et 25 à 30,000 barils de mélasse.

Le vieux Valcour avait trois filles qu'il maria à de riches planteurs du voisinage, et chaque année, au premier jour de l'an il leur donnait pour étrennes un chèque de 100,000 francs. Ces heureux gendres étaient : Septime Fortier, dont M. Elysée Reclus a élevé les enfants; Bienvenu Roman, qui fut gouverneur de la Louisiane et Alexis Ferry qui avait deux grandes plantations presque en face : l'une sur la rive droite et l'autre sur la rive gauche du Mississipi, dans cette belle paroisse de Saint-James où j'ai passé mes plus heureuses années.

M. Ferry, qui était né en France, me disait un jour : « J'aurais pu, avant la guerre, me retirer en France avec un million et demi, je voulais vendre mes deux habitations, ma femme et mon beau-père m'ont retenu ici et j'y suis maintenant dans la plus profonde misère. » Mme Ferry avait dans le temps de la prospérité, dans le bon temps comme on dit encore là-bas, 22 domestiques de couleur ou bonnes d'enfants, et je l'ai vu reléguée dans une misérable cabane à nègres, seule avec ses filles, lavant elle-même son linge et sa vaisselle. O Reclus ! qui avez vu cette prospérité, ce luxe asiatique du temps de l'esclavage, qui gémissiez de voir travailler et souffrir des centaines de nègres pour un blanc, qui alliez promener dans les bois vos ennuis de l'exil et vos haines contenues, pour ne pas entendre les cris des misérables esclaves déchirés par le fouet, allez faire un voyage dans cette même paroisse de Saint-Jacques que vous avez vue si riche et si brillante, en 1851, ou bien interrogez vos anciens amis Gentil, Lafon et Dumez, et vous verrez qu'un grand bouleversement a transformé ce pays, que la main de la justice s'est étendue sur cette terre. Vous avez déploré en silence les maux de l'esclavage ; vous avez maudit la vente et l'exploitation de la chair humaine; vous avez dû prévoir la catastrophe inévitable qui menaçait ces riches planteurs, ces créoles blasés, dégénérés, amollis, corrompus, abrutis par l'esclavage.

Mais sur la terre étrangère vous n'aviez pas le droit d'élever la voix, vous ne pouviez maudire ceux qui vous donnaient le pain amer de l'exil. Depuis, vous avez pu, à votre aise, flétrir, stigmatiser les abus de l'esclavage et un beau jour vos critiques acerbes sont tombées sous les yeux de celui qui vous avait chargé d'instruire ses enfants et il dit en bagayant : « To... to... tonnerre de Dieu ! s'il revient ici il faut le pendre, nous allons l'emplumer et le jeter au fleuve. » N'ayez nulle crainte, ces gros planteurs, ces aristocrates, ces pachas ne sont plus à redouter, ils ne sont plus les maîtres du pays, ils sont ruinés ; ils sont bien punis par où ils avaient péché. Assez et trop longtemps ils s'étaient engraissés de la sueur et du sang de leurs esclaves. Assez et trop longtemps ils les avaient tenus dans l'ignorance et l'abrutissement ! Trop longtemps ils avaient fouetté, taillé, meurtri cette chair humaine dont ils trafiquaient si injustement. Les derniers excès ont fait déborder la coupe vengeresse. Une jeune femme, dans un récit pathétique, a soulevé l'indignation des gens du Nord. Son frère, le Révérend Beccher, qui vient de mourir à Brooklyn, a pris en main la défense des opprimés. De grands orateurs, des hommes éminents, d'illustres politiciens ont embrassé la cause des esclaves et une grande plaie a disparu de la grande République et une grosse tache a été effacée de la Constitution américaine.

CHAPITRE XVI

La Nouvelle-Orléans (The Crescent City)

La Nouvelle-Orléans, la Métropole du Sud, le grand port de commerce du golfe du Mexique, s'allonge comme un serpent sur la rive gauche du Mississipi, à 160 kilomètres de son embouchure. Fondée en 1717 par Bienville et les colons Français, elle a été longtemps une ville toute française. Les Espagnols l'ont possédée pendant 38 ans, de 1762 à 1800, et elle a conservé de nombreux souvenirs de leur domination. Elle revint à la France au commencement du siècle, et Napoléon Ier la vendit en 1804 aux États-Unis, avec toute la Louisiane pour 15 millions de dollars. Depuis cette époque, l'élément anglo-saxon y a pris le dessus, comme dans toute la République, et maintenant le quartier espagnol n'est plus qu'un misérable faubourg et le quartier français, compris entre l'Esplanade et la rue du Canal, n'est plus le centre de la ville. Ce quartier, dont toutes les rues perpendiculaires ou parallèles au fleuve se coupent à angles droits, est encore remarquable par quelques vieux établissements et par quelques monuments importants, mais ce n'est plus comme autrefois le centre de la vie, du mouvement et des affaires de la cité. La ville s'est étendue du côté d'en haut, au-delà de la rue du Canal. Le commerce s'est porté dans le quartier américain, dans le premier et le quatrième districts. La ville s'étend maintenant des Barraques à Carolton en suivant les contours du fleuve sur une longueur de 24 kilomètres. Une courbe concave que fait le fleuve, vers le milieu de la ville, lui a fait donner le surnom de Crescent City, la ville du Croissant. La fameuse rue du Canal, la plus belle rue d'Amérique, partage la Nouvelle-Orléans en deux parties à peu près égales, mais la partie supérieure, le quartier américain, a beaucoup plus prospéré, et c'est là que sont maintenant le haut commerce et les grands établissements industriels. Les rues Tchoupitoulas, des Magasins, du Camp, Saint-Charles, Carondelet, Gravier et Poydras sont après la rue du Canal et la Levée, les plus commerçantes de la ville. Le long des avenues de l'Esplanade, Rampart, Claiborne, Washington, Louisiana et des belles rues: Commune, Saint-Charles, Carondelet, etc., sont les magnifiques résidences des marchands et des négociants qui ont fait fortune.

Des tramways parcourent toutes les avenues et les principales rues de la ville, de sorte que les marchands et les agents d'affaires qui habitent souvent loin de leurs magasins et de leurs bureaux, prennent tous les jours plusieurs fois les cars pour aller de leurs résidences à leurs comptoirs. Le prix unique des tramways est de 25 centimes, un picayon ou nickel, quelle que soit la distance à parcourir. On paye en entrant dans le car; il y a au fond de chaque wagon une boîte-compteur où chaque passager dépose son nickel. S'il n'a pas de petite monnaie, le conducteur ou driver lui change son billet ou sa pièce d'argent et lui rend toute la monnaie de sa pièce. Il doit lui-même déposer son nickel dans la boîte. Il n'y a pas de collecteurs dans les cars, il n'y a que le driver qui se tient en avant, sur une petite plate-forme communiquant à l'intérieur du wagon par une petite porte vitrée, de sorte qu'il peut voir et compter toutes les personnes qui entrent dans son car et s'assurer si elles ont payé. Sur les longs trajets il y a des cars à vapeur, système Lamb. La petite locomotive reçoit au départ assez de vapeur pour faire le trajet, aller et retour, jusqu'à la station où se trouve l'usine qui lui fournit la vapeur. Tous les tramways ou chemins de fer urbains de la Nouvelle-Orléans aboutissent à la rue du Canal, le grand boulevard de la ville, dont la statue de Henry Clay est le point central. C'est de ce point que rayonnent toutes les voies ferrées destinées au service intérieur de la cité. Cette magnifique avenue a une largeur de 169 pieds (52 mètres) et plus de 24 kilomètres de longueur. Elle va du fleuve au lac Pontchartrain. Au pied de la rue du Canal se trouve la douane, vaste bâtiment en granit du Nord, qui occupe tout le carré entre les rues Douane et Canal, Levée et Front. Toute la partie du rez-de-chaussée de ce beau monument, qui donne sur la rue de la Levée, est occupée par la poste, admirablement bien installée. Cet édifice, un des plus beaux des Etats-Unis, vient à peine d'être achevé et a coûté des sommes énormes. Il a fallu faire venir toute la pierre du Nord; son architecture massive n'a rien d'élégant, elle n'est remarquable que par ses vastes proportions. Au premier étage, au centre du bâtiment, est une vaste et magnifique salle, toute revêtue de marbre blanc, où siège la Cour des Etats-Unis. On y arrive par un bel escalier en fer qui donne sur la rue du Canal.

Le port de la Nouvelle-Orléans s'étend tout le long de la ville. Le fleuve a partout une grande profondeur, et les plus gros navires viennent amarrer sur l immense jetée ou plate-forme en madriers sur pilotis qui longe ies bords du fleuve sur toute la longueur de la ville, près de 25 kilomètres. Pendant l'automne et l'hiver, cette levée, très animée, est encombrée de marchandises; les navires de toutes les nations viennent y charger les balles de coton des Etats du Sud et les grains arrivés du Nord par le fleuve ou les Rail-Roads. On ne peut trouver dans le monde un port plus commode et plus sûr. Depuis 1882 ce port est éclairé à l'électricité ainsi que la rue du Canal et quelques autres rues des plus fréquentées. La plupart des grands magasins et des établissements publics sont aussi éclairés à l'électricité. La rue du Canal est bordée de splendides magasins, c'est le rendez-vous de toute la population fashionable de la ville, et le soir, vers trois ou quatre heures, ses larges trottoirs sont encombrés de promeneurs et de promeneuses déployant les plus riches toilettes, remarquables surtout par la légèreté presque transparente des étoffes. Tous les quarts d'heure, en été, des tramways à vapeur partent du pied de la statue d'Henry Clay, emportant la population louisianaise sur les bords du lac Pontchartrain où l'on respire toujours une brise fraîche. De vastes établissements de bains sont installés sur les bords du lac au West-End, au fort espagnol et au bayou Saint-Jean. Des jeux, des régates, des bals, des concerts en plein air attirent tous les soirs une nombreuse population sur les bords du lac paisible, éclairés la nuit à l'électricité. Jusqu'à minuit les trains à vapeur continuent à mener et ramener les promeneurs. Après les chaudes journées passées dans les magasins et les ateliers, on aime à aller se plonger dans les eaux tièdes et limpides du lac et à respirer, pendant quelques heures les brises fraîches de la mer ; car le Pontchartrain communique avec le lac Borgne qui, lui-même, est en communication avec le golfe, de sorte que rien n'arrête la plus légère brise de l'Est et du Sud. C'est sur les bords charmants de ce lac que les Français établis en Louisiane, célèbrent annuellement leur fête nationale. En 1883, j'eus l'honneur d'être l'un des présidents de la fête de la République française et le soir du 14 juillet plus de 25,000 personnes étaient au West-End. L'illumination à l'électricité, les feux d'artifice, les régates, le bal champêtre sur une plate-forme où prirent place 5 à 6 mille danseurs et danseuses, produisirent un effet merveilleux. M. le vicomte Paul d'Abzac, notre consul général, nous fit servir un énorme punch sur la vérandah d'un bel hôtel ; l'ami Gentil fit un grand discours patriotique ; le consul d'Autriche, le doyen des consuls à la Nouvelle-Orléans, présenta un toast très aimable à la

France et aux Français; le consul anglais parla de l'effet produit en Europe par la destruction de la Bastille. De pareilles fêtes en plein air ne peuvent se donner que dans ces contrées presque tropicales, où la douceur du climat, jointe à la beauté de la nature environnante concourent à produire un enchantement presque féerique. De longs jets d'électricité illuminaient les bords majestueux du lac et éclairaient des berceaux de fleurs et d'arbustes odoriférants. Au loin, apparaissait la forêt sombre, impénétrable, d'où s'élevaient les têtes d'arbres géants, les tiges nues des hauts cyprès, portant seulement un bouquet de feuilles à leur sommet. Ce beau ciel louisianais, si calme et si pur, d'un bleu un peu pâle devenait sombre à la lueur des feux de bengale et des lampes électriques. Le tournoiement de milliers de danseuses aussi blanches que leur toilette de fine mousseline, une musique étourdissante, les feux, les fusées, les pétards, tout contribua à l'embellissement de cette brillante fête que je n'oublierai jamais.

La Nouvelle-Orléans n'a pas progressé aussi rapidement que certaines villes du Nord ; elle a été éprouvée par plusieurs épidémies de fièvre jaune, qui ont retardé son développement; mais, heureusement, ces épidémies deviennent de moins en moins meurtrières. La fièvre jaune frappe surtout les étrangers et les nouveaux arrivés. Toute la vieille population créole et tous les vieux résidents sont à peu près à l'abri du fléau et ne s'en effrayent plus. Ils savent d'ailleurs fort bien traiter cette maladie, qui est rarement fatale quand le malade est bien soigné et pris à temps. La fièvre jaune, d'après les plus vieux docteurs louisianais, n'a qu'un accès, souvent très violent, mais rarement mortel si on le combat immédiatement avant la décomposition du sang. Les premières épidémies furent très meurtrières ; celle de 1851 fut, dit-on, désastreuse. J'ai vu, moi-même, trois épidémies en 1867, 1874 et 1878, et j'ai constaté que ces fléaux diminuent graduellement d'intensité ; les dernières épidémies ont été bénignes, comparées à celles d'autrefois. En 1867, il mourut, à la Nouvelle-Orléans, 5 à 6 mille personnes de la fièvre jaune. La mortalité fut, pendant quelque temps, de 200 personnes par jour. L'Asile de la Société française de bienfaisance était plein, et notre consul fut obligé de louer des appartements en ville, et d'y installer des lits afin de pouvoir recevoir tous les malades français et belges. Dans la dernière grande épidémie de fièvre jaune que j'ai observée en 1878, la mortalité à la Nouvelle-Orléans et dans les paroisses de la Basse-Louisiane n'était que de 4 à 5 pour 100 malades ; tandis qu'à Memphis, Héléna, Cairo, etc., elle était de 40 à 45 pour 100. Mais dans ces villes plus au nord, il y avait panique, les populations effrayées prenaient la fuite à l'apparition du fléau et abandonnaient souvent les malades sans soins. J'étais alors membre correspondant de la société Howard, chargée de distribuer gratuitement les médicaments et de procurer les soins médicaux aux indigents ; sur 142 malades que j'ai visités dans mon district de la paroisse St-James, il n'en est mort que trois. La société Howard, organisée uniquement pour soigner les malades pendant les épidémies, rend de grands services.

Elle dispose de grands capitaux dont elle fait le plus noble usage ; elle envoie des médecins, des médicaments et des garde-malades partout, dans les villes et les villages frappés par le fléau. Une curieuse observation a été faite pendant toutes les épidémies de fièvre jaune. C'est que la race nègre est complètement réfractaire à cette maladie, mais en revanche le choléra et surtout la petite vérole ont beaucoup plus de prise et font beaucoup plus de ravages sur cette race que sur les blancs. Aussi les négresses sont d'excellentes garde-malades pendant la fièvre jaune.

Le climat de la Nouvelle-Orléans est vraiment délicieux. Les printemps, les automnes, les hivers y sont charmants et les étés n'y sont pas plus chauds qu'à New-York, Philadelphia, Baltimore, Saint-Louis. Rarement le thermomètre Fahrenheit y arrive à 100 degrés (38° centigrades), tandis qu'il monte assez souvent à 100, 102 et même 104° à Atlanta, Charlestown, Richmond, Baltimore et New-York. Il n'y a jamais à la Nouvelle-Orléans de morts de coup de soleil, assez nombreuses en été dans les villes de l'Est et du Nord. C'est que la Nouvelle-Orléans reçoit les brises de la mer et le fleuve lui apporte la moindre fraîcheur qui se fait sentir dans les hauts de la vallée. Aussi, malgré les épidémies, la mortalité n'y est que de 27 personnes par mille habitants. C'est exactement la mortalité de Lyon, de Marseille et de Naples. C'est moins qu'à Berlin, Dublin, Constantinople. C'est à tort que l'on croit généralement que la Nouvelle-Orléans est une ville malsaine. Cela a pu être et cela a été au commencement de la colonisation, lorsque la ville était entourée de marais pestilentiels. Mais elle a été bien assainie depuis ; les marais ont été desséchés, des jardins magnifiques, couverts de fleurs et d'arbustes odoriférants, ont pris leur place et plus la ville s'étendra, plus elle sera saine, car elle occupera toute la langue de terre comprise entre le fleuve et le lac Pontchartrain et alors les fraîches brises du lac inonderont les larges avenues des Champs-Elysées, de l'Esplanade, du Canal, de France, de la Louisiane, etc.

Qu'elle est gaie! qu'elle est animée! la Métropole du Sud pendant l'automne et l'hiver. Les riches produits de la vallée du Mississipi y arrivent en masse. Tous les jours les bateaux du fleuve, chargés de coton, de sucre, de mélasse, de riz, débarquent sur la Levée; ceux de Saint-Louis, de Cincinnati, de Cairo, amènent de nombreuses barges remplies de grains, de viandes salées, de farine, etc. Les navires de toutes les contrées viennent charger sur cette belle Levée et dans les vastes entrepôts les produits de la Louisiane, du Mississipi, de l'Arkansas, du Texas, et les céréales du Nord. Trois grandes lignes ferrées aboutissent à la Nouvelle-Orléans. Celle du Nord, le Mississipi ou Jockson R.-R. la relie à Saint-Louis et Chicago. Celle de l'Est, le Mobile and Chatanouga R.-R. va à Washington, Baltimore, Philadelphie, New-York et dessert toute la côte de l'Atlantique; et enfin la ligne de l'Ouest traverse les Atakapas, le Texas, la Basse-Californie et aboutit à San-Francisco avec des embranchements dans le Texas l'Arizona et le Mexique. Au point de vue commercial, la Nouvelle-Orléans est dans une admirable situation. Elle a un port magnifique au centre des deux Amériques, et elle est le débouché naturel de l'immense vallée du Missisipi, la plus vaste et la plus riche vallée du monde. Un grand avenir lui est réservé. Quand les isthmes de Panama et de Téhuantepec seront percés, les Etats-Unis accapareront certainement la plus grosse part du commerce qui se fera par ces canaux, et le port de la Nouvelle-Orléans, le plus grand et le meilleur du golfe du Mexique, aura incontestablement le gros de ce trafic. La Métropole du Sud est destinée à rivaliser avec Philadelphie, New-York, Chicago et San-Francisco, elle est dans une aussi belle situation qu'aucune de ces grandes cités. Sa population est moins nombreuse, moins dense que dans les grandes villes de l'Est et du Nord de la République, elle n'a maintenant que 275,000 habitants, mais elle pourrait en contenir un million dans sa vaste enceinte et elle atteindra ce chiffre quand la Louisiane, le Texas et la vallée du Missisipi auront la population qu'ils peuvent nourrir. La Nouvelle-Orléans a l'air, l'espace et la lumière. Chaque résidence particulière est entourée d'un petit parterre de fleurs et de verdure. Les bananiers, les orangers, les grands tulipiers, les beaux magnolias, les lauriers, les rosiers du Bengale ombragent délicieusement les vérandahs et les balcons où les belles créoles passent leurs soirées. Toutes ces demeures élégantes et souvent luxueuses sont parfumées par les fleurs qui s'épanouissent à toutes les saisons et par une grande variété d'arbustes odoriférants qui les entourent. Les nombreuses places de la ville et ses larges avenues toujours droites et unies sont plantées de beaux arbres. Dans ces contrées où le soleil brille toujours d'un vif éclat on aime à rencontrer partout la verdure et les frais ombrages. La petite place de Jackson est une des plus jolies d'Amérique. Elle est située sur les bords du fleuve entre les rues Sainte-Anne et Saint-Pierre, au centre du quartier français. Au milieu de la place il y a une belle statue équestre du général Jackson sur un piédestal en granit. Tout autour de la statue il y a une jolie pelouse, puis des plates-bandes de fleurs diverses et une grande variété d'arbustes admirablement bien taillés ; les allées, toujours bien entretenues, sont couvertes de petits coquillages blancs. Du milieu de la place, on a en face la belle façade de la cathédrale Saint-Louis, flanquée des bâtiments de la Cour Supérieure, et sur les côtés les bâtisses Pontalba, parfaitement symétriques, s'étendant de la rue de Chartres à la Levée. Au devant de la place on a une magnifique vue du port et du fleuve qui, à cet endroit, a plus de deux kilomètres de large.

Sur la Levée, près de la place, est le fameux marché français, le plus vaste et le plus fréquenté des marchés de la ville. C'est le rendez-vous du matin de toute la population créole. Quand j'habitais la Nouvelle-Orléans je ne manquais jamais d'aller chaque matin faire un tour au French-Market. Rien de plus varié que la population et les marchandises qu'on y rencontre. Les bouchers, tous Gascons, y débitent la viande; les Italiens y vendent des fruits : bananes, ananas, pommes, oranges, etc. ; les Espagnols, du poisson et des huîtres ; les Juifs, des vêtements, des chapeaux et des chaussures ; les colporteurs y vendent toute sorte de bimbeloterie ; et des groupes d'indiens et d'indiennes, à la longue chevelure noire, accroupis sur leurs couvertes, vendent des racines, des écorces et des poudres végétales, du gibier et des peaux d'animaux à fourrures. Toutes les races, toutes les nationalités s'y rencontrent. C'est une vraie babel, on y entend toutes les langues : français, gascon, italien, créole ou cadien (acadien), espagnol, anglais, allemand et les divers dialectes indiens. On y déjeune à bon marché, pour 50 centimes, on a un bol de café au lait ou un plat de viande et des pommes de terre. Entre le marché à la viande et le marché aux légumes il y a un vaste bazar où l'on trouve, à bon marché, toute espèce de marchandises ; puis la célèbre Maison-Rouge « barroom, » magasin et comptoir où l'on a vendu tant de nègres à l'encan.

Parmi les monuments publics et privés de la Nouvelle-Orléans il faut encore citer : l'hôtel St-Louis, dans le quartier français, avec une belle façade d'ordre dorique sur la rue St-Louis et une entrée monumentale sur la rue Royale ; l'hôtel St-Charles, le plus fréquenté de la ville, avec une magnifique rotonde supportée par de belles colonnes donnant sur la rue St-Charles, la plus fréquentée du quartier américain ; l'Hôtel-de-Ville, la Monnaie et la Bourse du coton. Comme dans la plupart des villes américaines le commerce, l'industrie, la banque, les compagnies d'assurances et autres, occupent les plus beaux édifices de la ville,

Parmi les plus beaux magasins il y en a un qui mérite d'être visité, c'est le Mauresque Building de John Gauche sur la place Washington. C'est un vaste bâtiment carré, isolé, tout en fer, très orné et fort élevé, dont les quatre façades sont parfaitement semblables. Dans les vastes salles et galeries de l'intérieur on vend des meubles, de la vaisselle, de la quincaillerie, des objets d'art, des glaces, des pendules, des tapis, etc. Ce magasin, unique au monde par son architecture pittoresque, a coûté plusieurs millions. M. John Gauche, qui l'a fait achever, arriva fort jeune à la Nouvelle-Orléans et commença par vendre au marché français de la vaisselle dans un panier. Il vient de mourir laissant de 25 à 30 millions et une splendide résidence sur l'avenue de l'Esplanade.

La Nouvelle-Orléans est une ville très gaie, aimant passionnément la musique et le théâtre. Dans presque toutes les maisons on entend le piano. Les trois principaux théâtres : l'Opéra, l'Académie de musique, le théâtre St-Charles sont très fréquentés. Il y avait aussi autrefois le théâtre d'Orléans où l'on jouait le drame et la comédie en français. Je l'ai vu brûler de la fenêtre de ma chambre à coucher, une nuit, après une représentation de la *Tour de Nesles*. Dans la belle salle de l'Opéra, j'ai vu jouer, en 1867, *Phèdre*, *Andromaque*, *Médéa* et autres tragédies classiques par Adlaïde Ristori. Plus tard Sarah Bernhardt nous a donné aussi une série de belles représentations qui ont fait fureur. Marie Colombier, son amie alors, jouait avec elle. Au théâtre St-Charles, le plus fréquenté par la haute société on joue, en anglais, des drames, des comédies et des tragédies. Dans la salle fraîche ornée de verdure, à l'Académie de musique, on joue surtout des petites comédies, des farces et des opérettes en anglais ; la foule ne se lasse jamais d'y aller entendre les plaisanteries des artistes blancs déguisés en nègres. Ces travestissements amusent toujours le peuple ; on y rit aux éclats, on y applaudit à outrance. Il y a généralement deux représentations par jour. Une dans l'après-midi pour les femmes et les enfants à 1 fr. 25 l'entrée, et l'autre le soir à 50 cents. et un dollar, destinée au public en général. Depuis une dizaine d'années on a construit un théâtre allemand qui n'a pas l'air de faire de bonnes affaires. Les Allemands préfèrent aller passer leurs soirées dans les cafés chantants où l'on boit force bocks de bière.

Il y a aussi à la Nouvelle-Orléans quelques belles salles de réunion où l'on donne des concerts publics. La plus vaste est celle de Grunewald dans la rue Baronne, à côté de la belle église des Jésuites.

La population de couleur est très nombreuse à la Nouvelle-Orléans comme dans toutes paroisses de la Louisiane où elle est à peu près égale en nombre à la population blanche. Malgré le Bill de l'égalité civile et les derniers amendements à la Constitution, qui font disparaître les inégalités civiles et politiques entre les deux races, la population de couleur se mêle fort peu, en public du moins, à la race blanche. Les nègres ont leurs églises, leurs écoles, leurs lieux de réunion et d'amusement séparés. Le préjugé de race, si fortement enraciné en Louisiane et dans tout le Sud, existe toujours comme avant la guerre, comme au temps de l'esclavage. Dans les théâtres les nègres ne sont admis qu'au poulailler; dans les écoles publiques ils n'ont pu se mêler aux blancs; dans les écoles où on les a fait entrer par force, les enfants blancs se sont tous retirés et il a fallu établir des écoles séparées. Malgré la loi, malgré les efforts des meneurs des nègres, l'école mixte a été impossible à établir. On a vu, il est vrai, un mulâtre à West-Point, le jeune Whitaker, garçon fort intelligent du reste; mais il a été si malmené par ses camarades qu'il a été contraint de quitter l'Université. Dans les églises catholiques où les nègres sont admis ils ont toujours un côté ou des bancs à part; nulle part le mélange des races n'a pu se faire. A bord des bateaux ils ont une place à part et si on leur sert à manger dans le salon commun, ce n'est qu'après les blancs, quand tous les blancs ont quitté les tables. Le seul endroit où les nègres ont conquis l'égalité c'est dans les cars. Les compagnies avaient d'abord établi des wagons spéciaux pour les gens de couleur; mais ils ont fini par pénétrer dans les wagons des blancs, ils s'y sont maintenus et voyagent maintenant à côté des blancs dans les tramways et sur toutes les voies ferrées. Les mariages mixtes ne sont plus interdits par les lois, mais ils sont excessivement rares et celui ou celle qui se marie avec une personne de couleur est banni de la société des blancs. En un mot, le préjugé de race est à peu près le même qu'avant l'abolition de l'esclavage. Je me suis souvent demandé d'où vient ce préjugé poussé à l'extrême chez les populations créoles. Dans ces pays chauds, les blancs ne peuvent se passer des nègres. Sans les nègres plus de récoltes possibles;les plantations de cannes sont abandonnées. Les nègres sont indispensables en Louisiane, les blancs le reconnaissent; ils veulent bien les faire travailler, être servis par eux, mais ils ne veulent pas s'asseoir à côté d'eux, boire et manger avec eux. Trinquer avec un nègre est considéré comme un abaissement, il n'y a que les politiciens qui se permettent cette indignité, dans le but de les flatter et d'obtenir leurs votes. La seule raison de ce préjugé est, je crois, l'infériorité indiscutable de la race noire que les gens du Sud ne supposent pas être de même origine que la race caucasienne. Jamais les créoles n'ont voulu admettre que les nègres et les blancs viennent d'un même père. Aussi le Darwinisme a plu aux anciens maîtres d'esclaves. Il est incontestable que les différences entre la race caucasienne et la race noire sont considérables. A première vue, le nègre semble être le trait d'union entre le singe et l'homme blanc. J'ai bien observé, bien étudié les nègres et, au point de vue moral et intellectuel, je les crois peu susceptibles d'amélioration; mais tels qu'ils sont ils sont fort utiles dans la Basse-Louisiane et dans toutes les colonies intertropicales. Eux seuls peuvent travailler au soleil dans les champs de cannes pendant les fortes chaleurs de l'été. Sur quelques plantations on a bien essayé les Chinois, mais ceux-ci n'ont pu remplacer les nègres. Ils font aussi bien qu'eux pour quelques travaux légers, mais pour les travaux durs et pénibles ils sont loin de valoir les nègres qui ne redoutent nullement les chaleurs tropicales nécessaires pour mûrir la canne, et qui sont là dans le milieu et le climat qui conviennent le mieux à leur race.

La Nouvelle-Orléans n'a pas d'eau de source, elle boit l'eau du fleuve ou l'eau de pluie. A côté de chaque résidence il y a une grande cuve ou citerne en bois de cyprès, qui reçoit les eaux du toit. Les pluies sont fréquentes et abondantes en Louisiane, de sorte que les cuves sont rarement vides. L'eau du fleuve est amenée par de fortes pompes dans un grand réservoir situé vers le haut de la ville. De là elle est distribuée, au moyen de tuyaux souterrains en fonte ou en terre, dans toutes les maisons qui payent une redevance annuelle. L'eau du fleuve fournie par le Waterworks est souvent un peu trouble, mais elle est très saine. Les eaux de pluie ne sont pas non plus malsaines quand les cuves sont proprement tenues. Toutes ces eaux sont un peu tièdes en été, mais on les refroidit avec de la glace dont il se fait, à la Nouvelle-Orléans, une consommation énorme. Une manufacture seule, la *Louisiana Ice Manufacturing Company,* fabrique vingt tonnes de glace par jour et elle est loin de suffire à la consommation. Il en arrive de grands chargements de Boston. La glace du Nord vaut un peu mieux que celle de la manufacture. Elle se vend en gros de 3/4 de cent à 1 1/2 cent la livre : au détail on la vend de 2 cents à 2 1/2. L'usage de la glace est général. On ne se met pas à table sans glace et dans les bar-rooms on ne sert aucune consommation sans y mettre de la glace. On s'abonne avec le marchand de glace comme avec le boulanger et le boucher. Deux ou trois fois par jour il vous apporte un glaçon qu'il dépose sur le seuil de votre porte ou dans un petit réservoir en zinc, muni d'un robinet, où l'on a constamment de l'eau à la glace. Les bateaux, les cars, les établissements publics, magasins, cafés, hôtels, etc., sont tous pourvus de ces réservoirs spéciaux pour l'eau à la glace à la disposition du public. Pendant mon long séjour à la Nouvelle-Orléans je ne crois pas avoir bu un verre d'eau, de vin, de bière ou de soda sans glace. La préparation, l'emmagasinage, la conservation et l'exportation de la glace sont une des plus importantes industries de la ville de Boston. Le commerce de la glace a pris une extension considérable et les Etats-Unis, qui ont le monopole de ce commerce, exportent maintenant de la glace dans les Antilles, l'Amérique centrale et méridionale, au Cap et même dans l'Inde et l'Australie. Ils installent, en hiver, de petites machines à vapeur pour scier les blocs de glace sur les lacs et les rivières du Maine et du New-Hampshire.

Au point de vue intellectuel, la Nouvelle-Orléans occupe, aux Etats-Unis, une place respectable. Elle a fourni sa bonne part d'illustrations en tous genres. Les librairies, les imprimeries et les publications périodiques y sont fort nombreuses. Parmi les journaux quotidiens il faut citer l'*Abeille de la Nouvelle-Orléans*, publiée en français; le *Times-Democrat*, le *Picayuna*, le *Daily-News*, le *Republican*, le *City Item*, etc., publiés en anglais; les Allemands, les Italiens et les Espagnols ont aussi leurs journaux quotidiens.

Les journaux hebdomadaires et les revues sont bien plus nombreux encore, et dans l'Etat, il n'y a pas de paroisse, pas de ville, pas de village quelque petit qu'il soit qui n'ait son journal. Les établissements d'instruction y sont aussi très répandus, les écoles publiques sont gratuites, mais les familles aisées envoient généralement leurs enfants dans les institutions libres d'enseignement secondaire tenues, pour la plupart, par des sociétés religieuses. Nulle part les médecins, les avocats, les journalistes, les orateurs ne sont plus nombreux qu'aux Etats-Unis, et la Louisiane est, sous ce rapport, aussi bien partagée qu'aucun autre état de l'Union.

Bien que depuis longtemps la Louisiane ne soit plus une terre française, et nous devons amèrement le regretter, elle a néanmoins conservé des traces ineffaçables de la colonisation et de la civilisation françaises. On y parle encore un peu notre langue, on y boit encore notre vin généreux. Nos mœurs, nos goûts, nos usages, nos modes, notre religion, notre littérature s'y sont conservés malgré les progrès de l'anglo-saxonisme envahisseur. Les créoles aiment sincèrement la France qu'ils considèrent comme leur seconde patrie, la patrie de leurs ancêtres. Leur rêve chéri, leur principale ambition, c'est de voir Paris. Paris les attire comme un astre. Ils sont attachés à leur beau fleuve, aux rivages charmants de leurs bayous; ils ne pourraient jamais se résoudre à les quitter définitivement, mais ils regretteraient de mourir sans avoir pu visiter Paris et la France. Les nombreux français établis en Louisiane sont aussi de bons patriotes. Ils représentent dignement la France à l'étranger, ils vendent ses marchandises ou propagent sa langue, sa littérature, ses arts ou son industrie. Dans quelque profession qu'on les trouve ils remplissent dignement, honnêtement leur devoir et ils acquièrent, sinon la fortune, au moins l'estime et la considération de tous. Ils font aimer la France. Je ne puis terminer ce chapitre de mes souvenirs de la Nouvelle-Orléans sans témoigner un sentiment plein d'affection aux amis et compatriotes que j'ai laissés là-bas. Je ne les oublierai jamais. L'exil en a conduit un bon nombre dans ces contrées lointaines et j'en connais plusieurs qui n'ont pas lieu de regretter cette dure loi qui les a chassés de leur pays ; d'autres, plus nombreux encore, y ont émigré dans l'espoir d'y rencontrer la fortune, tous y ont travaillé et quelques-uns y ont acquis une honnête fortune, mais tous sont restés Français de cœur et d'âme.

Salut à la France étrangère ! ! !

FIN DE LA PREMIÈRE PARTIE

DEUXIÈME PARTIE

CHAPITRE PREMIER

CONSTITUTION — GOUVERNEMENT

Le système gouvernemental des Etats-Unis est basé sur la célèbre Constitution du 17 décembre 1787, à laquelle ont été successivement ajoutés 15 amendements.

Le 13e amendement à la Constitution, voté le 18 décembre 1865, abolit l'esclavage dans tous les états de l'Union ; le 14e et le 15e, approuvés en 1868 et 1870, donnent aux affranchis tous les droits et privilèges des citoyens blancs.

Par cette Constitution, le gouvernement de la nation est confié à trois pouvoirs distincts : l'Exécutif, le Législatif et le Judiciaire.

Le pouvoir exécutif appartient au président, qui est élu, de même que le vice-président, pour un terme de 4 ans, dans la forme prescrite par l'article 2 de la Constitution.

Chaque état de l'Union nomme au suffrage universel un nombre d'électeurs présidentiels égal au nombre de sénateurs et de représentants auxquels il a droit au Congrès d'après sa population ; mais aucun sénateur où représentant du peuple, aucun homme occupant un emploi de confiance ou de profit dans le gouvernement des Etats-Unis ne peut être électeur présidentiel.

Par un article de la Constitution, le Congrès doit désigner le jour où l'on devra nommer ces électeurs présidentiels et le jour où ils donneront leur vote pour la présidence. Ce jour devra être le même pour tous les états de l'Union.

Pour pouvoir être élu président, il faut être citoyen né aux Etats-Unis, avoir au moins 35 ans, et avoir résidé au moins 14 ans dans l'un des états de l'Union.

Le président est commandant en chef des armées de terre, de la marine et des milices au service de l'Union. Il a le droit d'apposer son *veto* à toutes les lois adoptées par le Congrès ; mais nonobstant le *veto* présidentiel, tout *bill* ou projet de loi peut devenir loi s'il passe ensuite aux deux Chambres avec une majorité des deux tiers des membres.

Le vice-président est, de droit, président du Sénat, et, en cas de mort, d'abdication ou d'*impeachment* du président, il devient président pour le restant du terme et le Sénat nomme un vice-président *pro tem.*

Les élections pour la présidence et la vice-présidence se font maintenant tous les 4 ans, dans chaque année bisextile, le mardi après le 1er lundi de novembre, et le nouveau président élu est installé le 4 mars suivant.

Le président des Etats-Unis touche un salaire

annuel de 50,000 dollars, et le vice-président 10,000 dollars.

Le président actuel est Grover Cleveland, né le 18 mars 1837, dans le village de Caldwell, état de New-York. Il étudia les lois à Buffalo et fut reçu avocat en 1859. En novembre 1881, il fut nommé maire de Buffalo et, en 1882, il fut élu gouverneur de l'état de New-York.

A la Convention nationale démocratique qui eut lieu à Chicago, au mois de juillet 1884, pour la nomination d'un nouveau président, il fut au premier balottage en tête de la liste des candidats, et au second tour de scrutin il réunit la majorité nécessaire des deux tiers des votes et fut déclaré le candidat du parti démocratique. A l'élection du mois de novembre la lutte fut vive entre républicains et démocrates, mais il remporta la victoire et obtint 219 votes électoraux contre 182 donnés à son concurrent, James-C. Blaine, qui était le candidat du parti républicain. Il succéda à Chester-Allan Arthur et fut installé à la Maison-Blanche, le 4 mars 1885. Son terme expirera le 4 mars 1889 et son successeur devra être élu le 4 novembre 1888.

Ainsi les républicains qui avaient été au pouvoir depuis Abraham Lincoln, en 1861, cédèrent la place aux démocrates, après avoir administré le pays pendant 24 ans.

Voici la liste des Présidents des Etats-Unis :

Noms des Présidents.	Ann. de services.	Naissance.	Mort.
1. George Washington	1789-1797	1732	1799
2. John Adams	1797-1801	1735	1826
3. Thomas Jefferson	1801-1809	1743	1826
4. James Madison	1809-1817	1751	1836

10.

	Noms des Présidents.	Ann. de services.	Naissance.	Mort.
5.	James Monroë	1817-1825	1759	1831
6.	John-Quincy Adams	1825-1829	1767	1848
7.	Andrew Jackson	1829-1837	1765	1845
8.	Martin van Buren	1837-1841	1782	1862
9.	William-H. Harrisson	m.-av. 1841	1773	1841
10.	John Tylor	1841-1845	1790	1862
11.	James Knox Polk	1845-1849	1795	1849
12.	Zachary Taylor	1849-1850	1784	1850
13.	Millard Filmore	1850-1853	1800	1874
14.	Franklin Pierce	1853-1857	1804	1869
15.	James Buchanan	1857-1861	1791	1868
16.	Abraham Lincoln	1861-1865	1809	1865
17.	Andrew Johnson	1865-1869	1808	1875
18.	Ulysses S. Grant	1869-1877	1822	1887
19.	Rutherford-B. Hayes	1877-1881	1822	—
20.	J.-Abraham Garfield	mars-sep. 1881	1831	1881
21.	Chester-Allan Arthur	1881-1885	1830	—
22.	Grover Cleveland	1885- —	1837	—

On voit, d'après ce tableau, que presque tous les présidents ont achevé leur terme de 4 ans, excepté trois : William Harrisson et Zachary Taylor, qui sont morts quelques mois après leur élection et Garfield, qui a été assassiné par Guiteau. Six présidents ont été réélus et ont fait un second terme de 4 ans, ce sont : Washington, Jefferson, Madison, Monroë, Jackson et Grant.

Les affaires administratives de la nation sont dirigées par 7 secrétaires d'Etat qui forment ce qu'on appelle le Cabinet du Président. Les secrétaires sont choisis par le président avec l'approbation du Sénat. Chacun préside à un département séparé et ils sont sous l'autorité immédiate du président, qui les nomme et les change à volonté.

Ce sont :

1° Le secrétaire d'Etat;

2° Le trésorier général;

3° Le secrétaire de la Guerre;

4° Le secrétaire de la Marine;

5° Le secrétaire de l'Intérieur;

6° Le directeur général des Postes;

7° L'avocat général.

Chacun des secrétaires ou ministres reçoit un salaire de 8,000 dollars (40,000 francs).

Tout le pouvoir Législatif est, par la Constitution, dévolu au Congrès, formé du Sénat et de la Chambre des représentants.

Le Sénat, ou Chambre-Haute, est formé de 2 membres de chacun des états de l'Union, élus pour 6 ans par les législatures de chaque état.

Les sénateurs doivent avoir au moins 30 ans; ils doivent être citoyens américains et habitants de l'état qu'ils représentent.

Outre le pouvoir législatif, le Sénat est investi du droit de confirmer ou de rejeter toutes les nominations faites par le président et, de plus, ses membres constituent la Haute-Cour d'*Impeachment*. Le jugement, dans ce cas, se borne à la suspension et à la *disqualification* d'emploi. La Chambre des représentants ou Chambre-Basse, est composée de membres élus tous les deux ans au scrutin public par tous les citoyens mâles qui ont atteint l'âge de 21 ans et qui sont qualifiés et enregistrés suivant les lois de leurs états respectifs.

Par le 15e amendement à la Constitution, ni la race, ni la couleur, ne peuvent affecter les droits de citoyen américain. Le droit électoral n'est pas absolument universel : une résidence d'un an, dans la plupart des états, et de 3 mois dans l'Illinois est nécessaire pour exercer ce droit. Dans quelques états il faut payer le *poll-tax*, impôt personnel; les Indiens non imposés n'ont pas le droit de vote ainsi que les condamnés dans la plupart des états, et les duellistes dans quelques-uns; dans le Connecticut il faut, pour être électeur, avoir une propriété de la valeur de 134 dollars, et dans le Rhode-Island il faut savoir lire.

Le nombre de représentants auquel chaque Etat a droit est fixé d'après la population. Par *l'apportionment bill* ou loi de répartition des députés entre les divers états, passée après le dernier recensement, en 1880, le nombre des représentants a été fixé à 325, soit un député par 154,325 habitants.

Le nombre d'électeurs qui ont voté à l'élection présidentielle de 1884, a été d'environ dix millions et demi ou un sixième de la population totale. En 1880, il y avait aux Etats-Unis 12,830,349 individus mâles, âgés de plus de 21 ans.

D'après la Constitution les représentants doivent avoir au moins 25 ans, être citoyens des Etats-Unis depuis au moins 7 ans et résider dans l'Etat qu'ils représentent.

Outre les députés élus par les Etats, la Chambre-Basse admet un délégué de chaque territoire qui n'a pas été admis dans l'Union. Ces délégués ont le droit d'intervenir dans la discussion des affaires qui intéressent leur territoire, mais ils n'ont pas le droit de vote.

Les délégués sont élus comme les représentants et, même dans l'Utah et le Wyoming, le droit de vote est accordé aux femmes.

Tout *Bill* ou acte législatif passé à la Chambre des représentants et au Sénat doit, avant de devenir loi, être présenté au Président des Etats-Unis; s'il ne l'approuve pas, il doit le renvoyer à la Chambre qui l'a présenté la première. Si, après avoir été réexaminé ce Bill passe avec une majorité des deux tiers, il doit être renvoyé, avec les objections du président, à l'autre Chambre qui le prend de nouveau en considération; et s'il est approuvé par la deuxième Chambre, également avec une majorité des deux tiers, il devient *Loi*, malgré le *veto* du Président. Mais, dans ce cas,les votes sont pris par *oui* et *non*, et les noms des membres qui votent pour ou contre sont inscrits au journal de chaque Chambre.

Chacune des deux Chambres du Congrès est, d'après la Constitution, juge de la validité de l'élection de ses membres; et chacune peut, à la majorité des deux tiers, exclure l'un de ses membres.

Le Congrès des Etats-Unis a le pouvoir de modifier la Constitution, conformément à l'article 5 et depuis qu'elle a été adoptée, 15 amendements ont été successivement proposés et adoptés à la majorité des deux tiers de chaque Chambre.

Par un acte du Congrès, approuvé le 20 janvier 1874, le salaire des sénateurs, des représentants et des délégués est fixé à 5,000 dollars par an, plus les frais de voyage calculés selon la distance de la résidence à la capitale par la route la plus directe, une fois pour chaque session, aller et retour.

Le salaire du Speaker ou Président de la Chambre des représentants est de 8,000 dollars.

Les sénateurs et les représentants ne peuvent, pendant le temps pour lequel ils ont été élus, occuper aucun emploi civil et rétribué dans le gouvernement de la République ; et aucun fonctionnaire civil ou rétribué ne peut être membre de l'une des deux Chambres tant qu'il occupe son emploi.

Aucune attestation religieuse n'est exigée pour être nommé à tous les emplois civils dans la République des Etats-Unis.

Dans le langage législatif le terme de « Congrès » est une période de deux ans : ainsi le 49e Congrès a commencé le 4 mars 1885 à midi et a expiré le 4 mars 1887 à midi, et au même instant commence le terme de la nouvelle Chambre élue au mois de novembre précédent. Les Congrès commencent et finissent toujours dans les années de nombre impair.

Les lois municipales et toutes celles qui n'intéressent directement et immédiatement qu'un Etat sont réservées aux législatures de chaque Etat.

Les droits des Etats ne sont pas toujours bien définis et bien distincts du pouvoir fédéral, et c'est même sur cette importante question des attributions du pouvoir que s'est formée la division des deux grands partis politiques aux Etats-Unis.

Les démocrates veulent augmenter le plus possible le pouvoir des Etats et relâcher les liens de l'Union; les républicains, au contraire, voudraient augmenter le pouvoir fédéral aux dépens des droits des Etats et arriver à la centralisation du pouvoir. Pour éviter toute tentative de nouvelle scission, les républicains voudraient une Confédération forte et puissante et des Etats faibles et impuissants, tandis que les démocrates voudraient les divers Etats qui composent l'Union plus indépendants, presque souverains.

Les constitutions des divers états de l'Union Américaine sont toutes, dans leurs points importants, basées sur celle de l'Union et l'administration des états est presque partout semblable à celle du gouvernement central. Dans toutes ces constitutions diverses, il y a les mêmes principes, la même forme gouvernementale. Dans chaque état, le pouvoir exécutif est confié à un gouverneur. Les devoirs et les droits des gouverneurs sont en général analogues à ceux du président, de même que les gouvernements des états sont copiés sur celui de l'Union. Dans quelques états le gouverneur, conjointement avec le Sénat, nomme quelques fonctionnaires importants ; mais, dans la plupart des états, les nominations que peut faire le gouverneur n'ont aucune importance. Dans l'état de New-York, par exemple, presque tous les fonctionnaires et tous les juges sont élus par le peuple. Comme le président, les gouverneurs d'état font des recommandations aux législatures et veillent à l'exécution des lois; comme le président, ils peuvent être frappés d'*Impeachment*, suspendus pour trahison, corruption, incapacité ou autres crimes.

La Constitution américaine, œuvre d'une admirable simplicité, est fortement implantée dans le cœur de tous les citoyens. Pour tous elle est sacrée. A quelque parti qu'ils appartiennent, ils l'aiment, ils la respectent et ils la considèrent comme la sauvegarde de leurs biens, de leurs libertés et de leur indépendance. Tous les Américains sont fortement attachés à cette Constitution qui a fait leur grandeur et qui n'a jamais été violée depuis plus de cent ans.

CHAPITRE II

DU FONCTIONNARISME AUX ETATS-UNIS

L'administration américaine est d'une grande simplicité. Les fonctionnaires, généralement élus par le peuple et pour un temps limité, sont peu nombreux, peu rétribués et travaillent beaucoup, comme du reste toute la population. Nous avons vu que les salaires du chef de l'État, des ministres, des sénateurs et des représentants sont fort modestes et, leur terme achevé, s'ils ne sont pas réélus, ils reprennent tranquillement leur ancienne profession, ils ne reçoivent ni pensions ni retraites. Après avoir servi leur pays dans l'emploi où ils ont été appelés par leurs concitoyens, ils cèdent la place à d'autres. Au lieu de cette armée de 600,000 employés que nous avons en France, 67,081 fonctionnaires, élus par le peuple, suffisent aux Etats-Unis pour gouverner et administrer un peuple de plus de 50 millions d'habitants.

Le fonctionnarisme est chez nous une plaie sociale, c'est la ruine du pays ; tout le monde veut être employé, chacun veut émarger au budget de l'Etat et s'assurer une pension pour ses vieux jours. Six paysans sont, en France, obligés de nourrir un employé et un soldat. L'agriculture, le commerce et l'industrie sont condamnés à entretenir grassement cette armée de fonctionnaires et leurs familles. Et en sommes-nous mieux gouvernés, mieux administrés pour celà ? Tout le monde travaille aux Etats-Unis, tout le monde y produit. Des places inutiles, des sinécures on n'en veut pas. Les fonctionnaires ne quittent momentanément leur charrue, leurs outils, leur comptoir que pour se dévouer au service du public et ils retournent à leurs affaires privées en quittant les affaires publiques. Toutes les professions y sont respectées : un fermier de l'Ouest, un riche planteur du Sud, un marchand, un industriel, un artisan quelconque sont partout honorés s'ils sont honnêtes. Le fonctionnaire est le moins respecté de tous : il est considéré comme l'humble serviteur du peuple.

Il n'y a, dans chaque comté ou paroisse, qu'un shérif, un juge, un recorder, un trésorier, un collecteur et quelques juges de paix ayant chacun un constable à ses ordres.

Or, un comté des Etats-Unis a plus d'importance que l'un de nos arrondissements. Il n'y a, dans tous les Etats-Unis, qu'environ 2,023 comtés ou paroisses qui ont en moyenne une population de 25 à 30,000 habitants et une superficie moyenne supérieure à la moitié de l'un de nos départements.

Eh bien ! pour le gouvernement et l'administration de l'un de ces comtés, il suffit de cinq ou six fonctionnaires rétribués. Le jury de police, qui remplit les fonctions municipales et administratives dans le comté, n'est pas salarié. Le *School Board*, bureau des écoles, qui s'occupe de l'éducation des enfants, n'est pas rétribué non plus : ces fonctions sont purement honorifiques.

Le *Shérif* remplit diverses fonctions : il ouvre les cours de justice et y maintient l'ordre, il choisit le jury dans les affaires criminelles, surveille la prison du comté, entretient les prisonniers et fait exécuter les jugements de la Cour ; il est aussi chargé des ventes de propriétés par adjudication publique. Il peut prendre un ou plusieurs *Députés* ou commis pour le seconder dans ses nombreuses fonctions.

Le *juge* de paroisse ou de comté rend seul la justice dans les affaires civiles et criminelles, qui ne sont pas de la compétence des juges de paix.

Le *greffier de la Cour* tient les actes publics, délivre les licences de mariage, etc. Dans les petits comtés de campagne il est en même temps *recorder*, c'est-à-dire qu'il remplit les fonctions de notaire public, tient les registres, enregistre les ventes, inscrit les hypothèques, etc.

Le *collecteur* est chargé de la perception des revenus : poll-tax, impôts, licences, d'état et de comté.

Le *trésorier* reçoit les fonds du collecteur et paye les dépenses sur mandats approuvés par le jury de police pour les fonds du comté; par le président du School Board, pour les taxes d'école et par l'auditeur des comptes publics, pour les fonds d'Etat.

L'auditeur des comptes publics est le ministre des finances de chaque état.

Le médecin du comté, qui remplit souvent aussi les

fonctions de *coroner*, n'est payé que pour visiter la geôle et les malades indigents. Comme coroner, il est chargé de faire l'autopsie des cadavres trouvés hors des habitations et de faire ou de diriger les enquêtes dans les cas de mort violente.

Les comtés sont divisés en districts ou wards et chaque ward nomme un juge de paix, un constable, un membre du jury de police et un membre du School Board.

Les constables sont chargés de porter les citations, d'arrêter et d'amener les accusés; ils sont à la dispositon des juges de paix et du shérif qui peut en nommer plusieurs en cas de besoin, s'il s'agit de faire des arrestations difficiles ou de rétablir l'ordre troublé par une émeute.

Cette administration, si simple et si économique, vaut bien la nôtre, si compliquée avec tous ses rouages inutiles et une paperasserie et une bureaucratie interminables et ruineuses. Je l'ai vue à l'œuvre pendant 17 ans et je puis affirmer que si elle n'est pas parfaite, elle est infiniment supérieure à ce qui existe dans la plupart des états de l'Europe.

Le peuple américain nomme tous les fonctionnaires et il les surveille, et s'ils ne remplissent pas dignement leurs fonctions, s'ils commettent des malversations, des injustices, s'ils sont incapables, s'ils gaspillent les fonds publics, c'est au peuple qu'ils ont à rendre compte de leur conduite. Le peuple ne les considère pas comme ses maîtres, mais comme ses humbles serviteurs, et s'ils n'occupent pas dignement l'emploi qu'il leur a confié, non seulement ils ne seront pas réélus à l'expiration de leur terme, mais ils seront contraints de démissionner, de résiller leur mandat. Dans ce cas, le gouverneur ordonne une nouvelle élection ou bien pourvoie lui-même aux emplois vacants. La République américaine est le vrai gouvernement du peuple par lui-même. Si le peuple nomme de mauvais administrateurs, s'il délègue son autorité à des hommes incapables ou indignes, il ne peut s'en prendre qu'à lui-même, il en supportera les conséquences fâcheuses et il s'efforcera de faire un meilleur choix aux élections suivantes.

L'évolution dans les emplois est certainement préférable à l'inamovibilité, à la stabilité des fonctionnaires. L'employé élu par ses concitoyens remplira dignement ses fonctions et travaillera avec énergie afin d'être réélu à l'expiration de son terme. Il sait que s'il ne fait pas bien son devoir il sera, au bout de 3 ou 4 ans, renvoyé à sa charrue, à ses moutons ou à sa boutique sans un sou de retraite.

Chez nous, le fonctionnaire travaille tant qu'il est aspirant, surnuméraire ou employé subalterne; mais quand il a obtenu l'emploi qu'il ambitionne, il ne fait plus rien. Il se dit : « Maintenant j'ai du pain sur la planche et pour mes vieux jours une retraite assurée, de sorte que je n'ai plus qu'à manger mes gros appointements et à me montrer hautain envers mes inférieurs, à dédaigner sinon mépriser le bas peuple qui a les mains caleuses ». Il va deux fois par jour à son bureau pour donner quelques signatures et taquiner un peu ses commis; sa vie se passe au cercle ou dans les cafés. Son plus gros travail c'est d'émarger à la fin du mois ou du trimestre. Si parfois il se dérange un peu pour quelque service exceptionnel il taillera largement dans les frais de déplacement. Et ces gros fonctionnaires ont tous l'air mécontent, ils se plaignent tous de l'insuffisance de leurs traitements qui vont néanmoins toujours grossissant; ils réclament constamment une augmentation, un changement de classe ou une place plus lucrative; ils disent tous : « Mon administration est la plus mal traitée en France; voyez tels employés de..... ou des..... ils sont bien mieux payés et ils ont bien moins à faire. » C'est la plainte générale, universelle. Nul n'est content de son sort, ou plutôt du sort qu'on lui fait, du sort que lui fait le gouvernement. Eh bien ! faites-vous le vous-même votre sort. Soyez des *Self-made-men;* créez-vous une position sociale par votre travail et ne recherchez pas celles qui sont toutes faites. Faites fortune sans rien demander à personne, sans solliciter aucune faveur. Apprenez que tout fonctionnaire n'est qu'un heureux mendiant. Oui, ils peuvent marcher la tête haute et fière le laboureur, l'artisan, le marchand, l'industriel et ceux surtout qui sont allés chercher fortune au loin dans un pays étranger. Ceux-là peuvent dire : « Nous ne devons rien à la faveur; ce que nous avons, nous l'avons gagné par notre travail et notre industrie et nous ne devons rien à personne et nous n'avons d'obligations envers personne; tandis que tout salarié, tout retraité, tout employé qui mange au ratelier de l'Etat vit aux dépens du laboureur, de l'artisan, de l'industriel, du commerçant: les seuls qui ajoutent à la fortune publique, qui contribuent réellement à l'augmenter. »

Peut-on dire la même chose des fonctionnaires élus par le peuple? Non, certainement. Ceux-là savent qu'ils sont les serviteurs du peuple et ils le reconnaissent. Ils travaillent pour gagner le salaire que leur fait le peuple. Ils ne sont payés que pour le travail qu'ils font et sitôt qu'ils cessent de travailler ils ne sont plus rétribués. J'entendais un jour, dans une petite ville des Alpes, un président du tribunal dire à ses juges : « Allons un peu juger, il ne faut pas voler tout à fait les appointements qu'on nous donne. » Il disait une grosse vérité tout en voulant faire une plaisanterie. Ce tribunal juge bravement une cinquantaine d'affaires insignifiantes par an et pour cela on entretient un président, un procureur, deux ou trois juges, deux greffiers, un concierge, etc., dans un arrondissement qui n'a pas vingt mille âmes, qui n'est pas la moitié d'un comté ordinaire des Etats-Unis. Dans toute petite sous-préfecture, il y a au moins cent fonctionnaires en activité de service sans compter les retraités, et plus de cent autres dans les cantons et les communes de l'arrondissement et le peuple est obligé de payer tous ces nombreux fonctionnaires. Dix hommes feraient toute la besogne dans un comté d'Amérique et la feraient aussi bien. Il y a sans doute, aux Etats-Unis, une vive effervescence à chaque élection ; il y a des cabales et même quelquefois de la corruption. Sans doute les amis des candidats s'intriguent pour les faire élire. Mais si les électeurs se laissent corrompre ils subiront la conséquence de leur faute et tôt ou tard ils chercheront à la réparer en nommant un meilleur fonctionnaire; quelquefois même ils n'attendent pas une nouvelle élection pour briser celui qui leur en avait imposé.

J'aime encore mieux cette corruption du vote populaire que celle d'un ministre, d'un député, d'un préfet ou d'un haut fonctionnaire quelconque qui font nommer à des emplois publics quelques-unes de ces créatures incapables et indignes qui déshonorent leur titre, le costume qu'elles endossent, l'emploi qu'elles occupent au détriment d'hommes capables et honnêtes, qui font tache dans l'administration et dont on ne peut plus tard se débarrasser qu'en leur faisant une pension de retraite.

J'ai suivi pendant 17 ans la vie publique et politique aux Etats-Unis. J'ai vu plusieurs fois le peuple appelé aux urnes pour nommer ses administrateurs, les délégués de son pouvoir souverain. Je l'ai vu faire quelquefois des choix douteux, médiocres, mais rarement mauvais.

Le peuple n'est pas si simple ni si ignorant qu'on le pense souvent, et quand il est appelé à élire ses chefs directs, ceux à qui il va confier ses intérêts les plus chers, il fait souvent preuve d'un rare bon sens.

Depuis longtemps, d'ailleurs, le peuple américain est initié à la vie politique. Depuis plus de cent ans la constitution actuelle fonctionne et l'on ne voit pas qu'elle ait donné de mauvais résultats. Quel peuple a jamais fait de si rapides et de si merveilleux progrès en tout genre ? Nous verrons dans les chapitres suivants l'extension colossale de l'Union américaine formée d'abord des treize petits états de la Nouvelle-Angleterre. Nous montrerons les progrès de la population, de l'industrie, de l'agriculture, du commerce et de la richesse nationale sous l'heureuse influence de cette admirable Constitution de 1787, signée par les Washington, Franklin, Jefferson, Madison, Ingersoll.

CHAPITRE III

POPULATION

La Constitution des Etats-Unis prescrit de faire, tous les dix ans, le recensement de la population. Voici le tableau des dix recensements qui ont été faits depuis 1790, trois ans après l'adoption de la Constitution :

Années	Blancs	Nègres lib.	Nègres escl.	Total
1790	3.172.006	59.527	697.681	3.929.214
1800	4.306.446	108.435	893.602	5.308.483
1810	5.862.073	186.446	1.191.362	7.239.881
1820	7.862.166	233.634	1.538.022	9.633.822
1830	10.537.378	319.599	2.009.043	12.866.020
1840	14.195.805	386.293	2.487.355	17.069.455
1850	19.553.068	437.495	3.204.313	23.191.876
1860	26.922.537	488.070	3.953.760	31.364.367
1870	33.589.377	4.880.009		38.469.386
1880	43.945.429	6.580.793		50.526.222

Aux recensements de 1870 et 1880, tous les nègres étaient libres. Dans le recensement de 1880 sont compris 105,603 chinois et 339,098 indiens. Les indiens n'avaient jamais été compris dans les dénombrements antérieurs.

Ce tableau indique l'accroissement régulier et constant de la population dans la République américaine. Cet accroissement a été de 30 à 35 pour 100 par décade, soit environ 3 pour 100 par an. On voit que la population a presque décuplé en 80 ans, de 1800 à 1880.

En suivant la progression annuelle de la dernière décade, la population des Etats-Unis doit être maintenant (1er janvier 1888), de 61 à 62 millions d'habitants et, si elle suit toujours la même marche progressive, cette population sera de :

65.000.000	d'habitants en	1890.
84.500.000	—	1900.
109.350.000	—	1910.
142.155.000	—	1920.
184.801.000	—	1930.
240.241.000	—	1940.
312.313.000	—	1950.

Ainsi, dans 62 ans, la population des Etats-Unis égalera celle de l'Europe actuelle. Il n'y a là rien d'exagéré : la mortalité est comparativement faible aux Etats-Unis. En 1880, le nombre de morts a été de 756,893, soit 15 par 1,000 habitants.

Cet accroissement considérable de la population est dû en partie à l'émigration européenne, mais surtout à la natalité, c'est-à-dire à l'excédent des naissances sur les décès. Dans les 20 dernières années, la population de couleur s'est accrue presque dans les mêmes proportions que la population blanche, bien qu'elle ne doive rien à l'émigration, car il y a plus de 20 ans qu'on a cessé d'importer des esclaves noirs. Le tableau suivant indique l'accroissement comparatif pendant les 4 dernières décades par l'immigration et par la reproduction.

On voit, d'après ce tableau que, sur une augmentation de 37,288,767 habitants pendant ces 4 décades de 1840 à 1880, l'immigration y a contribué pour 9,985,289 habitants, environ 10 millions, soit près d'un quart ; les trois autres quarts sont dûs à l'excédent des naissances :

Années	Population	Augmentation par décade	Emigrants par décade	Augmentation par la reproduction par décade	Augmentation 0/0 par décade — par la reproduction	par immigration	Total
1840	17.069.453	4.202.433	592.125	3.610.308	28.02	4.65	33.67
1850	23.191.876	6.122.423	1.653.275	5.469.148	26.19	9.68	35.87
1860	31.443.321	8.251.445	2.639 550	5.611.889	24.20	11.38	35.58
1870	38 558.371	7.115.050	2.281.142	4.833.938	15.38	7.21	22.63
1880	50.155.783	11.594.412	2.812.191	8.785.221	22.78	7.29	30.07

On remarquera que dans la décade finissant en 1870, l'augmentation de la population par la reproduction est bien inférieure à celle des autres décades. Cela est dû à la guerre civile de 1861 à 1865, qui a un peu ralenti l'accroissement naturel de la population.

Depuis 1880, l'émigration européenne a prise une nouvelle extension et il est arrivé, dans ces huit dernières années, plus de 4 millions d'émigrants aux Etats-Unis.

L'émigration continuera pendant de longues années à fournir un fort contingent à cet accroissement merveilleux de population aux Etats-Unis; l'immigration aurait même été plus considérable dans ces dernières années, si le gouvernement de Washington n'y avait mis des entraves.

Ainsi il a interdit pour dix ans, l'immigration chinoise et il a mis une taxe sur les émigrants européens qui débarquent au Castel-Garden, à New-York, et l'on ne veut plus recevoir les émigrants indigents et les impotents, ceux qui, en débarquant sont dépourvus de tout moyen d'existence. Le Bill anti-chinois est aussi anti-républicain; il a passé néanmoins aux deux Chambres avec une forte majorité, à l'instigation des états du Pacifique, qui étaient menacés d'une invasion chinoise et qui redoutaient la prépondérance de l'élément asiatique. La race chinoise, si prolifique, a paru être un danger aux anglo-saxons américains, qui ne veulent pas de promiscuité de races et qui veulent conserver la leur pure de tout mélange avec les races inférieures. A ce point de vue ils ont raison et nous approuvons cette loi d'exclusion. La race caucasienne est incontestablement la première des races existant actuellement sur la surface du globe terrestre. Elle a la suprématie et elle dominera les autres races qui finiront peut-être par disparaître. Déjà la race indienne, les Peaux-Rouges de l'Amérique du Nord, est près de s'éteindre ; les races malaises, polynésiennes, australiennes et les Maoris de la Nouvelle-Zélande ont considérablement diminué en nombre au contact des blancs. Notre civilisation semble leur être fatale. La race nègre et la race jaune ou chinoise sont plus vivaces et semblent résister davantage aux envahissements de la race blanche. Mais leur infériorité physique, morale et intellectuelle amènera nécessairement leur décadence ; et l'accroissement rapide de la race caucasienne et ses migrations nécessaires amèneront le refoulement des nègres d'Afrique et des asiatiques. Lorsque les blancs seront assez nombreux pour occuper tout ce monde trop étroit, ils l'occuperont à eux seuls, et dans l'antagonisme des races, la race supérieure par l'intelligence et par la force prédominera toujours sur les autres.

Il n'y a pas de pays au monde où la population se soit accrue d'une manière si constante et si rapide qu'aux Etats-Unis, et nous verrons dans un autre chapitre que la richesse nationale a suivi une progression plus forte encore. Dans toute la république le climat est sain et la mortalité y est bien moindre qu'en Europe et en Asie. Les grandes villes américaines sont, en général, beaucoup plus saines que les villes de l'ancien monde. Nous avons vu dans un tableau statistique, publié par le bureau sanitaire de Washington, que Chicago, Philadelphie, Saint-Louis, Baltimore, sont les villes les plus saines du monde, celles où la mortalité est la moindre, tandis que Berlin, Dublin, Lyon, sont des plus malsaines. Il ne meurt à Chicago que 17,9 personnes sur 1,000, tandis qu'il en meurt 32,9 à Dublin, 30 à Berlin, 24 à Paris, 23 à Londres et probablement un bien plus grand nombre à Constantinople, au Caire, à Calcutta, Canton, Pékin, etc.

Si les villes américaines sont plus saines que celles de l'ancien monde, cela tient en grande partie à leur construction et à leur situation sur les bords de la mer, des grands lacs ou le long des fleuves.

Partout, les rues sont larges et droites ; les places et les avenues plantées d'arbres y sont nombreuses et bien distribuées : l'espace ne leur manque pas, elles se sont développées en toute liberté. Toutes ces villes modernes ressemblent à un échiquier : les rues fort larges se coupent toujours à angles droits, de sorte que l'air et la lumière y pénètrent aisément ; la moindre brise chasse les miasmes et renouvelle l'air d'un bout à l'autre de ces belles rues sillonnées de tramways.

En 1880 il y avait, aux Etats-Unis, 35 villes de plus de 50,000 habitants, et presque toutes sont ports de mer ou situées sur les lacs et les rivières navigables.

Les villes de plus de 20.000 habitants étaient au nombre de 105 et si l'on descend jusqu'à 10,000 habitants, on trouve dans l'Union plus de 150 villes dont la population dépasse ce chiffre.

La population urbaine était, au dernier recensement de 11,318,547 âmes, soit environ 22,3 pour 100 de la population totale. On voit que malgré le prodigieux accroissement des villes, la masse de la population des Etats-Unis, soit 77,7 pour 100, habite la campagne ou les petits villages, et en effet, la majeure partie de la population est agricole. Il n'y a pas d'armée dans cette vaste république, pas de bourgeoisie, pas d'aristocratie, tout le monde y travaille, tout le monde produit.

Il y avait en 1880, dans toute l'étendue de la République, presque aussi vaste que l'Europe ;

85.671 médecins et chirurgiens,
64.698 clergymen,
64.141 avocats,
67.081 fonctionnaires rétribués.

Nous avons en France, sur un territoire 17 fois plus petit et sur une population bien moindre, environ 600,000 fonctionnaires, et nous n'en sommes pas mieux gouvernés. Nous pouvons vanter notre administration, mais les Américains préfèrent la leur et ils n'ont pas tort.

CHAPITRE IV

RELIGION

La constitution des Etats-Unis établit l'égalité parfaite entre tous les cultes religieux. Toutes les sectes religieuses existant en Europe sont représentées aux Etats-Unis : aucun culte n'y est rétribué par l'Etat, mais une liberté complète est garantie à tous.

La constitution défend de légiférer en matière religieuse et les constitutions des états ne peuvent violer aucune des clauses de la constitution de 1787.

Au recensement de 1880, il y avait aux Etats-Unis, 45 sectes religieuses. Les protestants des diverses dénominations avaient : 86,132 temples, 70,864 ministres et 8,976,260 membres actifs ou communiants ; en ajoutant à ce nombre les familles des membres de l'église et leurs adhérents, le protestantisme américain compte une population d'environ 30,000,000 d'âmes.

Le catholicisme romain avait à la même date : 5,975 églises, 6,366 prêtres ou religieux et 6.832,954 adhérents. Il a, depuis huit ans, fait de grands progrès, ainsi qu'on le verra dans le chapitre suivant que nous lui consacrons.

Les sectes protestantes les plus nombreuses sont :

Les Méthodistes.......	3.686.114	membres actifs.
Les Baptistes..........	2.426.878	—
Les Luthériens........	950.866	—
Les Presbytériens.....	937.610	—
Les Disciples du Christ.	591.821	—
Les Congrégationalistes	381.697	—
Les Episcopaliens......	347.781	—
L'Eglise Réformée.....	236.024	—
Les Frères-Unis.......	157.835	—
Les Mormons.........	157.835	—
Les Amis.............	67.643	—

Dans ces nombres ne figurent que les adultes, les membres qui participent à l'entretien du culte, désignés ordinairement sous le nom de communiants.

Les juifs sont aussi fort nombreux aux Etats-Unis ; ils sont en général très riches ; dans beaucoup de villes, ils ont le monopole du commerce.

Le peuple américain est essentiellement religieux : la liberté et l'indépendance religieuses existent dans tous les états de l'Union, mais on ne rencontre nulle part le préjugé religieux, l'intolérance religieuse et surtout le respect humain au point de vue religieux. Chacun pratique sa religion en toute liberté, comme il l'entend, sans se préoccuper de la conduite de ses voisins. Toutes les convictions religieuses sont respectées. L'indifférence religieuse est fort rare aux Etats-Unis. On s'y passionne pour les luttes religieuses, on y discute les questions religieuses, dans les réunions publiques et privées, avec le même entrain, le même sérieux, la même ardeur que les affaires politiques et les questions d'intérêt. Les femmes ont leur part dans ces discussions qui sont loin d'être aussi bruyantes, aussi envenimées que chez nous. Les Américains savent parler et encore mieux écouter. Celui qui a la parole est rarement interrompu, on le laisse développer librement sa pensée, ses opinions et, quand il a fini, un autre prend la parole et on l'écoute avec la même attention, quand même il serait d'opinion contraire. Les meetings religieux sont aussi fréquentés que les meetings politiques. Dans cette vaste république des millions d'hommes instruits, appartenant à toutes les classes de la société, se passionnent pour les questions religieuses.

Les lois du dimanche, dont nous parlerons plus loin, sont partout religieusement observées, bien qu'elles soient antilibérales, antirépublicaines. Tous les ans, le Président des Etats-Unis prescrit un jour d'actions de grâces, le *Thanksgiving Day* : Dans une proclamation spéciale adressée au peuple, il engage tous les habitants de l'Union à se réunir, le jour désigné, dans leurs divers temples religieux pour remercier le Tout-Puissant des bienfaits dont il a comblé le pays pendant l'année.

Il y a quelques jours, M. Cleveland, recevant une délégation d'une société religieuse prononçait les paroles suivantes, que nous conseillons aux républicains français de méditer sérieusement : « Chercher à développer l'enseignement religieux, c'est contribuer grandement au progrès des institutions américaines. »

Les diverses sectes religieuses rivalisent de zèle pour avoir les plus beaux temples, les meilleurs prédicateurs les plus belles cérémonies, le plus de confortable possible dans leurs lieux de réunion. Dans la plupart des synagogues on ne s'agenouille que sur le velours. A côté de l'église, du temple ou de la synagogue, il y a presque toujours une école, les *Sunday Schools*, ordinairement dirigées par des membres des différentes congrégations religieuses. Ces écoles sont très fréquentées.

Les publications religieuses, fort nombreuses, sont très répandues parmi le peuple et sont partout lues avec avidité.

Qu'on entre dans une maison de protestants, on est sûr de trouver sur une petite table, au milieu du salon, la grande Bible de famille, richement reliée et dorée sur tranche avec de nombreux feuillets blancs au commencement et à la fin où sont enregistrés les principaux évènements de la vie de chacun des membres de la famille : naissances, baptêmes, mariages, décès, etc; et à côté de la Bible des *Magazines* et des publications religieuses. On trouve des Bibles, des Nouveaux-Testaments, des recueils de prière et de chants religieux jusque dans les plus misérables cabanes des nègres, qui, pour la plupart, ne savent ni lire ni écrire. Souvent les vieux nègres et les vieilles négresses se font lire la Bible par leurs petits-enfants qui commencent à s'instruire depuis que les écoles publiques leur sont ouvertes. Soit par conviction, soit par esprit d'imitation, les nègres sont profondément religieux ; ils appartiennent généralement à la secte des Baptistes, quelques-uns à celle des

Méthodistes. Leurs baptêmes, par immersion dans les grands fleuves, attirent toujours de nombreuses affluences de spectateurs. Les néophites, hommes ou femmes, tout vêtus de blanc, s'avancent aux chants des psaumes, répétés par la foule, dans les eaux du fleuve ; ils sont soutenus par deux ministres ou *preachers* qui, à un moment donné, les plongent entièrement dans les ondes transparentes. Soit fanatisme ou conviction, ou soit par l'effet d'illusions ou d'exaltation religieuse, le baptisé simule alors des transports et des visions surnaturelles et il s'écrie : *I see God, I saw God,* je vois Dieu, j'ai vu Dieu ; et il sort de l'eau en proie aux plus violentes exaltations religieuses. Les *Camp-meetings* des nègres et leurs réunions religieuses du soir sont très fréquentés. J'ai connu un fameux preacher de couleur, Washington Bellam, évêque méthodiste, quoique sachant à peine lire et écrire correctement, qui pouvait prêcher et chanter des psaumes de dix heures du matin à minuit. Presque tous les soirs sa congrégation se rassemblait autour de sa cabane et de mon lit, j'entendais cette voix retentissante, qui n'était interrompue que par les soupirs et les sanglots de ses auditeurs.

Dans un de mes voyages de New-York à la Nouvelle-Orléans, j'arrivai un dimanche matin, au soleil levant, à Cincinnati, la plus grande cité des bords de l'Ohio, une ville de 300,000 habitants. Le conducteur du train nous dit : « Messieurs, c'est dimanche, il y a arrêt jusqu'à 6 heures du soir. » Je me rendis à l'hôtel Franklin dans la 7e rue, et après m'être débarrassé de la poussière que j'avais ramassée depuis New-York, je sortis pour acheter un faux-col et une ombrelle : j'avais oublié la mienne dans le sleeping-car. Il me fut impossible de me procurer ces articles, tous les magasins étaient fermés. Je parcourus alors les vastes rues désertes de la Ville-Reine et, vers 10 heures, je me trouvai en face d'une belle église catholique. Je ne pus arriver jusqu'à la porte pour jeter un coup d'œil dans l'intérieur ; la foule faisait queue jusqu'au milieu de la rue. Je pensai que peut-être on célébrait là quelque cérémonie extraordinaire qui avait attiré cette grande affluence et je me dirigeai vers une autre église ; elles ne sont pas éloignées dans ce quartier et je comptai 7 clochers dans le voisinage. En arrivant à la plus rapprochée, je trouvai la même affluence et je fus obligé de bousculer la foule pour pénétrer dans l'intérieur jusqu'au bénitier fixé au premier pilier contre lequel je m'appuyai pour entendre le sermon. Il y avait tout près de là plusieurs temples protestants et une église spéciale aux gens de couleur ; partout je remarquai la même affluence de population. L'évêque de Cincinnati est mort récemment, laissant par testament son diocèse héritier de tout ce qu'il possédait.

Quand on eut fait l'inventaire, on trouva que le passif dépassait l'actif de 3 millions de dollars. Le diocèse n'a pas néanmoins répudié la succession. C'était un saint homme qui s'était ruiné à bâtir de nombreuses églises qui sont loin encore de suffire au zèle religieux des populations de sa ville épiscopale. L'archevêque de la Nouvelle-Orléans, monseigneur Napoléon Perché, que j'ai bien connu, est mort à peu près dans les mêmes conditions. Il avait la maladie de la pierre.

Le sentiment religieux a fortement pénétré les masses du peuple américain et je ne serais pas étonné de voir un jour les guerres religieuses, qui paraissent maintenant impossibles en Europe avec l'indifférence et le scepticisme qui y règnent, éclater au sein de la Grande République comme elles ont éclaté en France il y a 3 siècles.

Les guerres de conquêtes, les guerres pour les intérêts matériels du pays sont peu probables, le peuple américain n'en veut pas, mais la guerre sociale et la guerre religieuse pourraient bien un jour ravager ce beau pays et retarder ses progrès merveilleux.

J'apprends aujourd'hui la mort d'un des plus illustres clergymen des Etats-Unis, Henry Ward Beecher, qu'on a surnommé, avec raison, le Bossuet de l'Amérique. Il était frère de lady Beecher-Stone, auteur de *Uncle Tom's Cabin*, la *Case de l'Oncle Tom*, ouvrage qui a puissamment contribué à l'abolition de l'esclavage aux Etats-Unis.

Peu d'hommes ont joui d'une plus grande célébrité dans leur pays que le Rév. Beecher. Il eut de bonne heure la réputation d'éminent orateur religieux et fut l'un des plus violents adversaires de l'esclavage. A la tête de sa riche et nombreuse congrégation de Brooklyn, il jouit pendant de longues années d'une influence sans égale dans le pays. Ministre du culte, orateur, éditeur, journaliste, publiciste, lecteur, nouvelliste et politicien, il a partout joué un rôle proéminent. Il eut aussi le principal rôle dans le plus grand scandale social qui se soit produit en Amérique.

M. Beecher descendait des puritains et tous les membres de sa nombreuse famille se sont fait un nom, soit par leur génie, soit par leurs excentricités. Son père, Lyman Beecher, était un grand prédicateur, peut-être le plus illustre que la Nouvelle-Angleterre ait vu avant lui. Henry Ward Beecher était son quatrième fils; il naquit à Litchfield, dans le Connecticut, le 24 juin 1813. Il étudia d'abord à l'école publique de sa ville natale, puis à Boston, et finalement prit ses grades au collège d'Amerst, à l'âge de 21 ans. Il étudia ensuite la théologie au séminaire de Lane, dirigé par son père. En 1837, il fut appelé à l'église presbytérienne de Laurencebourg, dans l'Indiana. Déjà il éditait un journal religieux, le *Christian-Union*, publié à Cincinnati et, jusqu'à ses derniers jours, il eût un goût particulier pour le journalisme. En 1847 il fut appelé à diriger l'église congrégationnelle de Plymouth à Brooklyn et c'est là qu'il eut, pendant 40 ans, un immense succès. M. Beecher s'acquit une réputation nationale au moment où la guerre civile éclata. Il fut un des plus éloquents orateurs anti-esclavagistes. Il prit avec tant d'empressement part à la lutte entre le Nord et le Sud, qu'en 1863 il fut envoyé en Angleterre, dans le but de détourner le peuple anglais de l'appui moral qu'il prêtait à la Confédération du Sud. Il étonna les Anglais par la puissance de son talent oratoire et retourna en Amérique avec une réputation européenne. Pendant les dix années qui suivirent il fut à l'apogée de son talent et de sa popularité.

Ce fut en 1874, tandis qu'il jouissait de l'estime, du respect et de l'admiration de tout le monde, que Théodore Tilton, autrefois son associé à l'*Indépendant*, l'accusa de relations intimes et criminelles avec sa femme. L'église de Plymouth nomma un comité pour faire une enquête sur cette accusation et le pasteur fut exonéré et continua d'occuper sa chaire, bien que sa réputation eût subi une rude atteinte. M. Tilton intenta ensuite une action civile contre le révérend Beecher et demanda 500,000 francs de dommages-intérêts. Après de longs et ennuyeux débats, dont les détails remplissaient les journaux, l'affaire fut soumise à un jury qui, après une semaine de délibérations, ne put se mettre d'accord. Neuf membres du jury étaient pour un acquittement et trois voulaient une condamnation.

Malgré ce procès scandaleux, les sermons de Beecher continuèrent à être imprimés chaque semaine et étaient reproduits par tous les journaux, et même dans les dernières années de sa vie, ses discours étaient télégraphiés aux journaux de l'Ouest et reproduits partout, le jour même qu'ils étaient prononcés.

Au point de vue politique, Beecher eut une influence considérable qu'il conserva jusqu'à ses derniers jours. Pendant longtemps il fut l'un des champions du parti républicain, mais à l'élection de 1884 il changea d'attitude, il se tourna du côté des démocrates et contribua à l'élection de Cleveland.

Tandis qu'il prêchait dans sa belle église de Plymouth elle était pleine jusqu'à la porte, bien qu'elle soit assez vaste pour contenir plus de 3,000 personnes. Les places s'y louaient plus cher qu'au théâtre.

Il quittait souvent sa paroisse pour aller dans les grands centres faire des lectures et des conférences sur les grandes questions qui préoccupaient l'opinion publique : reconstruction du Sud après la guerre, liberté commerciale, libre-échange, tempérance, question chinoise, etc. Il fit deux voyages en Europe, et dans le dernier il passa l'été en Angleterre où il fut toujours écouté avec enthousiasme par un public distingué. Il fit aussi deux voyages en Californie, en 1880 et en 1883; il était en faveur des chinois et fit des lectures sur la question chinoise, d'un grave intérêt, sur la côte du Pacifique.

Au commencement de sa carrière, il faisait des lectures ou des conférences à 250 francs par soirée, mais quelque temps après elles étaient à 2,500 francs. Il commença à prêcher au salaire annuel de 7,500 francs; ce salaire fut bientôt porté à 100,000 francs, et l'on estime que le gros revenu de son église s'est élevé à deux millions. Il a publié soixante volumes de sermons, lectures et essais, et une : *Vie du Christ*, qui lui a rapporté 500,000 francs de bénéfices nets. Il a longtemps écrit pour le *Ledger*, qui lui paya 125,000 francs pour son *Norwood*. L'*Indépendant* et le *Christian-Union*, dont il était l'éditeur et le principal rédacteur, lui rapportèrent des sommes considérables.

Malgré tous ces revenus princiers, Beecher était souvent dans l'embarras, et quelques années avant sa mort il vendit sa riche bibliothèque pour satisfaire à de pressants besoins d'argent. Tout récemment, il avait passé un contrat avec un éditeur pour l'achèvement de sa *Vie du Christ*, dont la publication avait été suspendue après le premier volume; il avait aussi conclu des arrangements pour la publication de ses Mémoires, qui formeraient un ouvrage extrêmement intéressant. Peu d'hommes ont joué un rôle plus important pendant plus d'un demi-siècle; peu d'hommes ont eu plus d'admirateurs et autant de détracteurs.

Beecher aimait à assister aux grands dîners publics et il ne se donnait pas de grande fête où il ne fut l'un des premiers invités. Mais dans ces occasions il se montrait excessivement sobre. Tandis qu'autour de lui on absorbait de grandes quantités d'aliments solides les plus substantiels et des masses de liquides, le pasteur de Plymouth se contentait de causer, d'exciter la bonne humeur et, de temps en temps, il trempait un biscuit ou une tranche de pain dans du vin sucré.

Le Rév. Beecher est mort paisiblement dans sa magnifique résidence de Brooklyn, le 8 mars 1887, à 9 h. 45 minutes du matin, entouré de la plupart des membres de sa famille. A la nouvelle de sa mort, la législature de l'Etat de New-York, siégeant à Albany, s'est ajournée et a nommé un comité chargé de la représenter aux funérailles. Une résolution semblable a été prise par le Sénat qui a aussi voulu témoigner son respect pour la mémoire d'un grand homme. On lui a fait des funérailles magnifiques ; mais il n'y eut aucun signe de deuil ni à la maison mortuaire ni à l'église, car, bien des fois, Beecher avait dit dans ses sermons :

« Jetez des fleurs sur ma tombe, mais que mes « funérailles ne soient accompagnées d'aucune de « ces pratiques païennes qui consistent à déployer « des emblêmes de deuil et de tristesse, lorsqu'un « homme passe par la mort à la vie éternelle. »

CHAPITRE V

LE CATHOLICISME AUX ÉTATS-UNIS

De toutes les sectes religieuses, c'est le catholicisme qui, depuis 10 ans, a fait le plus de progrès aux Etats-Unis.

Il y compte maintenant 32 diocèses, 4 vicariats apostoliques, plus de 10,000 prêtres ou religieux et environ 10,000,000 d'adhérents. Dans un travail remarquable, M. de Vogué vient de tracer le rôle que jouent les catholiques aux Etats-Unis où ils s'accommodent parfaitement de la liberté républicaine. Ils ne demandent au gouvernement que l'indépendance religieuse. Ils sont traités comme les autres sectes; leurs établissements consacrés au culte ou à l'éducation sont exempts d'impôt ; mais ils n'attendent de l'administration publique aucune indemnité, aucune faveur, aucun secours. Le gouvernement ne salarie aucun culte et ne contribue en rien à l'édification des églises : tout est laissé à l'initiative privée, à l'initiative des individus et des corporations religieuses ; et là comme ailleurs, dans le domaine religieux comme dans l'industrie, cette initiative a fait, aux Etats-Unis, de véritables prodiges. Des temples magnifiques s'élèvent partout ; les belles cathédrales surgissent partout sur le sol américain comme elles surgissaient, au moyen-âge, en France, en Italie, en Espagne, en Angleterre et en Allemagne.

C'est que le zèle religieux y est le même qu'autrefois en Europe. Les hommes s'y passionnent pour les luttes et les discussions religieuses comme chez nous au temps d'Abélard. Dans ce pays démocratique par excellence, dans cette immense république, des millions d'hommes instruits s'enthousiasment pour les questions religieuses. Les politiciens, les financiers, les négociants, les industriels qui semblent ne s'occuper que des affaires d'intérêt temporel, assistent aux assemblées religieuses, y conduisent leurs femmes et leurs enfants, observent rigoureusement le sabbat et contribuent largement à l'entretien du culte. La leçon est dure pour nos politiciens qui dédaignent les questions religieuses ; pour tous ces soi-disant esprits forts qui prétendent que la religion se meurt, qu'elle est morte, qui n'osent plus parler de Dieu et qui disent qu'il ne faut plus soulever les questions religieuses parce qu'elles divisent les hommes et qu'elles amèneront de nouvelles guerres de religion. La leçon devrait surtout être profitable à ces faux républicains qui ont déclaré la guerre aux idées religieuses, qui veulent chasser Dieu et la religion de l'hôpital, de l'école, de l'armée, afin d'arriver un jour à la bannir du foyer domestique et de la société nouvelle qu'ils veulent fonder ; qui veulent la liberté pour eux et l'esclavage pour leurs adversaires.

J'entendais un jour un sénateur américain s'écrier dans un meeting public : « La terre américaine est ouverte à tous, offre un asile à tous les « hommes, quelles que soient leur race, leur nationalité ou leur religion. La France expulse ses « religieux : qu'ils viennent ici, nous les recevrons « à bras ouverts. »

La religion et la politique sont complètement séparées aux Etats-Unis. Les partis politiques ne font pas cause commune avec la religion et celle-ci ne s'appuie sur aucun parti, elle vit en paix avec tous et tous la respectent. Démocrates, républicains, chevaliers du travail, rangers, esclavagistes, séparatistes, libre-échangistes, protectionnistes, etc., s'attaquent, se déchirent dans un meeting public et vont ensuite prier et chanter ensemble dans le même temple. L'évangile de la politique, c'est la Constitution américaine, et cette Constitution n'a rien à faire avec la Bible qui est la base de toutes les religions des Etats-Unis. Tout dogme politique repose sur la Constitution de 1787, tous les dogmes religieux sont puisés dans la Bible, et ces deux bases sont également sacrées pour tout citoyen américain. Jusqu'à présent, le domaine religieux et le domaine politique n'ont rien eu à démêler entre eux : ils ont subsisté côte à côte, en bonne intelligence, sans chercher à se nuire ni à empiéter l'un sur l'autre. En sera-t-il toujours ainsi à l'avenir ? Il y a tout lieu de l'espérer. Le peuple américain est également attaché à ses principes religieux et à sa Constitution qui en est la sauvegarde et qui lui assure le libre exercice de son culte. Un seul petit article de cette Constitution garantit à plus de 60,000,000 d'habitants la liberté religieuse, la liberté de la presse et le droit de réunion et de pétition.

Non, l'idée religieuse n'est pas morte dans le monde ; elle est aussi vivante que jamais, et ce ne sont pas quelques milliers de pornographes et de matérialistes français et une demi-douzaine de philosophes allemands qui parviendront à l'éteindre, à l'anéantir. Dans tous les siècles il y a eu quelques esprits qui ont voulu vivre en dehors du commun, qui ont professé l'athéïsme, mais ils sont passés et les masses sont restées religieuses. Or, les gouvernements qui font des lois en opposition avec les croyances religieuses des masses, qui veulent gouverner avec l'infime minorité ne font pas œuvre durable et travaillent à la ruine de leur contrée. Français qui dites : « Le cléricalisme c'est l'ennemi, ni Dieu ni maître, etc., etc. » ; allez aux Etats-Unis voir si la foi et les pratiques religieuses nuisent aux intérêts matériels. Y a-t-il jamais eu un peuple plus religieux que le peuple américain et marchant néanmoins plus rapidement dans la voie du progrès ? Un peuple plus actif pendant la semaine et plus calme et plus recueilli le dimanche ? Il travaille avec ardeur pendant six jours et se repose et prie le septième, et, avec cela, il fait des merveilles. En France, la moitié de la population adulte ne fait rien, ne produit rien ; une bonne partie de l'autre moitié travaille le dimanche et flâne pendant la semaine ; le mouvement, le bruit n'y cessent jamais et l'on n'y fait que fort peu de besogne ; les voitures, les chemins de fer, les omnibus roulent constamment, on n'y distingue plus le septième jour, le jour du repos, et néanmoins nous sommes en pleine décadence, en pleine démoralisation. Les étrangers nous le répètent constamment ; j'avais cru longtemps qu'ils nous calomniaient, mais, depuis mon retour dans ma patrie, après avoir passé de longues années chez les Américains, je constate douloureusement qu'ils n'ont pas tout à fait tort. On ne bâtit plus d'églises chez nous, les vieilles cathédrales, les vieux monastères tombent en ruines ; le peuple ne va plus à l'église, il va au cabaret. Les cafés se multiplient, s'agrandissent, s'embellissent partout, jusque dans les plus petits villages ; nous en avons un pour 94 personnes et la consommation de l'alcool a pris une extension si rapide que nous tomberons indubitablement dans l'abrutissement alcoolique, puis dans le *delirium tremens* qui amène nécessairement la catastrophe finale, la ruine des individus et, par conséquent, celle des nations.

La religion est la sauvegarde des mœurs. Il y a longtemps qu'on l'a dit, si elle n'existait pas, il faudrait l'inventer, donc ceux qui travaillent à la supprimer, travaillent à la ruine de leur pays. Les peuples religieux sont seuls des peuples forts, énergiques, laborieux et prospères, et il n'y a pas dans ce siècle un exemple plus frappant de cette vérité que celui que nous offre la grande République américaine.

Il vient de se passer un fait qui mérite notre attention et qui peut avoir de grandes conséquences pour le catholicisme aux Etats-Unis. Un célèbre agitateur, Henry Georges, a organisé un nouveau parti politico-social, les Chevaliers du travail.

Plus de 4 millions de citoyens américains sont déjà enrôlés dans cette nouvelle société secrète qui a d'abord été menacée d'excommunication par le pape. Le cardinal Gibbons, archevêque de Baltimore, est venu plaider à Rome la cause des Chevaliers du travail et Léon XIII a donné son approbation à la puissante organisation nouvelle.

Les théories de Henry Georges, exposées dans un ouvrage qui a fait sensation aux Etats-Unis et en Angleterre, *Progress and Poverty*, vont jusqu'au communisme de la propriété foncière. Mac-Glyn, curé de Saint-Etienne, une des plus importantes églises de New-York, fut un des plus fougueux partisans d'Henry Georges et fonda avec lui la Ligue pour l'abolition de la pauvreté, qui tient ses séances tous les dimanches soir dans la vaste salle de l'académie de musique.

Le père Mac-Glyn, puissant orateur, avait transformée sa chaire de Saint-Etienne en tribune politique et il s'y livra à de tels écarts de langage, qu'il fut suspendu par l'évêque de New-York. Une pétition revêtue de plus de cent mille signatures fut aussitôt présentée à l'évêque. On demandait la grâce du père Mac-Glyn et sa réintégration à la cure de Saint-Etienne. L'évêque refusa, et à la prière du cardinal Gibbons, le pape somma, au mois de mai 1887, le célèbre prédicateur d'avoir à se rendre à Rome dans un délai de quarante jours, sous peine d'excommunication majeure. Mac-Glyn faisait alors des conférences dans les villes de l'Ouest, pour la propagande des idées d'Henry Georges et il continua sa tournée. Partout il obtenait un immense succès et il dédaigna de venir faire des excuses à Rome. Le délai expirait le 3 juillet et le 20 la bulle d'excommunication fut lue et affichée dans toutes les églises de New-York. Quelques jours après eut lieu à l'académie de musique, une grande réunion des membres de la Ligue pour la suppression de la pauvreté. Une foule immense attendait le prêtre irlandais, dans les rues et sur la place, au devant du théâtre. Les enfants lui jetaient des fleurs et les femmes et les jeunes filles formaient la haie :

« Le pape, dit-il, n'a pas le droit de m'excom-
« munier pour mes idées sociales et politiques. Je
« suis un novateur et je prends le parti des pau-
« vres. C'est ce qu'a fait le Christ. Nous n'aban-
« donnerons jamais nos théories, même si on les
« condamne à Rome. »

Henry Georges prit la parole après lui : « Tous
« les catholiques d'Amérique diront à Rome : En-
« voyez-nous autant de religion que vous voudrez,
« mais ne vous occupez pas de notre politique.
« Vos persécutions nous rendront forts et le bon
« droit finira par triompher. »

Ces discours ont été couverts des applaudissements de 60,000 personnes. Que va faire Rome en face d'une pareille opposition ? Va-t-elle condamner le parti des travailleurs, qu'elle a d'abord approuvé et qui lui résiste maintenant, ou bien se contentera-t-elle de l'anathème lancé contre l'un des chefs de cette puissante organisation ?

Le parti socialiste chrétien est en émoi depuis cette excommunication et soutient avec ardeur son fougueux défenseur.

L'avenir nous montrera si le pape n'aurait pas

agi plus sagement en s'abstenant de se mêler de questions qui ne touchent pas au dogme chrétien. Les catholiques d'Amérique tiennent à leurs droits politiques et à leur liberté et ils ne supporteront aucun empiètement du spirituel sur le temporel. En quelques années la Ligue des travailleurs a enrôlé 4 millions d'électeurs ; elle a des branches dans tous les états et dans tous les comtés de l'Union.

Aux dernières élections, Henry Georges se présenta comme candidat à la mairie de New-York, et il eut 46,000 voix.

Les Chevaliers du travail espèrent bien le faire arriver à la présidence de la République aux élections de 1892. Si le nouveau parti parvient à mettre en échec les deux grands partis politiques, qui se sont partagé le pouvoir depuis la fondation de la République, de graves bouleversements peuvent se produire, et la grande question sociale, la lutte entre le Capital et le Travail, pourrait bien être prochainement résolue aux Etats-Unis. Il est évident que des fortunes colossales, dangereuses pour la société, s'y sont trop rapidement accumulées au détriment des classes laborieuses. Le prolétariat commence à s'y faire sentir malgré l'accroissement constant de la richesse qui y est trop mal distribuée.

Nous apprenons aujourd'hui que le parti des travailleurs est divisé. Henry Georges et le révérend Mac-Glyn auraient fait scission ; cette division pourrait bien amener sa ruine. Les journaux de New-York nous parlent aussi de la réconciliation probable du père Mac-Glyn avec l'autorité ecclésiastique.

Nous n'avons rapporté ces faits que pour donner une preuve de l'importance que les questions religieuses ont encore dans la société américaine.

CHAPITRE VI

LA JUSTICE AUX ÉTATS-UNIS

Nous avons vu qu'il y a trois pouvoirs aux Etats-Unis : l'Exécutif, le Législatif et le Judiciaire.

L'administration de la Justice est, aux Etats-Unis, d'une admirable simplicité, ainsi que toutes les autres administrations.

Le pouvoir judiciaire du gouvernement de la République est exercé par une Cour suprême établie à Washington, et par un certain nombre de tribunaux ou Cours inférieures établies par le Congrès dans chaque état et dans chaque territoire de l'Union.

La Cour suprême, le plus haut tribunal du pays, est composée d'un juge suprême, de huit juges associés, d'un avocat général, d'un rapporteur et d'un greffier, nommés par le Président de la République avec l'approbation du Sénat.

Les Cours de circuit sont tenues conjointement par un juge de la Cour suprême et par le juge du district où siège la Cour.

Les Cours de district sont tenues uniquement par les juges de district. Chaque district judiciaire a un juge, un greffier, un avocat public, un shérif ou prévot et un marshal. Les clercs, ou greffiers, sont nommés par la Cour; mais tous les juges et les autres officiers judiciaires sont nommés par le Président, toujours avec l'approbation du Sénat.

La juridiction des Cours du gouvernement central des Etats-Unis s'étend à toutes les affaires ou contestations qui peuvent s'élever entre citoyens de divers états de l'Union, entre citoyens d'un état et un autre état, entre citoyens d'un même état réclamant des terres dans divers états, entre étrangers et citoyens américains ou *vice versâ;* dans toutes les affaires concernant les ambassadeurs, les consuls ou autres fonctionnaires et citoyens étrangers ; dans toutes les questions maritimes, internationales, etc.

Quant aux affaires criminelles et aux affaires civiles entre citoyens d'un même état ou entre l'état et ses citoyens, elles sont du ressort des tribunaux de chaque état.

L'administration judiciaire des états est basée sur celle du gouvernement central.

Il y a, dans chaque état de l'Union, une Cour suprême, composée de juges choisis par le gouverneur de l'état avec l'approbation du Sénat de l'état, un certain nombre de Cours de district et une Cour de comté ou de paroisse établie au chef-lieu du comté. De plus, chaque comté est divisé en un certain nombre de wards ou districts ayant chacun un juge de paix et un constable.

Administrativement, les comtés correspondent à nos communes, ils ont seulement beaucoup plus d'importance. Ils ont, en moyenne, moins de population que nos arrondissements, mais ils sont plus étendus.

On ne peut assimiler les états de l'Union à nos départements, mais on pourrait facilement les comparer, pour l'administration intérieure, à nos anciennes provinces.

Les états ont un gouvernement autonome, une constitution particulière, des lois spéciales et une administration libre, indépendante du gouvernement central de Washington. La plupart des états ont une superficie d'environ le quart de la France, quelques-uns de la moitié et plus ; le Texas est même plus grand que la France entière. Il n'y a pourtant dans chaque état qu'une Cour suprême, quelques Cours de district et un tribunal par comté. Le ressort des Cours de district s'étend ordinairement à 5 ou 6 comtés.

Sauf les juges de la Cour suprême d'état, tous les autres fonctionnaires judiciaires et autres sont élus par le peuple.

Le peuple nomme ses administrateurs et le gouverneur doit confirmer, investir le candidat élu au suffrage universel. Quiconque n'a pas qualité pour occuper un emploi ne se présente pas comme candidat, car son élection ne pourrait être confirmée ou ratifiée par le gouverneur et le Sénat. Bien des gens ne se rendent pas compte de ce mode d'élection des fonctionnaires aux Etats-Unis. Il en est qui croient qu'une fois élu au scrutin public on a le droit d'occuper un emploi, et que quiconque, par ruse ou par cabale, parvient à capter la majorité des suffrages est, de droit, titulaire de l'emploi. Il faut, de plus, les capacités voulues, autrement l'élection est annulée, et celui qui s'est fait nommer sans être en état de remplir les devoirs de sa charge en est pour ses frais de propagande électorale. Sans doute, le peuple n'a pas qualité pour juger des capacités des candidats, il les accepte généralement comme étant tous capables et il nomme ceux qui lui inspirent le plus de confiance; mais il peut se tromper dans son choix. Si, par ignorance, il nomme des incapables, le gouverneur de l'état et le Sénat ne confirmeront pas son choix. Dans ce cas, fort rare d'ailleurs, l'élection revient au gouverneur qui a le choix de pourvoir lui-même à l'emploi vacant ou d'ordonner une nouvelle élection. Ce système d'élection des juges des Cours inférieures et autres fonctionnaires vaut bien le mode employé dans la plupart des états de l'Europe, où la protection, les recommandations, le favoritisme jouent un trop grand rôle. Je l'ai vu fonctionner pendant longtemps, et je suis persuadé que les tribunaux américains valent les nôtres.

Dans toutes les affaires criminelles les Américains suivent la procédure anglaise. L'avocat de district remplit le rôle du ministère public et poursuit au nom de l'Etat. Les Américains ont l'*habeas corpus*; l'accusé peut être relâché sous caution et il est considéré innocent tant qu'il n'a pas été convaincu de culpabilité. Après lecture de l'acte d'accusation, le juge lui demande s'il est coupable ou non coupable. S'il répond qu'il n'est pas coupable, ce qui est le cas le plus fréquent, on lui demande s'il veut être jugé par un jury ou par le juge de la Cour. Après cela on ne lui adresse plus la parole. S'il n'a pas de défenseur on lui en donne un d'office.

L'accusé n'a pas à prouver qu'il est innocent ni à rendre compte de l'emploi de son temps, c'est à l'avocat de district ou à l'avocat du comté, poursuivant au nom de l'Etat, de prouver qu'il est coupable. Il présente les témoins à charge, le défenseur fait appeler les témoins à décharge et la lutte s'engage et se poursuit devant le jury ou devant le juge entre les avocats poursuivants et les défenseurs, sans que l'accusé ait à intervenir en rien. Quand l'accusé demande à être jugé par le jury, ce qui arrive le plus fréquemment, on constitue un jury de douze citoyens choisis ordinairement parmi les personnes présentes à la Cour ou dans le voisinage. L'accusation et la défense ont le droit de récuser chacun un certain nombre de personnes appelées à siéger au banc du jury. Lorsque tous les témoins ont été interrogés, le ministère public prononce son réquisitoire et le défenseur lui répond. Le juge fait au jury l'exposé impartial de l'affaire et résume les débats. Il explique ensuite au jury son rôle et son devoir et les douze membres du jury se retirent dans une salle spéciale où ils sont enfermés sous la garde du shérif.

Quand ils sont tous d'accord, car il faut l'unanimité pour une condamnation, ils sonnent et le shérif les reconduit dans la salle d'audience. Le Foreman, ou président du jury, présente alors le verdict au juge. Ce verdict ne contient qu'un mot : *Guilty* ou *Not Guilty*, coupable ou non coupable. C'est ensuite au juge à appliquer la peine conformément à la loi.

Il arrive parfois, mais ce fait est fort rare, que les douze membres du jury ne peuvent se mettre d'accord. On a vu des jurys rester enfermés plusieurs jours et plusieurs nuits. Si l'entente ne peut s'établir entre les membres d'un jury il est démis, on en nomme un autre et le procès recommence comme si rien n'avait été fait.

L'*habeas corpus* a certainement quelques inconvénients. Il arrive parfois que des criminels échappent par ce moyen à la justice du pays, mais aussi combien d'innocents sont en France emprisonnés à côté des criminels! Les Américains admettent et appliquent ce principe : qu'il vaut mieux acquitter neuf coupables que de condamner un innocent; aussi quand un homme est condamné aux Etats-Unis, c'est qu'il est réellement coupable et que les preuves de sa culpabilité sont indubitables, et il est rare qu'il ne finisse pas par faire des aveux complets en implorant la clémence des juges. Les erreurs judiciaires y sont certainement moins fréquentes qu'en France.

Sans doute quelques criminels peuvent éviter une condamnation, lorsque les preuves de culpabilité ne sont pas suffisantes, il peut arriver aussi que des criminels relâchés sous caution s'enfuient, quittent le pays, mais ces cas sont fort rares. J'entendais un jour un jeune homme, sortant de l'une de nos écoles de droit, dire publiquement : « Il n'y a pas de justice aux Etats-Unis : chacun s'y fait justice avec son revolver. Les juges élus par le peuple sont tous entachés de vénalité; ils acquitteront toujours ceux qui les ont fait élire et condamneront leurs adversaires politiques! » Voilà ce qu'une ignorance complète des choses du Nouveau-Monde fait dire à des gens qui se croient intelligents, qui parlent de choses qu'ils ignorent et pensent qu'il n'y a de justice qu'en France et dans le tribunal qu'ils président. Ils ont lu dans les romanciers quelques aventures de chercheurs d'or, quelques scènes de brigands et d'aventuriers des premiers temps de la colonisation et ils jugent tout le pays et le peuple américain d'après ces réminiscences. Comment pourrait-il en être autrement, ajoutait ce futur président de tribunal ? « Les Etats-Unis n'ont été peuplés et colonisés que par les émigrants et *ces émigrants sont le rebut de la société européenne.* » Et comme j'étais là avec quelques-uns de ces émigrants nouvellement arrivés du Mexique, il ajoutait : « *Sauf quelques rares exceptions.* » Oh ! que l'ignorance fait dire de bêtises.

Non, jeune impertinent ; non, petit écervelé, les émigrants ne sont pas le rebut de la société. Vous les confondez peut-être avec ceux que vous envoyez à Cayenne ou à Nouméa. Les émigrants, monsieur, sont des hommes de courage et d'énergie ; car il en faut pour quitter le pays natal, la maison paternelle toujours si chère, les parents, les amis et aller au loin, traverser les mers pour chercher fortune. Ils ne redoutent pas la peine, les difficultés, ils osent les affronter ; ils ne comptent que sur leurs bras, sur leur travail, sur leur intelligence et un peu sur leur bonne étoile. Ils représentent dignement et partout la patrie absente et ils n'ont qu'un but, qu'une passion, c'est de gagner honnêtement une petite fortune qui seule leur permettra de revoir leur pays natal et d'y finir leurs jours à l'ombre du clocher qui les a vus naître. Soyez persuadé qu'ils sont plus honnêtes que vous ne vous le figurez. Les malhonnêtes gens ne réussissent nulle part dans le monde. Pour tout marchand, artisan ou industriel quelconque, l'honnêteté c'est la fortune. L'honnêteté donne le crédit et le crédit joint au travail, à la persévérance et à l'économie, mène à l'aisance et à la fortune. Si le peuple américain marche à pas de géant dans le progrès, s'il s'enrichit rapidement, s'il prospère plus qu'aucun autre peuple de l'Univers c'est qu'il est généralement honnête et laborieux.

Allez passer dix ans aux Etats-Unis et au retour vous pourrez en parler et je vous permettrai alors de juger les Américains, mais en attendant vous en parlez à peu près comme un aveugle des couleurs.

J'ajouterai que les émigrants français sont plus utiles à leur pays, lui rendent plus de services que beaucoup de gros et gras fonctionnaires qui absorbent ses revenus sans rien produire. Les émigrants portent à l'étranger notre langue, nos goûts, nos mœurs, nos marchandises, nos productions agricoles, les produits de notre industrie nationale. Par leur commerce ils font affluer en France cet or qui est indispensable pour entretenir l'armée des fonctionnaires et cette autre armée chargée de la défense du territoire.

Mais n'attaquez pas, sans le connaître et sans l'avoir vu fonctionner, le système judiciaire américain qui, depuis plus de cent ans, assure la liberté d'un grand peuple et garantit à chaque individu sa tranquillité personnelle et la jouissance paisible de ses biens.

CHAPITRE VII

LA LOI DE LYNCH

Le juge Lynch pendit un jour aux barreaux de sa fenêtre, son propre fils, coupable de vol, pour donner au peuple un exemple de l'impartialité de la justice.

La prétendue loi de Lynch consiste à faire justice sommaire des grands criminels que le peuple accuse et qu'il reconnaît unanimement coupables. Cette loi n'existe nulle part dans le code américain, mais elle a eu sa raison d'être et elle a été et elle est encore quelquefois appliquée, quoique fort rarement. Sans doute, dans un pays civilisé où la justice est bien organisée, le peuple n'a pas le droit de se faire justice et les autorités opposent toujours la résistance à ces exécutions sommaires.

Mais qu'on se rappelle ce qu'étaient les Etats-Unis il y a quarante ans. Dans les immenses solitudes de l'Ouest et au-delà des Montagnes Rocheuses, il n'y avait ni juges, ni tribunaux. En 1848, à l'époque de la découverte de l'or en Californie, une foule d'aventuriers y affluèrent de toutes les parties du monde. Il y eut pendant quelques années, parmi les chercheurs d'or, la plus grande anarchie. Les vols, les meurtres, les pillages étaient fréquents, et dans un espace 5 ou 6 fois grand comme la France, il n'y avait pas un juge, pas un tribunal. La Cour la plus rapprochée était à plusieurs mois de marche à travers les immenses plaines qui s'étendent du Mississipi au Pacifique. Il fallait bien alors que le peuple se fît justice. Partout les honnêtes gens s'unissent contre les canailles, organisent des comités de vigilance chargés de punir les voleurs, les assassins, les gens réputés dangereux pour la société. Les jugements et les exécutions étaient sommaires. Tout homme surpris en flagrant délit était *lynché*. Par ces moyens de prompte répression, l'ordre fut bientôt établi et le pays débarrassé de la crapule; et aujourd'hui les vastes et riches états du Pacifique sont aussi calmes, aussi paisibles que ceux de la Nouvelle-Angleterre, et les nombreuses populations qui les habitent y vivent aussi tranquillement et avec autant de sûreté que sur les bords de l'Atlantique. Il y a maintenant des tribunaux et des juges, dispersés dans tous les états et dans tous les territoires de l'Union. On *lynche* bien encore quelquefois, par-ci, par-là. De temps à autre les journaux américains nous rapportent quelques cas d'exécution sommaire d'un criminel. C'est lorsque le peuple, indigné par quelque grand crime, croit que le coupable peut échapper à la justice régulière; c'est surtout lorsque le crime est tellement révoltant, que l'indignation publique ne peut être contenue.

On ne veut pas attendre les lenteurs de la justice qui doit toujours procéder avec calme et qui ne peut frapper que quand les preuves de culpabilité sont évidentes. Parfois alors, le peuple délègue une bande d'honnêtes citoyens, ordinairement les plus respectables de l'endroit qui, couverts de masques, s'emparent du criminel par la force ; ils vont même l'arracher à la prison, malgré la résistance des geôliers et le pendent séance tenante. La loi, je le répète, défend ces exécutions ; les tribunaux font même des recherches pour découvrir les *lyncheurs*, que personne n'accuse, que personne ne dénonce, parce qu'ils ont soulagé la conscience publique et parce que tous les gens honnêtes sont convaincus qu'ils n'ont jamais pendu que de grands criminels.

Si l'on dit souvent que la voix du peuple c'est la voix de Dieu, l'on peut dire aussi que la justice du peuple quand il est de sang-froid, intelligent et paisible, c'est la justice de Dieu. Certainement le peuple a commis des horreurs dans les soulèvements, dans les révolutions, lorsque ses mauvaises passions étaient excitées. Mais alors, comme a dit Victor Hugo, ce n'est plus le peuple, c'est la tourbe, c'est la vile multitude, c'est l'écume de la société qui remonte à la surface. Croyons à la justice du peuple, du vrai peuple ; s'il est parfois violent, emporté dans sa conduite, c'est que l'indignation a fait bouillonner son sang ; l'horreur naturelle qu'excite le crime, le sentiment inné de la justice ont été les seuls mobiles de ces actes de prompte vengeance.

CHAPITRE VIII

SUNDAY LAWS

Les lois du dimanche, adoptées d'abord dans quelques états de la Nouvelle-Angleterre à l'instigation des puritains de la Pensylvanie, du Massachusets et de New-York ont été ensuite adoptées successivement par presque tous les états de l'Ouest et du Sud et sont maintenant observées dans toute la République.

Ces lois hypocrites, antilibérales ordonnent la fermeture de tous les établissements publics le dimanche, de 6 heures du matin à 6 heures du soir. Les juifs qui ferment leurs magasins le samedi sont obligés de fermer encore le dimanche. Le prétexte que l'on a invoqué partout a été d'arrêter les progrès de l'ivrognerie qui est la grande plaie du pays. Le whiskey, si l'on ne prend des moyens plus efficaces pour en diminuer la consommation, sera peut-être la ruine de la Grande République. Mais, si l'on n'avait eu pour but que la diminution de l'intempérance, on aurait pu se contenter de faire fermer les nombreux barrooms qui occupent tous les coins des rues. Si les promoteurs de ces lois n'avaient pas eu un but religieux, ils pouvaient et ils devaient se contenter de défendre la vente des liqueurs alcooliques le dimanche. Ces lois, d'ailleurs, sont-elles efficaces ? ont-elles eu pour effet de diminuer l'ivrognerie ? Ceux qui veulent boire achètent du whiskey le samedi soir ; au lieu de boire en public on se saoûle chez soi, et puis les habitués savent fort bien que si la porte de la rue, si la porte principale du bar-room est fermée, il y a toujours, à côté, dans un corridor, une petite porte qui leur est ouverte.

Au point de vue moral, ces lois n'ont aucun effet ; le dimanche au soir on voit autant de gens tituber, rouler dans les fossés que les autres jours.

Qu'il est triste le jour du Seigneur aux Etats-Unis ! la vie sociale semble être arrêtée ; toutes les affaires sont suspendues ; les tramways, les voitures, les chars ne circulent plus ; les magasins, les cafés, les buvettes, tous les établissements publics sont fermés ; les églises et les pharmacies seules ouvrent leurs portes. Dans les rues, la circulation, le mouvement, la vie semblent être suspendus pendant 12 heures. Dans la matinée, on voit de temps en temps des groupes silencieux se diriger d'un air empressé, sans se détourner, vers les temples. Ceux qui ne vont pas aux églises s'enferment chez eux ou vont le samedi soir à la campagne et en reviennent le lundi matin.

Les théâtres ne jouent pas le dimanche et l'on se rappelle qu'en 1876 la grande exposition universelle de Philadelphie fermait ses portes ce jour-là. Tout acte civil ou commercial est nul s'il porte la date d'un jour de dimanche.

J'ai fait plusieurs fois la traversée de l'Atlantique à bord de navires anglo-américains. Les jeux de palets, de quilles, d'anneaux en cordes étaient supprimés sur le pont du navire pendant la journée du dimanche, et dans le grand salon on ne voyait ce jour-là ni cartes, ni échecs, ni dominos.

Vers 10 heures, le son de la cloche annonçait le service religieux et le capitaine, en grande tenue, présidait aux exercices. Il y avait toujours à bord quelque révérend en cravate blanche qui régalait l'auditoire de quelque long discours religieux se terminant par des prières pour la reine d'Angleterre, le président des Etats-Unis et appelant la bénédiction du ciel sur le navire et les passagers. Je me rappelle qu'un dimanche j'ai entendu, au milieu de l'Océan, trois magnifiques sermons prononcés par des ministres de différents cultes. Un, entre autres, d'un ministre d'une secte nouvelle qui compte environ 600,000 adeptes répandus dans le Kentucky, le Missouri, l'Ohio et la Nouvelle-Zélande. Les membres de cette secte acceptent la Bible et rien que la Bible. Ils admettent dans leurs rangs tous ceux qui croient au Christ, à quelque culte qu'ils aient précédemment appartenu. Ils diffèrent des autres sectes protestantes sur deux points importants. Ils exigent le baptême par immersion, mais immersion totale de toutes les parties du corps et la confession publique. C'est sur le premier point qu'a roulé le sermon du révérend Thomas Jennings, missionnaire de la Nouvelle-Zélande.

Il a cherché à prouver, par des textes de

l'Ecriture-Sainte et par des citations de divers auteurs, que le baptême par immersion est le seul véritable et que c'est celui que le Christ reçut de saint Jean-Baptiste dans les eaux du Jourdain.

CHAPITRE IX

ABUS DES BOISSONS ALCOOLIQUES

Sociétés de Tempérance

Let us going take a dram : Allons boire un coup. Voilà, sans contredit, une des phrases de la langue anglaise le plus souvent répétées aux Etats-Unis. Deux yankees se rencontrent et, après le *How do you do? How are the business?* Comment vous portez-vous? Comment vont les affaires? la phrase finale, concluante, sera invariablement : *Let us going take a dram.* Deux nègres se rencontrent et la première chose qu'ils se demandent est : *Who pays the drink?* Qui paye à boire? Pour les marchands, les agents, les courtiers, les trafiquants quelconques, cette phrase commence et achève toutes les affaires. Pour les politiciens c'est le grand cheval de bataille, et dans les luttes électorales le vainqueur est trop souvent celui qui paye le plus de verres de whiskey.

A tous les coins de rue, à côté de chaque maison d'affaires : manufactures, ateliers, usines, banques, etc., au rez-de-chaussée d'un hôtel, d'un théâtre, d'une salle de bal ou de concert, il y a toujours le bar-room, c'est-à-dire une longue salle avec un beau comptoir allant d'un bout à l'autre : pas de tables, pas de chaises dans ces établissements où l'on n'entre que pour boire. Derrière ce long comptoir trône le bar-keeper, en manches de chemise et tablier blanc, occupé du matin au soir à verser des petits verres, casser de la glace et déboucher les flacons mousseux. Au milieu du comptoir domine la magnifique fontaine en marbre de *Soda-Water* avec de nombreux robinets d'argent, et à chaque extrémité un baril de bière. Une rangée de barils debout, ayant chacun un robinet, est alignée derrière le comptoir et au-dessus des barils, sur de longues étagères s'étalent, artistement rangés, toutes sortes de flacons et de bouteilles. On peut lire, sur des étiquettes dorées : *Whiskey*, *Brandy*, *Bourbon*, *Rye*, *Cognac*, *Pike*, *Magnolia*, *Monongahela*, *Dexter*, *Gin*, *Rhum*, *Cocktail*, *Bitter*, etc. Tout celà c'est du whiskey, produit de la distillation du maïs plus ou moins bien raffiné. Toutes ces liqueurs, très alcooliques, sont fabriquées avec des alcools de qualité inférieure, tirés des grains ou de la mélasse. Aux plus hautes étagères, ce qui indique qu'on en fait plus rarement usage, s'étalent des bouteilles de vermouth, d'absinthe, de champagne, de Porto et autres vins blancs et rouges et quelques rares flacons de nos fines liqueurs françaises. Mais le whiskey et ses nombreux composés forment la boisson nationale des Américains. Il s'en fait une consommation énorme, plus de 20 litres par personne adulte. On ne boit que ça : en été pour se rafraîchir, en hiver pour se réchauffer ; le matin en se levant; avant les repas en guise d'absinthe; après les repas pour faire la digestion; dans le café, il remplace le cognac. L'ouvrier le boit avant de se mettre à l'ouvrage, durant le travail et après avoir fini sa tâche. Quand on n'a rien à faire on boit ce liquide pour tuer le temps, en attendant qu'il nous tue. On ne quitte pas le logis sans un petit flacon de ce liquide, compagnon inséparable. C'est l'usage, c'est l'habitude ; on ne peut entrer dans un établissement public, dans un magasin, une épicerie et même dans une maison privée sans qu'on vous offre un petit verre de ce poison lent, mais terrible.

On boit d'abord pour trinquer, pour faire comme les autres, et peu à peu on y prend goût. Ce goût devient habitude, l'habitude devient une passion violente si terrible qu'il est bien difficile, je dirai presque impossible d'en corriger les personnes qui en sont atteintes depuis longtemps, parce que l'effet inévitable de l'habitude du whiskey, c'est l'abaissement des facultés intellectuelles et morales, l'abrutissement de la raison, et souvent elle conduit au *delirium tremens* qui amène toujours la catastrophe finale.

L'habitude du whiskey est fréquente chez les créoles du Sud, presque générale chez les yankees et l'on peut dire universelle dans deux classes nombreuses de la population, chez les irlandais et les nègres.

L'irlandais, la bête de somme de l'anglais et de l'américain, le plus rude travailleur du monde, insouciant, imprévoyant, indifférent aux maux de l'humanité, se console, loin de sa patrie, en buvant du whiskey, et oublie sa verte Erin sous l'influence des liqueurs fortes.

Les nègres, autrefois sobres par force (au temps de l'esclavage, il était rigoureusement défendu de leur donner ou de leur vendre du whiskey), profitent maintenant, à leur manière, de la liberté qu'ils ont de boire et de se soûler. Cette race si robuste, si patiente, si endurcie au travail, capable de résister aux plus fortes chaleurs est ruinée par l'abus du whiskey. Le whiskey est le plus grand ennemi des noirs; ils se privent de nourriture, de vêtements, de chaussures pour boire du whiskey. C'est avec du whiskey que les politiciens les mènent; avec du whiskey on obtient d'eux tout ce qu'on veut. Combien j'en ai vu de ces malheureuses victimes de la passion du whiskey, l'œil hagard, le front pâle, les joues creuses, les lèvres livides, les mains tremblantes, chancelant sur leurs pieds, se heurtant aux barrières et roulant dans les fossés! Les neuf dixièmes des crimes qui se commettent aux Etats-Unis contre les personnes, ont pour cause le whiskey. La consommation du vin y est insignifiante; il n'y a guère que les Français, les Espagnols et les Italiens qui boivent du vin en Amérique. Les hommes blasés, qui ont le goût trop émoussé par la bière et les liqueurs alcooliques n'aiment pas le vin ; il leur faut de plus forts excitants.

Les Américains du Nord absorbent autant d'alcool que les Anglais et autant de bière que les Allemands.

D'après le rapport du chef de bureau de statistique de Washington, la consommation des boissons alcooliques a été, pour l'année 1886, ainsi répartie :

Whiskey.	360,000,000	de litres
Vin	88,000,000	»
Bière.	2,568,000,000	»

Comme on estime qu'il y a, aux Etats-Unis, environ 15,000,000 de personnes adultes buvant des liqueurs, la consommation par tête a été de :

24	litres de	whiskey
6	» »	vin
171	» »	bière.

La valeur au détail de cette masse de boissons est estimée à 3,500,000,000 de francs, ce qui fait, par personne adonnée à la boisson, une dépense moyenne de 233 fr. par an.

Les statistiques des dernières années montrent que la consommation des liqueurs fortes tend à diminuer, tandis que celle de la bière augmente considérablement.

La consommation du vin comme boisson de table est relativement très restreinte. La consommation du café augmente : elle était, il y a quelques années, de 8 livres par personne et elle a été, pendant la dernière année, de 9 livres 11 onces. Ainsi, les stimulants légers tendraient à remplacer les plus forts, les plus violents. C'est d'un bon augure, mais nous n'y croyons pas trop. Si d'après les dernières statistiques la consommation du whiskey a diminué, c'est que probablement ces statistiques ne sont pas exactes.

On ne tient compte que du whiskey qui paye la taxe qui est maintenant de 90 cents par galon ou

1 fr. 12 1|2 par litre. Or, il y a des distilleries clandestines, il se fait une fraude considérable pour éviter l'impôt, et ce qui est vendu en contrebande échappe à l'appréciation des statistiques officielles. Nous avons vu souvent le whiskey se vendre en gros à peu de chose près au prix de la taxe, ce qui prouve évidemment qu'il se faisait de la fraude.

Malgré les lois du dimanche, malgré les sociétés de tempérance, l'ivrognerie a pénétré bien profondément dans les diverses couches sociales et nous ne croyons pas que le mal soit enrayé ni qu'un progrès sensible ait été réalisé depuis que nous avons quitté le pays.

L'abus des boissons alcooliques est la grande plaie du peuple américain et pour le guérir il faudrait qu'il se mît à boire du vin. Le vin est après l'eau la moins dangereuse des boissons. Les peuples méridionaux qui boivent du vin sont en général bien plus sobres que les gens du Nord qui boivent la bière et les divers produits des distilleries. Le gouvernement américain a commis une grande faute en frappant d'un lourd impôt les vins d'Europe (environ 50 c. par litre).

Le whiskey coûte fort peu. Avant l'établissement du revenu intérieur, il n'était pas imposé et se vendait, en barils, de 4 à 5 sous le litre, et maintenant il est côté de un dollar à 1.08 par galon de 4 litres malgré la taxe de 90 cents, ce qui le met net de 10 à 18 cents le galon. Au prix qu'est le maïs, le whiskey ne revient pas aux distillateurs à plus de trois sous le litre. En imposant les vins d'Europe on a, dit-on, voulu protéger l'industrie américaine et les vignerons de la Californie. Mais les vins de Californie sont encore bien inférieurs à ceux d'Europe quand ils sont purs ; et d'ailleurs la production serait encore bien insuffisante si le peuple se mettait à boire du vin à table, au lieu de la bière et des autres liqueurs ; et tant que les Américains ne boiront pas de vin, ils continueront à boire du whiskey qui enivre, qui abrutit, qui ruine corps et âme.

Les sociétés de tempérance ont aussi le grave tort de prohiber également le vin et les liqueurs fortes ; les produits du raisin et les alcools de grains, de fécules et de mélasses, les pires des boissons, qui sont obtenues à vil prix et causent d'autant plus de ravages quelles sont livrées à bon marché à la consommation du peuple.

Dans un grand dîner politique donné récemment à la Maison Blanche, Mme Garfield, femme du président, avait fait supprimer le vin, la bière et toutes les liqueurs alcooliques. Il n'y avait que du soda, des sirops et de la limonade.

C'est pousser la tempérance à l'excès et je suppose que les rudes estomacs des sénateurs américains, des membres du cabinet et des diplomates étrangers ont du être peu contents de cette sévérité extrême. Je suis persuadé qu'en quittant la table présidentielle la plupart de ces politiciens ont dû se rendre au plus proche bar-room pour protester à leur façon contre cette abstention forcée.

CHAPITRE X

POLITIQUE AMÉRICAINE. — DOCTRINE MONROË

C'est dans son message adressé au Congrès le 2 décembre 1823, que le président Monroë posa pour la première fois les principes qui sont la base de ce qu'on appelle communément la doctrine Monroë. Les conséquences de ces principes sont : l'Amérique aux Américains et l'Europe aux Européens.

James Monroë, l'un des plus illustres présidents de la République américaine, naquit en 1757 dans la Virginie. Il fut successivement avocat, député au Congrès, ambassadeur auprès de la République française, secrétaire d'Etat aux affaires étrangères en 1811, commandant général de l'armée de 1814 à 1817 et enfin président de la République. Son administration fut sage et habile et il fut réélu pour un second terme en 1821.

Voici en résumé ce qu'il dit dans son fameux message du 2 décembre 1823 :

« Nous avons toujours suivi avec intérêt les événements qui ont eu lieu en Europe, avec laquelle nous avons tant de relations et à laquelle nous devons notre origine.

« Les citoyens des Etats-Unis sont animés des sentiments les plus affectueux pour la liberté et le bonheur de leurs frères de l'autre côté de l'Atlantique. Nous ne nous sommes jamais mêlés dans les guerres entreprises par les puissances européennes pour des questions particulières ; notre ligne politique nous défend d'y prendre part. Nous sommes nécessairement et plus immédiatement mêlés aux agitations de notre hémisphère ; le motif en est évident pour tout observateur éclairé et impartial. Le système politique des monarchies d'Europe est essentiellement différent de celui de l'Amérique.

« Nous devons donc à notre bonne foi, aux relations amicales qui existent entre les Etats-Unis et les puissances européennes, de déclarer que nous considérerions comme dangereux pour notre tranquillité et notre sûreté toute tentative de leur part d'étendre leur système politique à quelque partie de ce continent. Il est donc impossible que nous restions spectateurs indifférents d'une telle intervention sous quelque forme qu'elle se produise.

« Quant aux colonies et aux dépendances actuelles des puissances européennes, nous ne sommes pas intervenus et nous n'interviendrons pas dans leurs affaires. Mais pour les Etats qui ont déclaré leur indépendance, qui l'ont maintenue et dont nous avons reconnu l'indépendance après de mûres réflexions, et d'après les principes de la justice, nous ne pouvons envisager l'intervention d'une puissance européenne quelconque, dans le but de les opprimer ou de contrôler leur conduite que comme une manifestation de dispositions hostiles envers les Etats-Unis.

« Nous ne nous occupons pas des affaires politiques de l'Europe, dit Monroë, mais lorsqu'il s'agit de nos continents, les circonstances changent entièrement de face; nous ne permettrons pas que les monarchies de l'Europe interviennent dans les destinées des Etats américains dont nous sommes les protecteurs naturels et dont nous garantirons l'indépendance... »

Quand, pour la première fois, le gouvernement américain fit valoir ces prétentions il était faible encore, la République comptait à peine dix millions d'habitants : néanmoins l'Angleterre eut l'air d'approuver le message du président Monroë dont la politique fut complètement ratifiée par le Congrès.

Les Américains n'eurent pas souvent l'occasion de revendiquer ces principes; ils auraient été, dans les premiers temps, peu en état de les faire respecter. Mais cette doctrine s'est développée, a grandi avec leur puissance et depuis quelques années ils la proclament hautement et ils se disent fièrement les seuls arbitres des destinées de l'Amérique.

Lors de l'expédition des Français au Mexique, les Etats-Unis étaient en pleine guerre civile et ils laissèrent établir l'empire de Maximilien, en opposition à leur doctrine politique; mais, sitôt que la paix fut rétablie entre le Nord et le Sud, ils protestèrent énergiquement contre cette intervention européenne, et leurs menaces contribuèrent certainement pour une bonne part au rappel des troupes françaises et à la chute du faible empire de Maximilien.

Lorsque M. de Lesseps entreprit le percement de l'Isthme de Panama, les Etats-Unis lui firent une redoutable opposition. Nous avons suivi attentivement à cette époqne les polémiques de la presse américaine et les discussions aux Congrès de Washington. Un parti puissant voulait empêcher les travaux, en s'appuyant sur la doctrine Monroë. Il fallut que M. de Lesseps prouvât aux Américains que son entreprise était purement privée et que le gouvernement français déclarât qu'il y était complètement étranger et qu'il n'interviendrait jamais en rien dans l'administration du canal. Quelques membres du Congrès et plusieurs des journalistes les plus influents du pays, ont compris alors que les Américains auraient mauvaise grâce à vouloir empêcher une entreprise qu'ils ne se sentaient pas en état d'exécuter eux-mêmes, et dont ils seraient les premiers à profiter.

Le gouvernement de Washington est convaincu qu'il pourra toujours faire respecter la neutralité du canal et il sait parfaitement que le canal de Panama ne sera jamais contrôlé par d'autre puissance que la sienne, c'est pourquoi il laisse tranquillement M. de Lesseps y dépenser les millions de la France, l'or des Français.

Il y a quelque temps, le gouvernement anglais, appuyant une réclamation de l'un de ses sujets, contre le gouvernement haïtien, envoya un ultimatum à la petite république, demandant une indemnité de cinq millions ou la cession de la petite île de la Tortue et menaçant de bombarder Port-au-Prince, si dans les cinq jours le gouvernement haïtien ne donnait pas satisfaction.

La petite île de la Tortue, qui a 22 kilomètres de long sur 5 de large, se trouve près du cap Haïtien, à l'entrée du canal qui sépare la grande île de Cuba de Haïti, elle est sur la route de l'Angleterre à la Jamaïque et à Panama, et ce sera un point de relâche important, quand le canal de Panama sera achevé et qu'une nouvelle route maritime sera ouverte à la navigation du monde. Les Anglais qui ont patiemment conquis l'empire des mers, et qui tiennent à le conserver, cherchent à établir partout des escales et des dépôts de charbon le long des grandes voies maritimes. C'est pourquoi ils convoitent la petite île de la Tortue ; c'est pourquoi aussi ils ne veulent pas nous permettre de nous établir aux Nouvelles-Hébrides, qui sont aussi sur la route de Panama à Sidney. Mais dans les Antilles ils se sont heurtés au colosse américain.

Le gouvernement de Washington est immédiatement intervenu, revendiquant les principes de la doctrine Monroë. Le commandant du *Yautic,* de la marine des Etats-Unis, a positivement et officiellement défendu aux croiseurs anglais stationnés à Port-au-Prince, de prendre possession de l'île de la Tortue. Les menaces de l'Angleterre n'ont pas été exécutées; les ports de Haïti n'ont pas été bombardés et son indépendance a été respectée. L'affaire n'est pas réglée, elle est tombée dans l'eau. Le Léopard anglais a rentré ses griffes et les formidables cuirassés ont été contremandés.

CHAPITRE XI

ÉDUCATION

SOCIÉTÉS SCIENTIFIQUES ET LITTÉRAIRES

L'instruction est générale aux Etats-Unis et tous les efforts sont faits pour propager les connaissances utiles.

Le nombre d'illettrés est encore assez considérable, surtout dans les états du Sud où se trouvent la plupart des nègres, anciens esclaves tenus autrefois dans une ignorance complète. Le dernier rapport du directeur général de l'Instruction publique montre que l'instruction a fait des progrès constants et rapides, surtout depuis 1820 et que les Etats-Unis sont maintenant, pour l'éducation de la jeunesse, à la tête des nations et qu'ils ont les meilleures écoles.

L'enseignement est complètement libre aux Etats-Unis, de même que la religion. On n'a pas besoin d'autorisation pour ouvrir des écoles : enseigne qui veut. Les écoles publiques sont partout gratuites, sans être obligatoires ; elles sont assez multipliées, mais dans les campagnes peu peuplées, elles sont loin de suffire à la population qui est très dispersée, aussi les écoles privées élémentaires sont fort nombreuses. Partout où l'on rencontre quelques petits enfants trop éloignés des écoles publiques pour pouvoir les fréquenter, il y a quelque personne, ordinairement une demoiselle un peu intelligente, ayant reçu une bonne éducation, qui rassemble chaque jour ces jeunes enfants et leur donne les premiers éléments d'instruction.

A la campagne, les familles aisées ont presque toutes un maître ou une maîtresse d'école à la maison.

Le nombre des écoles normales, collèges, séminaires, académies, a considérablement augmenté; les écoles de filles surtout, bien que dans la plupart des collèges publics on admette les demoiselles.

Les institutions privées, pour l'enseignement secondaire, la plupart dirigées par des congrégations religieuses, étaient en 1884, au nombre de 1,588 avec 152,354 élèves et 7,923 professeurs.

Les établissements publics, classés comme universités ou collèges, étaient au nombre de 370 avec 65,222 étudiants et 4,644 professeurs ; ils ont presque doublé dans la dernière décade et néanmoins, les établissements libres de même degré, sont bien plus nombreux ; ce qui prouve que la liberté en tout et partout est encore le meilleur moyen d'arriver au progrès.

Les plus célèbres écoles américaines sont :

L'Ecole militaire de West-Point, qui est l'école Polytechnique des Etats-Unis ; les collèges Howard, Yale, Wellesley; le collège de Boston, le collège Girard, fondé à Philadelphie par un Français ; les Universités de la Virginie, du Maryland, de New-York, du Wisconsin, de l'Illinois, du Michigan, etc.

Il y a aussi aux Etats-Unis, un grand nombre d'école spéciales : 30 écoles pour les aveugles avec 2,023 élèves ; 56 écoles de sourds-muets avec 2,056 étudiants ; de nombreuses écoles de médecine, de droit, de théologie, de sciences, d'agriculture.

Le collège dentaire de Philadelphie est probablement le plus célèbre du monde en ce genre : il fournit des dentistes célèbres à toute l'Union et même à l'Europe.

Le gouvernement ne fait pas d'appropriation de fonds pour l'entretien des écoles publiques. Il a seulement réservé, dans chaque état, des terres publiques dont le revenu est consacré à l'éducation du peuple.

Le fonds permanent des écoles s'élève maintenant à la somme de 122,878,839 dollars environ, 614 millions de francs provenant en grande partie de la vente ou de la location des terres publiques réservées.

Chaque état est chargé de l'établissement et de l'entretien de ses écoles publiques et pourvoit par un impôt direct à l'insuffisance du revenu du fonds des écoles.

Outre ces deux sources de revenus, des legs considérables ont été faits, aux villes et aux états, par de riches citoyens, pour être consacrés à l'éducation du peuple. Ainsi Leland Stanford vient de léguer cent millions à l'Etat de la Californie pour la fondation et l'entretien d'une Université qui doit porter son nom. La pose de la première pierre de cette Université a été faite solennellement près de San-Francisco, le 15 mai 1887. Parmi les bienfaiteurs de l'éducation, on doit citer Girard, à Philadelphie; Tulane, à la Nouvelle-Orléans et Peabody, qui a laissé des fonds considérables à beaucoup de villes de l'Union.

Dans ces dernières années, des propositions ont été faites au Congrès dans le but de venir en aide aux états et aux territoires pour combattre l'ignorance. Un bill a été présenté à la dernière législature pour distribuer en huit ans une somme de 380 millions de dollars, aux divers états de l'Union, proportionnellement au nombre de leurs illettrés adultes. Mais ce bill n'a pas encore été voté à la Chambre, bien qu'il ait passé au Sénat.

En 1884, le revenu total des écoles publiques a été d'environ 567 millions de francs, et le montant dépensé de 533 millions, laissant un boni de 84 millions.

L'organisation scolaire est des plus simples aux Etats-Unis.

Il y a dans chaque paroisse ou comté de l'Union, un School-Board composé de cinq membres au moins, élus par le peuple et dont les fonctions sont purement honorifiques et gratuites. Ce School-Board s'occupe de la création, de l'entretien, de la surveillance et de l'inspection des écoles du comté. Il nomme son président, un secrétaire et un trésorier qui reçoit du collecteur les fonds destinés aux écoles publiques et paye les maîtres.

Il y a dans chaque état un surintendant des écoles qui nomme les maîtres et surveille les écoles normales où sont préparés les instituteurs et les institutrices de la jeunesse.

L'inspection des écoles est faite gratuitement par les membres du bureau des écoles.

Ce système pourrait être défectueux si les habitants n'étaient pas directement intéressés à la bonne administration de leurs écoles publiques, s'ils ne veillaient pas eux-mêmes à l'emploi des fonds des écoles, à la manière dont elles sont dirigées et aux progrès de leurs enfants. Ils ont tout intérêt à nommer aux School-Boards des hommes honnêtes et dévoués qui ne soient pas portés à gaspiller les fonds publics.

Lorsque le peuple nomme tous les employés, il est leur supérieur direct, leur surveillant naturel et s'ils ne remplissent pas consciencieusement leurs fonctions il les tient pour responsables. Il peut bien y avoir des School-Boards prévaricateurs, on trouve de la corruption partout ; mais en général les hommes qui font partie de ces bureaux sont respectables, honnêtes et ils remplissent dignement, bien que gratuitement, les fonctions qui leur sont confiées.

Le jury de police qui a l'administration du comté, surveille aussi les écoles et veille à ce que le School-Board fasse un bon emploi des fonds destinés à l'instruction du peuple.

Cette administration américaine si simple, vraiment républicaine, vraiment démocratique vaut bien notre administration française si compliquée avec cette bureaucratie qui est une ruine. Inspecteurs, sous-inspecteurs, conservateurs sont presque toujours des sinécures, un luxe coûteux et inutile dont se passe un vrai gouvernement démocratique.

Ce n'est pas d'ailleurs uniquement à l'école que le peuple s'instruit. Il s'instruit aussi et surtout dans la famille et au dehors dans ses relations sociales; il s'instruit par la presse et dans les meetings publics ; à l'église, au temple, au théâtre et dans les voyages. Les livres et les journaux sont très répandus aux Etats-Unis. La consommation du papier à écrire et à imprimer y est de cinq kilogrammes par personne, tandis qu'elle n'est que de 1 kilog. 8 hectos en France.

Il n'y a que les Anglais qui consomment autant de papier que les Américains. Qu'on entre dans n'importe quelle résidence aux Etats-Unis, même les plus modestes, on trouvera toujours sur la table ronde au milieu du salon, la grande Bible de famille d'abord, puis le journal du comté, quelques Magazines illustrés et un joli assortiment de livres bien choisis, reliés avec luxe et ornés de belles gravures.

Les livres de lecture pour la jeunesse sont bien gradués et fort intéressants ; les ouvrages d'histoire, de géographie, de sciences, sont très méthodiques et toujours richement illustrés. J'ai été frappé de la beauté, de la clarté et de la simplicité des ouvrages classiques américains.

Tout le monde lit aux Etats-Unis : les commis derrière leur comptoir lisent les journaux ou les revues; en voyage, sur les bateaux ou dans les wagons chacun lit.

Des vendeurs circulent dans tous les trains de chemins de fer; ils distribuent à tous les passagers des livres, des journaux et des revues ; chacun les parcourt à la hâte, ceux qui tiennent à les garder les payent au prix marqué et le vendeur ramasse avant l'arrivée du train ce qui n'a pas été vendu.

J'ai bien voyagé à travers la grande République et je n'ai jamais rencontré de voyageurs ou de voyageuses sans journaux ou sans livres à la main ou sous le bras. Les publications populaires y sont excessivement bon marché. Les *Dime-Librairies*, *Sea-Side*, *Fire-Side*, *Franklin*, etc., sont largement répandues et publient tous les romans, nouvelles, aventures, voyages, à 10 cents, ou 50 centimes le volume. J'ai lu, aux Etats-Unis, à 50 centimes le volume, un grand nombre d'ouvrages nouveaux, vendus 10 francs à Paris, les œuvres de Jules Verne, Victor Hugo, Mme Rémusat, Renan, Figuier, Flammarion, etc. Tous nos romans célèbres à 3 fr. 50 le volume sont immédiatement traduits aux Etats-Unis et livrés à 50 cents le volume. Toutes les publications périodiques sont distribuées par la poste au tarif de 2 cents par livre ou fraction de livre ; les compagnies de chemins de fer transportent à très bon marché les petits paquets et toutes les publications nouvelles qui sont ainsi répandues par milliers et centaines de mille dans toute l'étendue de la République.

Les discussions politiques, religieuses et scientifiques sont un excellent moyen de développement intellectuel et elles sont très communes dans la société américaine. J'ai entendu souvent des jeunes gens demander à des vieillards, d'un air sérieux et comme s'ils étaient sur les bancs d'une école, l'explication d'un verset de la Bible d'un vers d'Homère ou de quelque passage d'un auteur classique célèbre.

Dans un pays de libre concurrence, où tout est abandonné à l'initiative individuelle, où le favoritisme ne joue aucun rôle, où chaque citoyen se crée une situation par son travail ou par son intelligence, l'instruction est indispensable et est appréciée à sa valeur réelle. Les plus hauts emplois dans l'administration, les meilleures places dans le commerce sont aux plus capables. Un bon comptable, un commis parlant deux ou trois langues gagnent deux fois plus qu'un simple teneur de livres ou un vendeur qui ne peut servir que les personnes parlant sa langue maternelle. J'ai vu rarement un vrai yankee manier la hache, la bêche ou la charrue; partout ces hommes intelligents et instruits surveillent les travailleurs ou conduisent les machines qu'ils ont su mettre à leur service. Quiconque sait manier la plume ou le crayon ne prend pas, aux Etats-Unis, la pelle ou la pioche. Aussi l'instruction est presque générale parmi les citoyens du pays et ils savent parfaitement exploiter les ignorants, qu'ils viennent de l'Afrique, de l'Asie ou des contrées européennes. Ce sont les émigrants d'Europe, les nègres et les chinois qui font, aux Etats-Unis, les travaux les plus pénibles.

Parmi les établissements scientifiques et littéraires qui témoignent de la haute culture intellectuelle des Américains, il faut citer à part l'Institut Smithson, à Washington. Ce bel établissement est dû à un legs de plusieurs millions fait aux Etats-Unis par un riche anglais pour fonder, à Washington, un Institut dont le but est de propager les connaissances utiles dans le monde entier.

Cet Institut, unique en son genre, a pris un vaste développement. Il possède maintenant des imprimeries, une riche bibliothèque, une vaste salle de lecture, un beau musée, de magnifiques galeries artistiques et des laboratoires complets. Il est en relations avec toutes les sociétés savantes de l'univers, et expédie gratuitement toutes les publications scientifiques, les documents historiques, géographiques, statistiques, économiques et diplomatiques qui paraissent aux Etats-Unis. Il fournit gratuitement tous les renseignements qu'on lui demande, fait des échanges avec toutes les sociétés savantes du monde et a des correspondants partout.

L'Observatoire national, situé sur les bords du Potomac, rend d'immenses services à la navigation; c'est un des premiers du monde.

Le Bureau des Statistiques publie annuellement des rapports intéressants qui montrent les progrès de la population, de l'agriculture, du commerce et de l'industrie aux Etats-Unis.

Des sociétés historiques, géographiques, scientifiques et littéraires sont établies dans toutes les grandes villes de l'Union et contribuent aussi puissamment à la vulgarisation des connaissances utiles.

Enfin, le Patent-Office de Washington conserve les modèles de toutes les inventions dues au génie américain, essentiellement pratique. Plus de cent mille modèles de machines et d'outils en tous genres sont là soigneusement classés et rangés dans d'immenses salles ouvertes au public. Rien n'est plus intéressant ni plus instructif qu'une visite au Patent-Office. En sortant de ce vaste établissement on est convaincu du génie inventif des américains du Nord.

CHAPITRE XII

LE JOURNALISME AUX ÉTATS-UNIS

La presse est un puissant moyen de propagande intellectuelle et morale et elle joue, aux Etats-Unis, un rôle immense.

Combien de personnes ne s'instruisent que par les journaux, ne lisent que ces feuilles volantes, au jour le jour !

La presse américaine est généralement sérieuse, calme et digne de sa noble mission. Au point de vue religieux, les journalistes américains sont neutres comme la Constitution, comme les lois, comme le gouvernement. Ils respectent toutes les croyances et n'attaquent ni ne critiquent les opinions religieuses de personne. Ils sont toujours sincèrement religieux comme la société au milieu de laquelle ils vivent, mais on ne sait jamais à quel culte ils appartiennent, quel est leur *credo*. Un grand journal américain publiera, tout au long, les lundis, le sermon prononcé la veille par un évêque catholique ou un prédicateur distingué, à la suite du discours d'un ministre protestant renommé ou d'un rabbin célèbre.

Il faut avoir visité l'un de ces somptueux édifices

où s'impriment les grands journaux américains ; il faut avoir parcouru pendant des années ces volumineux journaux pour se faire une idée du développement colossal de la presse aux Etats-Unis. Le *Herald* de New-York, le *Times,* le *Sun,* le *World,* la *Tribune,* le *Ledger,* etc., occupent d'immenses palais et une armée de typographes.

Mais aussi, quels journaux sortent tous les jours par ballots de ces immenses bâtiments! huit, douze et quelquefois seize pages du plus grand format ; huit colonnes par page d'un texte fin et compacte. Chaque numéro du *Herald* contient la matière d'un vol. in-8° de 300 pages.

Nos plus grands journaux français ne contiennent pas le quart de la matière publiée par un journal américain.

J'ai devant les yeux une collection du *Weekly-Cronicle* de San-Francisco, des numéros du *Times-Democrat* de la Nouvelle-Orléans, de l'*Inter-Ocean* de Chicago, et des grands journaux de New-York, Philadelphie, Washington ; le travail que chacune de ces publications a dû coûter aux éditeurs est vraiment colossal. Dans un seul numéro du *Times-Democrat*, je trouve deux longs sermons, quatre pièces de vers, trois parties d'échecs, des décisions de la Cour suprême de la Louisiane, plusieurs articles sur l'agriculture, six colonnes d'un roman d'Annah Watson, des colonnes spéciales pour les femmes et les enfants, plusieurs articles scientifiques, des articles politiques, des nouvelles télégraphiques de toutes les contrées du monde et plus de quatre pages d'annonces commerciales ou autres.

Et penser que le lendemain et les jours suivants et tous les jours de l'année il faudra fournir la même pâture à ces lecteurs voraces et insatiables ; qu'il leur faudra tous les jours du nouveau, de nouveaux articles, de nouvelles sensations ; dire qu'il faut tous les matins fournir à des centaines de milliers de lecteurs un petit volume de nouvelles, vingt-quatre heures de l'histoire du monde, tous les événements survenus la veille dans les cinq parties du monde, et cela pour deux ou trois cents, un picayune tout au plus !

Les annonces, il est vrai, occupent une large part dans les grands journaux américains. Mais dans ces annonces mêmes que d'esprit, que de génie il faut déployer pour attirer l'attention des lecteurs! On a l'air, en France, de trouver la réclame ingénieuse, arrivée à la perfection. Mais que nous sommes loin en cela, comme pour bien d'autres choses d'arriver à la hauteur des Américains du Nord, et qu'on trouve nos journaux maigres, après avoir parcouru l'un des grands journaux quotidiens ou hebdomadaires publiés dans les grandes villes de l'Union !

Le prince des journalistes, James Gordon Bennet, propriétaire du *Herald*, a un câble transatlantique à lui et publie simultanément à New-York et à Paris, les nouvelles des deux mondes. Il entretient des correspondants dans toutes les villes importantes du monde ; il a envoyé une expédition au Pôle Nord, une autre dans l'intérieur de l'Afrique, à la recherche de Livingstone et il voyage actuellement à bord de son yacht comme un souverain ou un grand seigneur. Il a parcouru les rivages de la Méditerranée, visité l'Orient, franchi le canal de Suez ; dans quelques jours il sera dans l'Inde. Il visitera l'Australie, l'Archipel Malais, la Chine et le Japon et reviendra par San-Francisco et le Pacific-Rail-Road à ses bureaux du *Herald-Building* dans Broadway. Mais de toutes les stations de ce long voyage autour du monde, à toutes les escales que fera son yacht, il enverra par le télégraphe de longs articles à Paris et à New-York et ces articles seront immédiatement reproduits par son journal, comme autrefois les correspondances de Stanley. Bennet laissera en mourant plus de cinq cents millions à sa fille, malgré les dépenses énormes qu'il fait en dépêches et la vie toute princière qu'il mène. Le *Herald-Building* qu'il a fait construire est un des plus beaux monuments de New-York.

CHAPITRE XIII

REVENUS ET DÉPENSES.

Le revenu des Etats-Unis provient de deux sources principales, les douanes ou les droits perçus sur les marchandises importées et l'*Internal Revenue* ou revenu intérieur, impôt établi sur le whiskey, la bière, le tabac et les banques.

Les Etats-Unis sont essentiellement protecteurs et leur tarif douanier est de 30 à 60 pour 100 de la valeur des marchandises importées. Cet énorme tarif protecteur a fait la richesse du pays et a puissamment contribué au développement de l'industrie américaine. Il y a néanmoins, aux Etats-Unis, un fort parti libre-échangiste.

Le revenu intérieur n'a été établi qu'après la guerre de sécession, pour le payement des dettes contractées pendant la guerre civile. Depuis quelques années il a été bien réduit et il sera probablement supprimé à l'extinction de la dette fédérale.

Les principales dépenses du gouvernement fédéral sont aussi une des conséquences de la guerre civile de 1861 : intérêts de la dette, pensions, etc.

Les dépenses pour l'administration générale sont comparativement petites.

Le tableau suivant indique les revenus et les dépenses des douze dernières années, de 1876 à 1887, avec l'excédent des recettes sur les dépenses.

L'année fiscale finit, aux Etats-Unis, le 30 juin.

Années.	Revenus.	Dépenses.	Excédent des Revenus sur les Dépenses.
1876	1.450.332.000 fr.	1.325.505.000 fr.	124.827.000 fr.
1877	1.345.000.000	1.293.300.000	52.700.000
1878	1.388.819.000	1.284.821.000	103.998.000
1879	1.369.135.000	1.334.739.000	34.396.000
1880	1.667.663.000	1.382.214.000	329.419.000
1881	1.803.905.000	1.303.594.000	500.411.000
1882	2.017.650.000	1.289.907.000	727.743.000
1883	1.991.427.000	1.327.040.000	667.387.000
1884	1.742.599.000	1.220.631.000	521.968.000
1885	1.618.453.000	1.301.131.000	319.322.000
1886	1.650.000.000	1.027.375.000	332.625.000
1887	1.577.000.000	1.103.395.000	471.605.000
			4.184.401.000 fr.

On voit, d'après ce tableau, que le budget des Etats-Unis se solde, tous les ans, par un excédent de recettes considérable.

Pendant les 12 années de 1876 à 1887, ces reliquats se sont élevés à la somme de 4,184 millions. C'est un peu moins que le montant de nos déficits pendant la même période.

Ces excédents de recettes ont presque entièrement été consacrés à l'extinction de la dette fédérale. Les revenus vont en augmentant jusqu'en 1883, ils baissent alors parce qu'on a considérablement réduit le revenu intérieur; l'impôt sur le tabac, qui était d'abord de 32 cents par livre, a été réduit à 16 cents, puis à 8; les taxes sur le whiskey et la bière ont été aussi légèrement abaissées.

Le tarif douanier a subi peu de variations; quelques articles ont même été ajoutés à la liste des objets imposés à leur entrée; ainsi l'on a imposé les objets d'art : tableaux, dessins, statues, gravures, etc.

Les dépenses du gouvernement diminuent graduellement, ce qui s'explique par l'amortissement de la Dette publique portant intérêt.

Le tableau suivant indique les principales sources de revenus et les plus importantes dépenses du gouvernement des Etats-Unis pour l'année fiscale finissant le 30 juin 1887 :

Sources de Revenus.		Dépenses.	
Douanes......	925.000.000 fr.	Législature..	16.379.145
Revenu intérieur	575.000.000	Administration...... ...	92.456.560
Ventes de terres...........	32.500.000	Justice......	2.041.500
Impôt sur les banques.....	15.000.000	Relations étrangères..	8.024.805
Monnayage..	20.500.000	Guerre......	128.402.476
Amendes, impôts divers..	20.000.000	Marine......	154.181.790
Chemin du Pacifique	15.000.000	Affaires Indiennes.....	30.256.300
District de Colombie.......	9.000.000	Pensions	379.151.000
Divers........	33.000.000	Travaux publics........	134.300.087
		Postes.......	37.219.570
		Divers.......	120.979.775
		Intérêts de la dette, Amortissement...	594.554.775
Total	1.645.500.000 fr.	Total	1.717.977.760

On voit, d'après ce tableau, que l'administration civile et judiciaire coûte fort peu aux Etats-Unis. Les dépenses de la guerre et de la marine sont bien inférieures à celles de la plupart des grands états de l'Europe. Plus d'un tiers du revenu est consacré au payement des intérêts de la dette et surtout à l'amortissement de cette dette, au rachat des bons émis en 1861-62-63 et 64 pour faire face aux dépenses de la guerre.

Avant la guerre civile, les Etats-Unis n'avaient presque pas de dette publique. Le tableau suivant indique l'état de la dette nationale à diverses périodes, à partir de 1860.

Années		Montant de la Dette			
Années	1860	Montant de	la Dette	324.211.435	francs.
—	1866	—	—	13.866.180.865	—
—	1877	—	—	11.026.506.960	—
—	1880	—	—	10.602.076.850	—
—	1881	—	—	10.345.067.845	—
—	1882	—	—	9.591.564.970	—
—	1883	—	—	9.420.859.640	—
—	1884	—	—	9.152.644.615	—
—	1885	—	—	8.918.584.115	—
—	1886	—	—	6.515.000.000	—
—	1887	—	—	5.600.000.000	—
—	1888				

Le montant net de la dette, déduction faite des sommes déposées au Treasury de Washington, était, le 1er novembre 1881, seulement de 6,515 millions et sur ce montant, 2,870 millions ne portaient pas d'intérêt, ce qui reduit à 3,645 millions la dette portant intérêt. Or, comme l'amortissement a continué et que les excédents budgétaires de ces dernières années ont tous été consacrés au rachat des bons du trésor, la dette nationale des Etats-Unis ne doit pas dépasser maintenant la somme de quatre milliards de francs.

Nous lisions l'année dernière dans les journaux

de New-York que le département des finances faisait construire au Treasury un immense caveau, à l'abri du feu et des voleurs, pour y déposer cinq cents millions de numéraire d'argent dont on ne savait que faire. Cette année, M. Cleveland constate dans son dernier message au Congrès, que l'accumulation, au Treasury, des excédents considérables des recettes sur les dépenses est un embarras pour la République et peut devenir une cause de perturbations économiques, et il invite le Congrés à s'occuper des moyens de diminuer les ressources, d'affaiblir les recettes du trésor. Et le Congrès discute actuellement les moyens les plus convenables pour diminuer les revenus du pays.

Quelques membres du Congrès veulent réduire le tarif douanier, d'autres plus nombreux, les protectionnistes, ne veulent pas toucher aux droits imposés sur les marchandises importées et demandent la suppression de l'*Internal Revenue*.

Les nations européennes n'en sont pas là. Notre seul embarras, à nous surtout, est de combler le déficit énorme qui grossit annuellement et qui augmente constamment la dette flottante.

Outre cette dette nationale qui s'éteint rapidement, presque tous les Etats, les comtés et les villes ont des dettes particulières. Le montant total de ces dettes locales s'élève à environ six milliards de francs. La part individuelle des dettes publiques est, aux Etats-Unis, d'environ 166 francs. Je voudrais bien savoir ce qu'elle est en France. Qui pourrait le dire? Quel est, en France, le montant total de la dette nationale et des dettes départementales et communales?

Les citoyens français ont à supporter individuellement une dette au moins cinq fois plus forte que celle qui pèse sur les citoyens américains, et la France est loin d'avoir les ressources agricoles et manufacturières des Etats-Unis.

CHAPITRE XIV

ARMÉE ET MARINE

Par la Constitution des Etats-Unis, le Congrès a le pouvoir de lever et d'entretenir des armées, et le président de la République est commandant en chef des armées de terre et de mer ; de plus, les milices d'état peuvent, en cas de besoin, être appelées à un service actif dans les armées fédérales. Par les actes du Congrès, approuvés le 28 janvier 1866, le 3 mars 1869 et le 15 juillet 1870, les troupes de terre formant l'armée active ont été considérablement réduites et, en 1875, elle ont été limitées à 25,000 hommes.

L'armée actuelle se compose ainsi :

	Officiers	Hommes
10 régiments de cavalerie avec.	425	7.490
5 régiments d'artillerie avec....	275	2.576
25 régiments d'infanterie avec..	861	11.430
Officiers non commissionnés, généraux, gardes, corps d'observation, aumôniers, école militaire...	594	3.404
Total..................	2,155	24,900

Parmi les officiers de l'armée active, il y a 20 généraux, 68 colonels, 86 lieutenants-colonels, 235 majors et 619 capitaines.

Il n'y a pas de conscription aux Etats-Unis: tous les officiers et les soldats sont des engagés volontaires ou des mercenaires bien payés et bien nourris.

Outre l'armée régulière, chaque Etat est sensé entretenir une milice dans laquelle sont enrôlés tous les hommes valides de 18 à 45 ans. Mais, dans beaucoup d'Etats, ces milices sont imparfaitement organisées. Les milices organisées comptent 7,311 officiers et 83,979 hommes.

Le nombre des citoyens qui, en cas de guerre, pourraient être incorporés dans la milice et appelés à un service actif pour la défense de l'Union s'élève à plus de 6,000,000 et demi. Ainsi une armée de 25,000 hommes, que le Congrès voulait même réduire à 10,000, suffit pour maintenir la paix dans une confédération d'états qui compte maintenant plus de 60,000,000 d'habitants: cette petite armée suffit pour faire respecter l'Union et la rendre redoutable aux voisins et aux nations européennes.

D'où vient cette force morale et matérielle des Etats-Unis? De leur organisation politique, de leur union et de leur puissance matérielle. Les Etats-Unis ne veulent pas de guerres et n'attaqueront jamais personne: ni leurs faibles voisins, ni les puissances étrangères (et nous entendons par là les nations de l'Ancien-Continent, quant aux américains du Centre et du Sud, les Etats-Unis les considèrent tous comme frères) mais ils sauront toujours faire respecter leurs droits, et, si jamais ils étaient attaqués, ils auraient immédiatement sous les armes 1,000,000 d'hommes énergiques et intelligents, bien nourris, bien vêtus, pouvant se battre aussi bien que les meilleures troupes d'Europe qui passent plusieurs années dans les casernes.

Les armées permanentes sont la honte des nations européennes et causent leur ruine. L'Europe ne pourra soutenir la concurrence américaine que lorsque la dernière caserne aura été démolie, lorsque tous les forts seront rasés et quand les dix millions d'hommes qu'elle entretient à grands frais sous les armes auront été licenciés et renvoyés à l'agriculture, à l'industrie ou au commerce.

Les forces navales des Etats-Unis ont aussi graduellement décliné depuis la fin de la guerre civile. J'entendais un jour un sénateur américain, John Ellis, célèbre orateur, surnommé par ses compatriotes *Silver tongue*, langue d'argent, dire dans un meeting politique : « Nous avons 37 navires de guerre et, si nous avions une affaire avec l'Angleterre, la France ou l'Italie, un seul de leurs gros cuirassés pourrait anéantir notre flotte en deux heures. Le Chili, le petit Chili, a quelques navires de guerre contre lesquels toute notre flotte ne pourrait lutter. » De longues discussions furent engagées il y a quelques années, au Congrès de Washington, sur l'utilité ou l'inutilité de la marine militaire.

Plusieurs sénateurs et représentants voulaient fermer les arsenaux et vendre ou détruire les quelques vieux gunboats qui pourrissent dans les docks; d'autres, et le secrétaire de la marine avec eux, voulaient voter des fonds pour la reconstitution de la flotte. L'immense développement qu'a pris notre commerce étranger, disaient les partisans de la marine militaire, nécessite des navires de guerre pour la protection de notre marine marchande. Nos côtes de l'Atlantique et nos grands ports de mer ne sont pas défendus, ajoutaient-ils, et si un différend s'élevait entre nous et une des puissances maritimes de l'Europe ou de l'Amérique du Sud, elle pourrait nous causer d'immenses dommages; New-York, Boston, Philadelphie, Washington, la Nouvelle-Orléans, San-Francisco, etc., ne sont pas à l'abri d'un bombardement.

En 1883, le Congrès vota des fonds pour la construction de trois croiseurs à grande vitesse; dans l'année 1884, on détruisit 38 monitors ou vieux navires incapables de tenir la mer. En 1885, trois nouveaux croiseurs ont été commencés et tout récemment le Congrès a voté de nouveaux fonds pour la marine fédérale qui est loin d'être encore à la hauteur de celle des principales puissances européennes. Mais sur mer comme sur terre, les Etats-Unis comptent plus sur leur situation exceptionnelle, sur leur puissance morale que sur la force matérielle. Ils préfèrent vendre du matériel de guerre aux puissances étrangères que d'en faire usage eux-mêmes contre des adversaires ou des ennemis. Ils fabriquent de magnifiques canons d'acier: Hutchin, Gatling, Remington, etc.; ils font en immenses quantités des revolvers, des fusils à répétition et ils en vendent à toutes les nations qui en désirent, mais ils ne tiennent pas à s'en servir eux-mêmes. S'ils rêvent des agrandissements, s'ils ont fait et s'ils doivent faire encore des conquêtes, ce n'a pas été et ce ne sera pas par la force matérielle et brutale des armes. La Grande République modèle ne veut pas de telles conquêtes. L'Union Américaine accepte avec empressement tous les Etats qui veulent bien se joindre à elle ; elle est assez riche pour acheter de nouveaux états, mais elle n'entreprend pas de guerres pour les conquérir par la force.

Après la guerre de l'indépendance, le Kentucky et tout le vaste territoire à l'Est du Mississipi entrèrent volontairement dans l'Union. Ce territoire forma les riches états de l'Ohio, de l'Indiana, de l'Illinois, du Wisconsin et du Michigan.

En 1803, la France vendit aux Américains, pour la somme de 75 millions, la Louisiane et tous les vastes territoires situés à l'Ouest du grand fleuve. Ces territoires forment maintenant les états de l'Arkansas, du Missouri, de l'Iowa et du Minesota.

En 1819, ils achetèrent la Floride aux Espagnols.

Le Texas s'étant révolté contre le Mexique et ayant déclaré son indépendance, fut admis dans l'Union en 1845.

La Californie fut achetée au Mexique en 1848, moyennant 100 millions.

L'Arizona fut payé 50 millions en 1854.

Enfin, en 1867, l'Amérique Russe ou l'Alaska fut achetée à la Russie et payée 38 millions.

C'est ainsi que les 13 états primitifs de la Nouvelle-Angleterre se sont prodigieusement agrandis et quel'Union Américaine s'étend maintenant d'un Océan à l'autre, et elle ne s'arrêtera pas là. Tôt ou tard, la Grande République embrassera toute l'Amérique du Nord, du pôle Nord au Canal de Panama. Quand le Mexique sera bien américanisé, lorsqu'il aura un million de Yankees possédant les chemins de fer, les mines, les banques, les grands établissements industriels, le haut commerce et une bonne partie des terres, alors il aura tout intérêt à faire partie de l'Union Américaine et il voudra s'annexer à elle. Les petites républiques de l'Amérique centrale suivront le Mexique. Avant de voir Cuba leur échapper, les Espagnols vendront la Perle des Antilles aux Américains.

Déjà plusieurs provinces du Canada veulent secouer le joug anglais et leur séparation de l'Angleterre sera suivie de près de leur entrée dans l'Union Américaine.

Aucune des grandes conquêtes de la République des Etats-Unis n'a été faite par la force des armes et elle suivra toujours la même ligne de conduite, parce que c'est celle de la civilisation et parce que l'humanité réprouve les guerres sanglantes.

CHAPITRE XV

AGRICULTURE

D'après le recensement de 1880, la superficie totale des Etats-Unis, en y comprenant l'Alaska, est de 3,501,404 milles carrés ou environ 8,990,000 kilomètres carrés. C'est presque la superficie de l'Europe et plus de dix-sept fois celle de la France.

Ce vaste territoire est compris dans la zone tempérée de l'Amérique du Nord. Il est naturellement divisé en trois régions ou bassins : le versant de l'Atlantique à l'est ; le versant du Pacifique à l'ouest, au-delà des Montagnes Rocheuses ; et le versant du golfe du Mexique qui comprend le vaste bassin du Mississipi.

Le bassin du Mississipi s'étend de la chaîne des monts Alléghany aux Montagnes Rocheuses, du golfe du Mexique aux grands lacs et à l'Amérique Anglaise ; il comprend les deux tiers du territoire de la République et renferme les terres les plus fertiles de l'Union.

Le grand désert américain, la plaine immense qui s'étend du Mississipi aux Montagnes Rocheuses, a reculé devant les pionniers du Far-West et bientôt il aura disparu avec les indiens qui l'ont seuls parcouru pendant des siècles. L'espace était vaste pour ces hardis émigrants européens et il leur a été souvent disputé par les Peaux-Rouges ; mais la civilisation et le génie ont triomphé ; les indiens ont été refoulés au-delà des Montagnes Rocheuses et ont abandonné les vastes et riches plaines arrosées par les nombreux affluents du Père-des-Eaux.

Pour l'étendue, ce bassin ne peut être comparé qu'à celui de l'Amazone, et pour la richesse des produits on peut le comparer à ceux du Gange et du Yang-tse-Kiang; mais l'audace et le génie des Américains ont plus fait en cinquante ans, que les Chinois et les Hindous dans mille ans.

Il faut avoir vu les pionniers américains à l'œuvre, il faut les avoir suivis dans les immenses plaines du Far-West pour se faire une idée des progrès surprenants accomplis en peu d'années. Depuis vingt ans, les Américains ont défriché plus de terres vierges que tous les peuples du monde ensemble; ils ont construit plus de kilomètres de chemins de fer que toutes les nations de l'Europe; et le long de toutes ces voies ferrées s'élèvent de charmantes fermes admirablement bien installées et pourvues d'un outillage perfectionné.

Des milliers de bateaux à vapeur, plus ou moins grands, suivant la profondeur de l'eau, sillonnent toutes les rivières et vont charger sur place les riches produits agricoles. Les bateaux à vapeur traînent souvent après eux de gros chalands pleins de grains, de farines, de pommes de terre, de viandes salées, etc. Les steamers de l'Ohio amènent de grands chalands remplis de houille de la Pensylvanie. Tous ces produits du Nord et de l'Ouest vont alimenter le grand entrepôt du Sud, la Nouvelle-Orléans, qui en exporte d'immenses quantités dans les Antilles, au Mexique, dans l'Amérique du Sud et même en Europe.

Malgré la multiplicité des lignes ferrées, qui font partout concurrence à la navigation fluviale, les transports par eau sont encore les plus commodes et les meilleur marché. Ainsi les grains du Minesota, du Wisconsin, de l'Iowa, de l'Illinois, arrivent à la Nouvelle-Orléans après vingt ou vingt-cinq jours de navigation, moyennant 6 à 7 cents de fret par boisseau de 60 livres ; le baril de patates, de pommes, d'oignons, de viande ou de farine paye de 15 à 20 cents ; la balle de coton de l'Arkansas, du Yasoo Valley, du Washita, etc., paye un dollar de fret.

Aucun pays au monde ne possède de si belles voies de communication intérieure ; aucun peuple n'a su si bien utiliser ces moyens de transport et en faire profiter l'agriculture, l'industrie et le commerce, ces trois grandes sources de la richesse des nations.

Les grandes cultures américaines sont : les céréales, le coton, le tabac et la canne à sucre.

Les Etats-Unis peuvent nourrir la moitié de l'Europe et habiller un tiers des habitants de la terre.

Le nombre total des fermes de la République était en 1880, de 4,008,907, occupant une superficie de 214,432,734 hectares, soit environ quatre fois la superficie de la France. C'est environ 30 pour 100 de la surface totale du pays.

Sur cet espace, 65 millions d'hectares seulement sont cultivés et le restant, soit 149,432,000 hectares, est consacré en pâturages ou en prairies naturelles. Les terres labourées, aux Etats-Unis, sont à peu près les 5/4 de la superficie de la France. Les 70/100 de la superficie des Etats-Unis sont complètement inexploités.

Près des trois quarts des fermes américaines sont occupées par leurs propriétaires. 322,356 fermes sont louées pour une rente payée en argent et 702,244 sont travaillées à la part.

Ces fermes font vivre plus de la moitié de la population du pays.

L'étendue moyenne des fermes américaines était en 1880, de 53 hectares et demi. En comparant les tableaux statistiques des deux derniers recensements, on voit que, dans la dernière décade, les petites fermes ont diminué en nombre ; celles de 20 à 40 hectares ont augmenté de 30/100 ; celles de 40 à 200 hectares ont triplé en nombre et celles de 200 à 400 hectares ont quintuplé.

Ainsi les fermiers américains tendent à agrandir leurs fermes et occupent en général de vastes étendues de terrain.

La valeur totale des fermes était, en 1880, de plus de cinquante milliards.

La surface cultivée, aux Etats-Unis était, en 1884, ainsi répartie entre les diverses cultures :

Céréales, maïs, blé, avoine,
orge, seigle, riz.......... 54.520.000 hectares

Coton	6.510.400 hectares
Canne à sucre	800.000 »
Tabac	300.000 »
Cultures diverses	3.400.000 »

On voit que les céréales occupent à peu près les 5/6 des terres cultivées aux Etats-Unis. La culture et la production des céréales augmentent tous les ans d'une façon régulière.

Les récoltes ont été, pour les années 1883 et 84, ainsi évaluées :

1883

	QUANTITÉS EN BOISSEAUX	VALEUR EN FRANCS
Maïs	1.551.066.897	3.290.257.425 fr.
Blé	421.086.160	1.918.246.360 »
Avoine	571.302.400	937.201.320 »
Seigle	28.058.583	81.502.515 »
Orge	50.136.097	147.102.115 »
Sarrazin	7.668.954	31.519.900 »
Totaux	2.629.319.089 b.	6.405.829.630 fr.

1884

	QUANTITÉS EN BOISSEAUX	VALEUR EN FRANCS
Maïs	1.795.588.432	3.203.679.295 fr.
Blé	512.763.900	1.654.306.270
Avoine	583.628.060	807.642.350
Seigle	28.637.594	74.276.275
Orge	61.206.652	138.985.775
Sarrazin	11.116.922	32.745.860
Totaux	2.992.881.500 b.	5.911.637.825 fr.

Ainsi la production totale des céréales a été, en 1884, de près de trois milliards de boisseaux, soit environ 750 millions de quintaux métriques ayant une valeur d'environ six milliards de francs.

Si la valeur de la récolte de 1884 est estimée au-dessous de celle de 1883, bien que supérieure en quantité de plus de 363 millions de boisseaux, cela tient à ce que le prix des céréales a baissé, précisément à cause de l'augmentation incessante de la production et aussi à cause de l'impôt que la plupart des états européens ont mis sur les grains étrangers pour protéger leurs agriculteurs.

La récolte du coton a été, en 1883, de 6,949,756 balles de 454 livres en moyenne, ce qui fait 1,419,835,150 kilogrammes. C'est la plus forte récolte qui ait jamais été faite aux Etats-Unis. En 1884, la récolte n'a été que de 5,715,320 balles, valant environ deux milliards de francs.

La récolte du tabac a été, en 1884, de 600 millions de livres, ayant une valeur de 225 millions.

La production du sucre est loin de suffire, aux Etats-Unis, à la consommation. La canne à sucre n'est guère cultivée qu'en Louisiane et au Texas. La production annuelle est d'environ 160,000 boucauts de 1,000 livres, soit 75,000 tonnes.

Il se fait, il est vrai, dans les Etats du Nord, une certaine quantité de sucre de betterave, mais les Américains, qui consomment énormément de sucre, sont obligés d'en importer de grandes quantités de la Havane, de l'Amérique centrale et des autres Antilles.

La culture de la canne tend à diminuer depuis l'abolition de l'esclavage. Le climat de la Louisiane, d'ailleurs, ne lui convient guère ; elle n'y mûrit jamais et souvent elle y gèle. La canne à sucre est une plante essentiellement tropicale. La Louisiane ne peut lutter pour cette culture avec les Antilles, l'Amérique centrale, les Guyanes, le Brésil, etc., où la culture est beaucoup plus facile et plus avantageuse.

Le riz est cultivé dans la Basse-Louisiane, la Caroline, la Georgie et la Floride.

Les légumes et les plantes potagères viennent partout en abondance; les arbres fruitiers de toute espèce sont partout l'objet d'un soin spécial et donnent de beaux produits, surtout en Californie, où l'on commence aussi à cultiver la vigne, l'olivier et le mûrier.

La surface exclusivement réservée aux pâturages était, en 1884, de 349,400,000 hectares; c'est plus de cinq fois la superficie des terres cultivées. C'est que les prairies sont d'une exploitation bien plus facile que les champs labourés; et les bons pâturages donnent d'immenses produits sans beaucoup de peine.

Le recensement des animaux a été fait en 1885. Il y avait à cette époque, dans tous les Etats-Unis, plus de 152,800,000 animaux domestiques ayant une valeur de près de huit milliards de francs.

	Nombres	Valeur	
Chevaux.........	11.564.572	2.312.914.400	francs.
Mulets et ânes..	1.972.569	394.512.800	—
Bœufs et vaches.	43.771.295	4.317.129.500	—
Moutons	50.360.243	503.602.430	—
Porcs.	45.142.695	400.000.000	—
Total.......	152.811.038	7.983.159.100	francs.

Nous avons vu, en parlant de Chicago, les proportions colossales qu'ont prises dans le Nord la charcuterie, la boucherie et la préparation des viandes conservées en boîtes en zinc pour l'exportation. Nous verrons, dans un autre chapitre, la valeur des produits que donnent les 140 millions de bœufs, moutons et porcs destinés à la boucherie.

La production de la laine et des peaux est considérable et suffit amplement à la consommation.

La production du beurre était, en 1880, de 350 millions de kilogrammes ; celle du fromage tend à diminuer, elle n'est guère que de 80 millions de kilogrammes par an.

Peu de personnes, même parmi les fermiers américains, qui sont pourtant d'excellents administrateurs, se font une idée de l'importance des produits de la basse-cour. On parle beaucoup de la culture du blé dans le Nord et l'Ouest ; du coton et de la canne dans le Sud ; des fruits et de la vigne en Californie. Tous les journaux américains font de longs articles sur les céréales, sur la production annuelle, la consommation et l'exportation du blé ; on s'y occupe beaucoup des récoltes de grains en Europe et dans l'Inde ; tout le monde sait exactement le nombre de balles de coton et de laines produites chaque année, ce qu'il en faut pour alimenter les manufactures du pays, ce qui reste pour l'exportation ; les journaux du Sud donnent toujours le nombre de boucauts de sucre, de barils de mélasse, de balles de coton, de sacs de riz produits par chaque habitant. Mais on semble négliger un des plus importants, je dirai même le plus important des produits de la ferme aux Etats-Unis, la basse-cour. En effet, la statistique agricole classe ainsi, d'après leur valeur au comptant, les principaux produits agricoles pour l'année 1885 :

	Valeur.	
Volailles et œufs	2.800.000.000	francs.
Maïs	3.000.000.000	—
Blé	2.240.000.000	—
Avoine et orge	1.000.000.000	—
Foin	2.150.000.000	—
Coton	2.050.000.000	—
Lait, beurre et fromage	1.260.000.000	—
Total du produit de ces articles	14.500.000.000	de fr.

Ainsi, la valeur des œufs et des volailles des Etats-Unis était, en 1885, de 2,800 millions, soit de 560 millions supérieure à celle du blé récolté la même année, et 750 millions de plus que la valeur du coton, et néanmoins l'idée dominante est que le blé et le coton sont les deux plus importants facteurs de la fortune des fermiers américains, et que de ces deux produits dépend la prospérité de la population agricole.

Ce qui fait qu'on s'occupe peu des produits de la basse-cour, c'est que ces produits quelqu'immenses qu'ils soient, sont entièrement consommés dans le pays et ne suffisent même pas à la consommation des habitants ; des millions de douzaines d'œufs et de grandes quantités de volailles sont encore importées du Canada.

La basse-cour est ordinairement administrée par la femme du fermier et c'est son principal et souvent son unique revenu. Mais aussi les fermières américaines s'entendent à élever les poules, les oies, les canards, les dindes. L'espace ne leur manque pas; les habitations sont vastes. J'ai vu, en Louisiane, les femmes des planteurs et surtout celles des économes et sous-économes des habitations se faire un bon revenu, entretenir confortablement leur ménage avec leur basse-cour. Les nombreuses volailles y trouvent toujours et partout une abondante nourriture. Des troupes d'oies et de canards vont, pendant le jour, barbotter dans les mares, les canaux, les bayous et même dans le grand fleuve où elles trouvent des chevrettes en abondance. Les dindes et les poules se dispersent autour des écuries, des greniers, dans les savanes, dans les champs de riz et de maïs et vont jusque dans les bois chercher leur nourriture. Le soir, toutes les troupes volatiles se rassemblent autour de la fermière qui leur jette quelques poignées de maïs et du gru aux petits poulets. Dans la nuit, toutes ces nombreuses familles juchent dans de vastes poulaillers bien entretenus ou perchent sur les arbres qui entourent la maison.

Les volailles convertissent en œufs et en viande excellente tout ce qui se perd à la ferme, tous les débris végétaux ou animaux, et même les vers et les insectes nuisibles aux plantes. J'ai vu, dans les champs de tabac, des bandes de dindes échenilleuses.

Ainsi, les femmes contribuent, pour une large part, à la prospérité du pays, et les œufs et les volailles fournissent à l'alimentation de précieuses ressources. La consommation des œufs est considérable dans les familles américaines qui aiment à vivre confortablement. Le peuple américain travaille beaucoup et se nourrit mieux que les peuples de l'Europe. Si les plats ne sont pas toujours fins et délicats, ils sont au moins sains, abondants et variés ; le *corn bread* des Yankees est excellent, leurs viandes fraîches et salées abondent sur toutes les tables, leurs légumes sont toujours bien assaisonnés, leurs fruits, verts ou conservés, sont bien soignés et leur pâtisserie est délicieuse ; le potage seul laisse un peu à désirer.

La consommation, par personne, de viande, de sucre, de café, de conserves alimentaires, de pâtisseries, de confiseries est bien plus considérable aux Etats-Unis qu'en Europe, moins l'Angleterre. Il n'y a que les Anglais qui vivent aussi confortablement que les Américains. Leurs boissons seulement valent moins que les nôtres. La bière, le cidre, le whiskey ne peuvent remplacer nos vins de France, d'Espagne et d'Italie.

Mais, je ne doute pas que les Yankees ne se mettent un jour à boire du vin à table. C'est un peu par orgueil national qu'ils n'ont pas voulu accepter nos vins d'Europe. Ils ont voulu protéger leurs produits nationaux, ils n'ont pas voulu être nos tributaires pour leurs boissons. Mais lorsque les côtes du Pacifique produiront des vins en suffisante quantité pour désaltérer ces gosiers un peu avides, ils s'apercevront que le jus de la treille vaut mieux que la bière et le mauvais whiskey ; et alors ils boiront du vin à leurs repas et réserveront tout leur maïs pour la nourriture des volailles et des cochons, au lieu d'en consacrer d'immenses quantités à la distillation des alcools.

CHAPITRE XVI

INDUSTRIE

L'industrie a pris, aux Etats-Unis, un développement extraordinaire. On est émerveillé de voir tout ce que les Américains ont fait en un siècle. Ils ont défriché plus de terres, bâti plus de villes et de monuments, tracé plus de routes, construit plus de lignes ferrées, creusé plus de canaux et de ports que toutes les nations de l'Europe réunies. C'est prodigieux. Quand on songe qu'il n'y avait rien dans tout le Centre, le Sud et l'Ouest de la Grande République ; qu'il n'y avait que quelques bourgades le long des côtes de l'Atlantique et des traces de culture aux environs des petites villes ! Si maintenant l'on parcourt les belles plaines du Centre et de l'Ouest, les vastes régions du Pacifique et du Sud, si l'on suit le cours des grands fleuves et des voies ferrées, on est surpris, on est émerveillé de tout ce qui a été fait dans ce siècle, de l'activité, de la hardiesse de ce peuple nouveau. Il semble que quelque génie bienfaisant a passé par là et a fait surgir comme par enchantement cette multitude de villes si propres, si bien bâties, tracées comme un échiquier ; ces millions de fermes riches et bien cultivées ; ces voies ferrées où roulent partout des wagons commodes ressemblant à des salons magnifiquement ornés ; ces splendides bateaux à vapeur qui parcourent tous les fleuves, toutes les rivières, les lacs et jusqu'aux plus petits bayous ; ce nombre prodigieux de manufactures dont les produits inonderont le monde ; ces ports sûrs où se donnent rendez-vous les navires de toutes les nations. Quand je contemple ce qui s'est fait dans ce pays depuis mon arrivée à New-York, en 1866, je suis comme abasourdi, effrayé d'une telle activité et je redoute pour l'Europe ce rapide accroissement ; j'admire la puissance merveilleuse du travail de l'homme secondé par les machines qu'il a su mettre à son service.

C'est qu'en vérité tout le monde travaille aux Etats-Unis. Il n'y a ni aristocratie, ni bourgeoisie, ni armée pour la défense du territoire, ni fonctionnaires inutiles. Tout le monde travaille, aux Etats-Unis, avec liberté, avec ardeur et surtout avec intelligence. Oui, le travailleur américain est non seulement le plus hardi, le plus courageux, le plus entreprenant, le plus audacieux des travailleurs, c'est aussi, j'ose l'affirmer, le plus intelligent : et pour s'aider dans son œuvre, il a su fabriquer les outils les plus commodes, les instruments les plus simples ; il a inventé une foule de machines ingénieuses qui lui facilitent le travail, qui soulagent ses bras, font aussi bien et beaucoup plus vite.

S'il est un point sur lequel les Américains ont réellement une supériorité incontestable sur les autres nations, c'est dans l'application qu'ils ont su faire de toutes les découvertes de la science.

La machine est partout employée aux Etats-Unis et supplée à la force matérielle de l'homme. Un ouvrier intelligent fait, avec une machine convenable, le travail de quatre et se fatigue moins. Il m'est impossible d'énumérer ici les milliers de machines que le génie américain, essentiellement pratique, a su mettre à la portée de tous les travailleurs : machines à labourer, à faucher, à moissonner, batteuses, semeuses, sarcleuses, tondeuses, etc. ; machines à coudre et à laver le linge, machines industrielles pour tous les arts, pour tous les métiers, machines à broyer le quartz argentifère, machines pour creuser les fossés, machines pour charger et décharger les navires, etc., etc.

J'ai vu fonctionner des machines pour abattre les arbres des forêts, d'autres les coupaient en travers, d'autres les fendaient. Dans les scieries, l'arbre entrait brut et sortait en planches rabotées avec rainures sur les côtés, prêtes à faire les planchers. On rirait, aux Etats-Unis, si l'on voyait des scieurs de long ; les machines travaillent seules le bois ; le menuisier ne fait que clouer ou ajuster les pièces ; les portes, les châssis, les persiennes, les corniches sont partout faits à la machine. Enfin, j'ai vu des machines pour traire les vaches, des machines pour cueillir les fruits sur les arbres, et j'ai fait moi-même des cigares et des cigarettes à la machine.

Quand j'ai vu la machine employée partout, quand j'ai vu partout des ouvriers assez intelligents pour diriger les machines, j'ai compris que le peuple américain ait pu marcher si vite, à pas de géants, ait pu accomplir si vite tant d'immenses travaux.

Il faut reconnaître que la nature a favorisé admirablement ce beau pays. Partout les matières premières indispensables à l'industrie : le fer, la houille, les bois, le cuivre, tous les métaux et tous les minéraux utiles abondent.

Le pays est bien fait pour ce peuple industrieux, mercantile et laborieux. Mais aussi, comme ce peuple hétérogène a su tirer parti des avantages naturels que lui offrait le continent américain ! Comme il a su l'exploiter rapidement et en tirer toutes les richesses agricoles et minérales qu'il recèle !

Ainsi qu'on l'a vu dans le chapitre précédent, l'industrie agricole est incontestablement la première en Amérique, celle qui donne les plus grands et les plus utiles produits.

L'industrie minière et l'industrie manufacturière donnent aussi d'immenses produits.

Les métaux précieux, or et argent, sont surtout exploités dans les Etats du Pacifique, dans la Californie, le Colorado, l'Idaho, le Nevada, le Montana et l'Arizona; le cuivre se trouve en immenses dépôts sur la côte méridionale du lac supérieur; le fer et la houille abondent partout, mais principalement dans les monts Alleghany; les huiles minérales font la richesse de la Pensylvanie.

Le montant total de l'or déposé aux différentes monnaies des Etats-Unis et aux bureaux d'essai, de l'année 1793 à 1884, est estimé à 6,187,000,000 de francs et le montant de l'argent à 1,605,000,000.

Le tableau suivant indique les productions métalliques des Etats-Unis pour l'année 1884 et leur valeur :

Productions métalliques	Quantités		Valeur
Fer et acier	4.097.868	tonnes.	368.800.000 fr.
Argent....	1.176.400	kilogram.	244.000.000
Or........	46.560	»	154.000.000
Cuivre....	70.100.000	»	88.948.000
Plomb . ..	139.897.000	»	50.500.000
Zinc	38.540.000	»	17.100.000
Mercure...	31.913	Flasques.	4.500.000
Nickel.....	34.000	kilogram.	240.000
Total de la valeur des métaux produits en 1884...............			928.080.000 fr.

Depuis quelques années la production de l'argent augmente tandis que celle de l'or tend à diminuer. Aussi l'argent a subi une forte dépréciation dans le monde, et dans plusieurs états il a été démonétisé. Les riches mines de Comstack ont contribué pour une large part à la baisse du prix de l'argent.

Voici maintenant la statistique des productions minérales non-métalliques des Etats-Unis pour l'année 1884 :

Productions minérales non-métalliques	Quantités	Valeur
Houille, lignite, Anthracite...	106.906.295 ton.	720.000.000 fr.
Pétrole	24.019.756 barils	102.000.000
Pierres à bâtir..	»	95.000.000
A reporter.....		917.000.000 fr.

	Report.....	917.000.000 fr.
Chaux.........	37.000.000 barils	92.000.000
Ciment........	4.000.000 »	18.500.000
Sel............	6.500.000 sacs	21.000.000
Phosphates....	431.779 ton.	11.500.000
Calcaires pour la fonte de fer..	3.400.000 »	8.500.000
Eaux minérales	340.000.000 litres	8.000.000
Gaz naturels...	»	7.000.000
Produits divers	»	15.500.000
Valeur totale des produits minéraux, en 1884...........		1.099.500.000 fr.

La valeur totale des produits minéraux des Etats-Unis a donc été, pour l'année 1884, de 2.027.580.000 francs.

Parmi les productions minérales non-métalliques, c'est, après la houille, le pétrole qui a le plus d'importance.

La découverte des huiles minérales dans le sous-sol de la Pensylvanie produisit dans le pays une effervescence pareille à celle de la découverte de l'or en Californie et, pendant quelques années, les Américains ont eu le monopole de ces produits et l'exportation en a été considérable.

Sur place, le pétrole est excessivement bon marché. Ainsi, les 24 millions et plus de barils de pétrole ne sont évalués qu'à 102 millions de francs, ce qui ne fait pas cinq francs par baril de 48 à 50 gallons, soit 180 à 200 litres.

Mais les difficultés du transport, les dangers d'incendie font renchérir considérablement ce produit maintenant d'un usage général dans le monde.

On remarquera aussi que la houille, le sel, les eaux et d'autres produits sont évalués à un très bas prix. La houille est estimée à moins de 7 fr. la tonne. Malgré ces bas prix les productions minérales non-métalliques donnent une valeur annuelle de plus d'un milliard et ont plus d'importance que les produits métalliques.

L'industrie manufacturière a fait d'immenses progrès de 1870 à 1880 et, sans aucun doute, le progrès a continué pendant les huit dernières années.

Il y avait, en 1880, dans tous les Etats-Unis, 253,852 manufactures disposant d'un capital de 2,770 millions de francs et occupant deux millions sept cent mille personnes.

La valeur des matières premières employées par toutes ces manufactures était de 3,395 millions et les produits manufacturés s'élevaient à 5,370 millions. Ainsi le bénéfice réalisé par toutes ces manufactures, c'est-à-dire la différence entre la valeur de la matière première et celle des produits manufacturés était de près de deux milliards.

Au recensement de 1880, il y avait 756 fabriques de cotons et de cotonnades, avec un capital de un milliard quarante millions. Le nombre de broches était, en 1882, de douze millions ; il y avait 225,759 métiers occupant 174,659 personnes. Le coton employé dans ces manufactures a été de 1,570,344 balles, environ 300 millions de kilogrammes, ayant une valeur brute de 444 millions. La valeur des produits manufacturés était de plus d'un milliard. La production totale du coton, pour cette même année, a été de 5,737,257 balles. Il est donc resté plus de quatre millions de balles pour l'exportation.

Les Etats-Unis commencent à exporter des cotons manufacturés, des indiennes et des cotonnades, dans toutes les parties du monde, et ils ne tarderont pas à inonder l'Europe même des produits de leurs manufactures ; déjà même, ils font à l'Angleterre une redoutable concurrence. Ils ont sur place la matière première d'excellente qualité, le coton américain vaut mieux que celui de l'Inde et de l'Egypte, leurs manufactures sont installées avec tous les perfectionnements introduits dans cette industrie ; la main-d'œuvre n'y fait pas défaut et sera bientôt meilleur marché qu'en Europe où l'élite de la population est enrégimentée ; la nourriture y est meilleur marché qu'en Europe et les capitaux n'y manquent pas, de sorte que les manufacturiers américains sont dans une situation à pouvoir écraser l'industrie du coton en Europe.

L'industrie du fer, de l'acier et des machines et outils en fer et en acier a acquis, aux Etats-Unis, une importance considérable. Là encore, la matière première ne manque pas. Le fer, la houille, le cuivre y sont en grande abondance.

Il y avait, au recensement de 1880, plus de mille fonderies aux Etats-Unis, avec un capital d'un milliard et demi, occupant 140,978 ouvriers et produisant 7,256,000 tonnes de matériaux, fer ou fonte, d'une valeur de plus de un milliard et demi.

La production de la fonte de fer a été, en 1884, de plus de quatre millions et demi de tonnes, celle de l'acier Bessemer de un million et demi.

L'exploitation des vastes forêts du pays donne lieu à une grande industrie. Il y avait, au dernier recensement, 25,708 scieries à vapeur ou établissements pour la préparation des bois de charpente, de menuiserie et d'ébénisterie, employant 146,880 ouvriers, avec un capital de près de un milliard. La valeur des matériaux employés dans ces manufactures était de 730 millions et celle des produits manufacturés de 1,160 millions, laissant aux industriels un bénéfice de 436 millions.

La première, la plus importante des industries américaines pour la valeur des produits, c'est celle de la préparation des viandes.

C'est à Chicago que cette industrie est surtout prospère. C'est là qu'on trouve la plus grande boucherie du monde, qui abat 1,500 bœufs par jour et une charcuterie qui prépare et débite 2,000 cochons tous les jours.

Les viandes qui ne sont pas consommées fraîches, sont fumées, salées ou mises en boîtes en zinc et conservées par le système Liebig. La valeur des produits de cette industrie dépasse un milliard et demi, et nous avons vu que la ville de Chicago seule expédie pour 500 millions de viande par an.

Les pêcheries des Etats-Unis employaient, en 1880, 131,426 personnes, avec un capital d'environ 189 millions de francs. Le nombre des navires pêcheurs était de 6,605, jaugeant ensemble 208,297 tonnes ; et le produit total des pêcheries, en y comprenant la pêche à la baleine, était de 215 millions.

La valeur totale des produits de l'agriculture, de l'industrie, des mines, des forêts et de la pêche était estimée, pour l'année 1883, à plus de 50 milliards, ce qui fait près de mille francs par personne.

Ainsi, chaque individu produit aux Etats-Unis mille francs par an, et comme les familles sont généralement nombreuses, cinq ou six membres en moyenne, cela fait environ 5,000 fr. par famille. Je voudrais bien savoir quelle est, en France, la valeur de la production individuelle; je suis persuadé qu'elle est bien inférieure.

Le peuple américain travaille beaucoup et surtout avec intelligence, mais il dépense largement le produit de son travail ; il vit bien, il aime le confortable en tout et partout, il est certainement bien moins économe que le peuple français.

Ainsi que les Anglais, les Yankees mènent la vie à larges brides; s'ils savent gagner de l'argent, ils savent aussi bien le dépenser. Leur consommation par personne, de tout ce qui contribue au bien-être de la vie, est bien supérieure à celle des Français, des Allemands et surtout des peuples du Midi de l'Europe: Espagnols, Italiens, Portugais et Turcs. Pour la viande, par exemple, les Américains et les Anglais en consomment trois fois plus que les Français et ceux-ci trois fois plus que les Espagnols et les Italiens.

Le peuple français est très économe et les habitants des campagnes sont laborieux, mais malheureusement la population rurale diminue rapidement; on délaisse les champs pour les villes. Il y a de plus, en France, des non-valeurs considérables : il y a une nombreuse bourgeoisie qui est généralement improductive ; il y a surtout l'armée active, l'élite de la population, qui consomme énormément sans rien ajouter à la production ; il y a aussi cette nombreuse armée de fonctionnaires et de retraités, qui vit grassement aux dépens des travailleurs et des producteurs.

Tout travaille, tout produit aux Etats-Unis, il n'y a ni aristocratie, ni bourgeoisie ; l'armée y est réduite à sa plus simple expression, environ 20 mille volontaires que le Congrès voulait récemment réduire de moitié. Les fonctionnaires y sont dix fois moins nombreux qu'en France et le pays n'en est pas plus mal administré, et encore, ces employés, peu nombreux, élus par le peuple pour un temps déterminé, sont souvent renvoyés à un travail producteur, agriculture, industrie ou commerce. Ils ne s'implantent pas, comme en France, dans une administration quelconque pour leur vie durant ; ils ne sont pas inamovibles, un scrutin les a faits, une nouvelle élection peut les défaire et les remplacer par d'autres, ils sont heureux alors de pouvoir reprendre une occupation lucrative, le travail qu'ils avaient interrompu pour remplir un devoir, le service public où les avaient appelés leurs concitoyens.

Qu'on ne nous dise pas que ce système de gouvernement est impossible chez nous. Sans doute il a ses défauts qu'il serait facile de corriger ; mais tel qu'il est, je l'ai vu fonctionner pendant dix-sept ans ; je l'ai suivi, je l'ai étudié, de plus, dans cette République où il est établi depuis plus de cent ans ; je l'ai comparé avec nos institutions que, dans notre orgueil national, nous croyons si parfaites qu'on n'ose y toucher de peur de renverser toute la machine gouvernementale, et je ne crains pas d'avancer hardiment que nous avons plus à apprendre des Américains, qu'eux de nous, et que notre administration si compliquée, si coûteuse, si ruineuse ne vaut pas la leur.

Eh ! pourquoi donc continuerions-nous à payer plus cher pour être plus mal administrés ? Pourquoi la France a-t-elle le plus gros budget du monde? Pourquoi le peuple français paye-t-il plus cher, pour être aussi mal gouverné, qu'aucun autre peuple du monde ? Il est le plus riche, dit-on, il a fait pendant des siècles de grosses économies ; il était même devenu trop riche, il avait la pléthore ; de petites saignées lui sont utiles.

Qu'on y prenne garde, les conditions économiques sont bien changées depuis cinquante ans. La vapeur a bouleversé le monde ; une concurrence effrénée existe sur tous les marchés du monde pour toutes les industries, pour tous les produits. Et si nous ne sommes pas dans des conditions convenables pour lutter avantageusement avec tous nos redoutables concurrents d'Europe et d'Amérique, nos sources de richesses tariront, nos économies s'épuiseront bien vite et nous tomberons dans la plus profonde misère. Et qui soldera alors notre énorme budget, notre dette monstrueuse de 31 milliards ? Le crédit est certainement une bonne chose, mais à la condition qu'on n'en abuse pas, et nos gouvernants ont, depuis 35 ans, étrangement abusé du crédit de la France.

Nous avons dit plus haut que les Américains du Nord avaient contribué pour une bonne part aux grandes découvertes du siècle et surtout aux nombreuses et utiles applications que l'industrie a faites des découvertes scientifiques.

En effet, qui a construit le premier paratonnerre ? *Franklin.*

Qui a inventé le premier télégraphe ? *Morse.*

Le premier télégraphe imprimant? *Hugues.*

La navigation à vapeur? *Fulton.*

Qui, le premier, a utilisé la puissance de la vapeur à haute pression ? *Evans.*

Qui a inventé les meilleures machines à coudre ?

Les premiers élévateurs ?

L'éclairage au pétrole ?

La meilleure lampe électrique que nous ayons aujourd'hui ?

Le meilleur téléphone ?

Le phonographe? etc., etc.

Des Américains du Nord.

Edison est, sans contredit, le savant qui a fait les plus belles applications de l'électricité. Il a fait faire à cette science moderne un pas immense ; et s'il vit encore quelques années, on ne sait ce qui sortira de son vaste établissement de Menlo-Park.

Qu'on visite le Patent-Office de Washington et l'on sera convaincu du génie inventif et pratique des Yankees. Aussi les Américains exportent non seulement des produits agricoles, mais ils inonderont le monde de leurs machines perfectionnées et des produits de leur industrie.

Leurs machines à coudre vont partout ; leurs outils et leurs machines agricoles sont dans les mains de tous les cultivateurs ; leurs armes, leurs revolvers surtout sont partout très estimés ; ce sont des excaveuses américaines qui creusent le Canal de Panama, c'est sur les modèles américains qu'ont été construits les élévateurs de Liverpool, d'Anvers, de Hambourg ; les wagons-palace des Américains, leurs sleeping-cars sont les plus commodes ; leurs charrues, leurs batteuses, leurs laveuses sont les meilleures qui existent.

Il a fallu l'Exposition de 1878 pour ouvrir les yeux aux Français et les convaincre du génie inventif des Américains. La section des Etats-Unis a été la plus remarquée et c'est, après la section française, celle qui a obtenu le plus grand nombre de prix, de médailles et de mentions honorables. Nous nous rappelons que le *Scientific-American* publia, dans un supplément, la liste complète des récompenses accordées à des Américains par le Jury de l'Exposition. Cette liste comprenait plusieurs pages du grand journal scientifique. Nous regrettons de ne pas l'avoir sous la main pour citer au moins les premiers prix et les médailles d'or. Ceux qui voudraient avoir des renseignements précis n'ont qu'à consulter les comptes-rendus officiels publiés par le gouvernement français après la distribution des récompenses.

Nous ne doutons pas que les Américains ne fassent aussi bonne figure à l'Exposition qui doit s'ouvrir au Champ-de-Mars en 1889.

Ils ont continué à travailler pendant ces dix dernières années ; ils ne se sont pas endormis sur leurs lauriers, ils en recueilleront d'autres, et ils nous surprendront encore par leurs progrès constants et par quelques-unes de leurs merveilleuses inventions.

CHAPITRE XVII

CHEMINS DE FER AMÉRICAINS

S'il est un point sur lequel l'activité industrielle des Américains se soit donné un libre cours, c'est dans la construction des chemins de fer. Ce moyen de transport devait convenir à ce peuple dont la devise est le *Go ahead!* — En Avant!

Go ahead! répètent constamment les Yankees. En avant, tête première, sans détours, sans broncher, sans jamais reculer devant les obstacles; en avant toujours à grande vitesse; en avant dans la forêt, dans les vastes plaines du Far-West. *Go ahead!* en avant jusqu'au Grand Océan; et quand nous aurons atteint le Pacifique, quand nos locomotives rouleront de New-York à San-Francisco, nous tournerons nos regards vers le Sud et nous dirons : En Avant, jusqu'à Mexico! Etendons des rails, aplanissons les collines, comblons les vallées, franchissons les fleuves et les précipices sur des ponts suspendus qui se balancent dans le vide; lançons nos locomotives à toute vapeur, la vitesse diminue le poids. *Time is money* : la vapeur est la grande civilisatrice, la conquérante des temps modernes. *Go ahead!* franchissons les Andes comme nous avons franchi les Montagnes Rocheuses, en avant vers le plateau Mexicain et l'Amérique centrale; passons l'isthme de Panama, en avant vers le Pérou, le Chili, le Brésil et la Plata; en avant jusqu'à l'extrémité méridionale de l'Amérique, ce continent est à nous du détroit de Behring au cap Horn.

Les Américains ont construit presque autant de chemins de fer que toutes les autres nations du monde réunies.

En effet, sur 480,000 kilomètres de chemins de fer qu'il y a actuellement dans le monde, les Etats-Unis en possèdent 209,560 kilomètres.

L'immense territoire qui s'étend entre les deux Océans, du golfe du Mexique au Saint-Laurent et aux grands lacs, est sillonné de chemins de fer. C'est là qu'on peut, sans sortir d'un palace-wagon, parcourir les plus longues voies ferrées qui existent dans le monde : de New-York à San-Francisco, plus de 5,000 kilomètres, de New-York à la Nouvelle-Orléans et à Mexico; du golfe du Mexique à Chicago, à San-Francisco, etc. Toutes les villes et même les villages sont reliés par des voies ferrées dues uniquement à l'initiative privée. Le gouvernement ne s'occupe en rien de l'établissement, de l'entretien et de l'administration des chemins de fer; il laisse entièrement l'entreprise et l'exploitation de ces grands travaux publics aux citoyens ou aux Compagnies. Il se contente de les protéger et de les encourager en faisant des concessions de terres publiques le long des lignes nouvelles. C'est grâce à la liberté et à l'initiative privée que les progrès les plus surprenants ont été réalisés dans l'établissement de ces rapides moyens de transport. C'est grâce à la libre concurrence que le transport des marchandises est meilleur marché aux Etats-Unis qu'en Europe et qu'on y voyage mieux, plus commodément, plus agréablement et surtout à meilleur compte. Quand on a longtemps voyagé dans ces magnifiques pullmann américains où l'on a tout le confortable possible, on trouve que nous sommes bien en retard en France et en Angleterre où les voyageurs sont encore comme emprisonnés dans des compartiments étroits.

Dans un train américain on peut, tout en marchant à grande vitesse, circuler d'un wagon à l'autre, rechercher ses connaissances, aller au buffet, ou se coucher dans un spleeping-car. Il y a, dans chaque wagon, de l'eau à la glace pour l'été, un calorifère pour l'hiver et des water-closets pour dames et messieurs. Les dossiers des sièges, bien rembourrés, sont disposés de façon à pouvoir toujours se tourner dans la direction du train, de sorte que les voyageurs ne vont jamais à reculons. En outre, des vendeurs circulent de temps en temps tout le long des trains, offrant aux voyageurs des journaux, des revues illustrées, des fruits, des gâteaux, des liqueurs, du tabac et des cigares, de sorte qu'on peut voyager plusieurs jours et plusieurs nuits sans descendre d'un train et avoir tout ce qu'on désire et pas plus cher qu'à la ville ou au village. J'ai plusieurs fois passé 3 jours et 3 nuits dans un train sans mettre pied à terre. On met 8 jours de New-York à San-Francisco, 7 jours de New-York à Mexico, avec un changement de train ou deux.

Si les voyages sont longs et les distances à parcourir considérables, il faut reconnaître que les Américains ont su introduire dans les moyens de transport tout le confortable possible. Ils savent voyager à l'aise, ce sont des gens essentiellement pratiques.

Si, comme le prétendent certains économistes, l'extension des chemins de fer est une preuve du progrès matériel des nations, les Américains sont de beaucoup en avance sur tous les peuples.

Ils ont un mille de voie ferrée par 450 personnes.
L'Allemagne vient après avec un mille par 1,100.
L'Angleterre — — 1,260.
La France — — 1,320.
La Russie — — 2,500.

Les autres puissances : l'Autriche, la Hongrie, l'Italie, la Turquie, l'Espagne et le Portugal sont loin de ces proportions.

On voit que les Américains ont, par rapport à la population, trois fois plus de chemins de fer que les Français ; leur réseau total de 210,000 kilomètres est environ sept fois plus grand que le réseau français.

Le capital total consacré aux chemins de fer s'élevait, en 1885, à 38,381,000,000 fr., et le revenu brut était de 3,816,000,000 fr., laissant un bénéfice net de 1,332,000,000 fr., ce qui donne un dividende de près de 3, 5 0/0.

Le prix de revient du kilomètre de chemin de fer avec le matériel de roulage, est en moyenne, aux Etats-Unis, de 183,679 fr.

Les chemins de fer anglais ont coûté environ quatre fois plus par kilomètre ; nos lignes ferrées coûtent aussi beaucoup plus cher. Une des principales causes qui font, en Europe, renchérir les voies ferrées, c'est l'achat des terrains. Aux Etats-Unis, les indemnités de terrains sont presque nulles.

Les ingénieurs américains prétendent qu'ils peuvent maintenant construire des chemins de fer, dans les terrains ordinaires, à un prix bien inférieur, pour 40,000 à 45,000 fr. par kilomètre. En effet, le matériel et la main-d'œuvre sont bien meilleur marché que dans les commencements; d'immenses manufactures sont établies dans les grands centres, produisant les rails et le matériel de roulage à des prix bien inférieurs qu'aux débuts des rail-ways.

La première ligne ouverte au trafic fut inaugurée à Quency, dans le Massachusets, en 1827. Depuis cette époque le progrès a été rapide et constant.

Les Américains ont construit peu de grandes routes carrossables. Au sentier du pionnier a succédé presque partout la voie ferrée. Les anciens peuples ont passé des siècles à aplanir et à empierrer de larges routes pour les lourdes charrettes de bœufs et de chevaux ; nos routes nationales ont coûté des sommes énormes et maintenant elles sont presque désertes.

Les nombreuses diligences qui les parcouraient ont fait place aux wagons portant dépêches, voyageurs et marchandises, et une seule locomotive remplace des centaines de chevaux.

Les Américains sont arrivés tout d'un coup au cheval-vapeur, ils ont su se l'approprier, l'utiliser, le multiplier et l'adapter à tous les besoins de l'industrie. Les grandes découvertes de la science moderne, auxquelles ils ont pris une large part, ont coïncidé avec leur formation, leur développement et leur accroissement colossal ; leur progrès a marché de pair avec le progrès des sciences et de l'industrie pendant le XIXe siècle. En cinquante ans, ce jeune peuple a atteint et dépassé les vieux peuples, les vieilles civilisations de l'Europe, toujours lentes à adopter les innovations, parce qu'elles croient avoir en tout atteint à la perfection. Endormies dans la contemplation de leur ancienne gloire, il leur a fallu l'audace et l'activité des Yankees pour les réveiller de leur assoupissement.

Quand Fulton lança son premier bateau à vapeur sur la Seine, les Parisiens se moquèrent de lui, et Napoléon Ier traita son projet de chimérique. Un an après, le 11 août 1807, le *Clermont* quittait les quais de New-York, remontait l'Hudson jusqu'à Albany, et, à son retour, il fut acclamé par la foule. Quelques années après, tous les grands fleuves des Etats-Unis étaient sillonnés de bateaux à vapeur.

La vapeur est l'élément favori des Yankees et les premiers, ils en ont su faire l'âme de l'industrie.

Le roi des chemins de fer a été W.-H. Vanderbilt, qui vient de tomber mort sur les dalles de marbre de son palais de la 7e Avenue, à New-York.

Voici, d'après un journal de New-York, une évaluation des fortunes colossales qui ont été faites par des Américains dans les entreprises de chemins de fer :

W.-H. Vanderbilt......	1.300.000.000 fr.
Jay Gould..............	1.000.000.000
Leland Stanford........	500.000.000
P. Huntington..........	250.000.000
Ch. Croeker............	200.000.000
Mme Ve Hopkins.........	200.000.000
Russell Sage...........	200.000.000
Tom Scott........	100.000.000
Cyrus W. Field.........	75.000.000
Samuel Tilden..........	75.000.000
John W. Garett..	50.000.000

Soit près de quatre milliards entre onze individus.

Il faut avouer que ces fortunes colossales, amassées en quelques années et grossissant rapidement, deviennent un danger pour la société, et il ne faut pas s'étonner si les idées socialistes de Henry Georges et du Père Mac-Glyn se sont promptement répandues parmi les peuples et les travailleurs. Mais nulle part le sort des ouvriers n'est plus convenable qu'aux Etats-Unis.

Nulle part ils sont mieux payés, mieux nourris, mieux logés. Il n'y a pas de pays au monde où le travail soit mieux rétribué et où le travailleur honnête et économe puisse plus aisément sortir de son humble condition et se créer une situation plus heureuse, plus indépendante.

Combien de travailleurs, de simples ouvriers, sont, aux Etats-Unis, arrivés à la fortune et se sont élevés aux plus hautes positions sociales.

CHAPITRE XVIII

COMMERCE

Le mouvement commercial est immense dans l'intérieur de la République américaine. L'Est est essentiellement industriel. Philadelphie, Boston, New-York, Newark, Brooklyn, Pittsburg, Lowell, Springfield, Hartford, Baltimore, Richmond, etc., sont des cités manufacturières.

Les états de l'Ouest et du Sud sont surtout agricoles. L'Ouest produit le blé, la viande, les légumes ; le Sud produit le sucre, le coton, le tabac et le riz. Il s'établit nécessairement entre le Nord et le Sud, l'Est et l'Ouest de la vaste République, un échange constant des produits agricoles et industriels, et le pays est si bien doté par la nature qu'il fournit à peu près tout ce qui est nécessaire à l'homme pour vivre confortablement. Le café et le thé sont les deux seules denrées qui manquent totalement aux Américains du Nord. Le café est une plante essentiellement tropicale et le thé n'est cultivé, jusqu'à ce jour, qu'en Chine et au Japon.

Les Etats-Unis sont en entier dans la zone tempérée qui est certainement la plus saine, celle qui convient le mieux à la race blanche. Ils produisent en abondance toutes les denrées des climats tempérés. La vigne et le mûrier, nouvellement introduits en Californie, ne tarderont pas d'y donner d'abondants et excellents produits. Avec l'énergie qui les caractérise et qu'ils mettront à la culture de la vigne et à l'élevage des vers à soie, les Américains ne tarderont pas à produire plus de vin et de soie qu'il ne leur en faut, et je ne désespère pas de les voir un jour exporter ces produits en Europe et dans l'Inde.

S'ils savent produire, les Yankees savent encore mieux fabriquer et vendre. C'est une nation essentiellement laborieuse, industrielle et mercantile. Tout son génie est porté vers l'exploitation. Après le *Go ahead!* en avant, la grande devise des Américains, est le *Make money!* « Fais de l'argent. » Un paysan du Kentucky, envoyant son fils dans les monde, lui dit à son départ : *Make money, honestly if you can, but make money any how.* Fais de l'argent honnêtement si tu le peux, mais fais de l'argent quand même. » L'argent, c'est l'honneur, c'est le bonheur. La seule aristocratie du pays c'est celle de la fortune. Le seul titre de noblesse, c'est celui d'avoir fait fortune de ses propres mains. Un *self made man*, un homme qui s'est fait lui-même, qui s'est créé une position élevée, qui a fait fortune, est l'homme le plus honoré, le plus respecté aux Etats-Unis. Il n'y a que deux classes de citoyens, les riches et les pauvres ; ceux qui ont fait fortune, ceux qui ont gagné de l'argent, et ceux qui cherchent à faire fortune, qui travaillent pour gagner de l'argent. Le marchand enrichi ne quitte pas les affaires, il les augmente toujours ;

l'industriel qui a fait fortune ne vend pas sa manufacture, il l'agrandit constamment; l'agriculteur qui a installé une belle plantation ne la loue pas pour jouir en paix du revenu de sa ferme, il cherche à en établir d'autres pour en laisser une à chacun de ses nombreux enfants.

Quand un jeune homme sort de l'école, le père ne lui dit pas : « Jouis de la fortune que j'ai amassée », il lui dit : « *Now my son, make money* ». Maintenant, mon fils, fais comme moi, travaille pour te faire une position dans le monde. Je t'ai donné le jour, je t'ai élevé, je t'ai fait instruire, je ne te dois plus rien, travaille, *make money*. Quand je mourrai tu viendras prendre ta part de mon héritage, tu partageras avec tes frères et tes sœurs ce que je laisserai, mais n'y compte pas trop, la fortune peut tourner, je puis être ruiné avant de mourir.

Il dit à son futur gendre : « J'ai fait instruire ma fille, sa mère lui a appris à conduire un ménage ; nous avons fait pour elle tout ce que nous devions faire, si elle vous plaît, prenez-la. Il n'est nullement question de dot; on ne doit pas se dépouiller avant de se mettre au lit. Quand les pères et les mères sont morts, les fils et les gendres se partagent leur succession; en attendant, ils travaillent pour vivre. Aussi, tout le monde travaille aux Etats-Unis. Les jeunes gens se marient à 20 ans, ils n'attendent pas, pour prendre femme, d'avoir une position toute faite ; ils travaillent à se la faire avec le concours de leurs épouses qui y contribuent souvent pour une bonne part, qui sont presque toujours leurs associées et leurs collaboratrices. Le régime de la communauté est généralement adopté dans les mariages.

La femme travaille, il est vrai, aux Etats-Unis, mais non pas à des travaux si durs, si pénibles, je dirai même si grossiers que ceux auxquels se livrent souvent nos paysannes en France. La femme américaine ne va jamais aux champs : la couture, le ménage, les soins de la basse-cour et un peu de jardinage forment son unique occupation à la campagne. Dans les villes, elle travaille surtout avec la machine à coudre qui est dans tous les ménages, et elle seconde souvent son mari au comptoir et à son bureau. Dans le petit commerce, dans le commerce de détail, elle remplace avantageusement un commis.

Nous avons dit que la différence du climat et des productions entre les diverses sections du pays occasionne un immense commerce entre les différents Etats de l'Union. Ce commerce intérieur est facilité par les magnifiques voies de communication naturelles et artificielles dont nous avons parlé précédemment.

Pour le commerce extérieur, les Etats-Unis sont aussi dans une situation exceptionnelle. Par les magnifiques ports de l'Atlantique : New-York, Philadelphie, Boston, Baltimore, Portsmouth, Charlestown, etc., ils communiquent directement avec l'Europe. Par ceux du golfe du Mexique : la Nouvelle-Orléans, Mobile, Galveston, ils sont en relations directes avec les Antilles, l'Amérique Centrale et l'Amérique du Sud ; et enfin par les beaux ports du Pacifique : San-Francisco, Sacramento, ils communiquent bien plus facilement que l'Europe, avec la Chine, le Japon, l'Australie et les nombreux et riches archipels du Grand Océan ; et quand le canal de Panama sera achevé, le Chili, le Pérou, la Bolivie, toute la côte du Pacifique sera considérablement rapprochée des ports du golfe du Mexique et de l'Atlantique. Les Etats-Unis bénéficieront les premiers et pour la plus large part de la grande entreprise de M. de Lesseps.

Il faut reconnaître que cette situation est admirable, unique dans le monde. Aussi le commerce des Américains du Nord a fait de rapides et constants progrès. Ce commerce n'est dépassé que par celui des Anglais, auxquels ils commencent à faire partout une redoutable concurrence. Les Yankees vaincront un jour les Anglais pour le commerce extérieur et renverseront dans un avenir qui n'est pas éloigné, cet empire de la mer que l'Angleterre a tenu si longtemps ; le fils monstrueux écrasera la mère ; Uncle Sam battra John Bull et vengera les Français.

Le tableau suivant donne la valeur des marchandises importées et exportées par les Américains, pour chacune des dix dernières années fiscales, finissant le 30 juin.

Dans la troisième colonne sont les excédents des exportations sur les importations :

Années	Valeur des marchandises importées	Valeur des marchandises exportées	Excédents des exportations sur les importations.
1876	2.303.200.000 fr.	2.627.910.000	324.710.000 f.
1877	2.256.535.000	2.948.345.000	681.810.000
1878	2.175.255.000	3.403.545.000	1.218.290.000
1879	2.228.875.000	3.491.700.000	1.262.825.000
1880	3.339.765.000	4.119.730.000	779.965.000
		A reporter.....	4.267.600,000 f.

		Report.......	4.267.600.000 f.
1881	3.212.360.000	4.149.625 000	1.206.305.000
1882	3.623.195.000	3.665.149.000	41.950.000
1883	3.615.900.000	4.021.115.000	405.215.000
1884	3.338.485.000	3.624.820.000	281.345.000
1885	2.887.625.000	3.633.410.000	745.785.000
		Total.....	6.948.300.000 f.

On voit que les exportations ont constamment dépassé les importations. Pendant ces dix dernières années, les Etats-Unis ont exporté pour près de sept milliards de marchandises de plus qu'ils n'en ont importé. C'est l'inverse qui a lieu en France, nous importons beaucoup plus que nous n'exportons.

Dans le tableau précédent ne sont pas comprises les importations et les exportations en espèces, or et argent, qui sont annuellement de plusieurs centaines de millions.

Les marchandises exportées pendant la dernière année fiscale ont été ainsi classées d'après leur nature :

Coton brut....................	1.009.812.000 fr.
Tissus de fil et de coton.......	59.182.000
Blé........................	364.665.000
Farine de froment...........	260.731.000
Maïs.......................	140.000.000
Viande, graisse, beurre et autres provisions............	536.921.000
Pétrole.....................	251.289.000
Tabacs.....................	123.836.000
Bois et articles en bois........	107.321.000
Fer, acier, articles en fer......	83.025.000
Animaux....................	64.533.000

Ainsi, les produits agricoles forment le gros des exportations américaines, près de 73 pour 100 du total; les produits manufacturés environ 16 pour 100; les produits des mines 8,1/4 pour 100; et les produits des bois, des pêcheries et autres 2 3/4 pour 100.

Les principaux articles importés par les Etats-Unis étaient ainsi classés, d'après leur valeur, pour l'année fiscale 1884-85:

Sucres et mélasses, etc.	383.644.000 fr.
Laines et lainages	223.282.000
Café	233.616.000
Fer, acier, articles en fer ou en acier	172.818.000
Médecines et préparations chimiques	165.854.000
Fil, chanvre, lin, jute et tissus de fil	164.274.000
Tissus de coton	140.760.000
Peaux et fourrures	138.220.000
Soieries	137.337.000
Soies brutes et cocons	64.627.000
Thé	70.237.000

Des droits considérables frappent la plupart des marchandises importées. Les Etats-Unis ont toujours maintenu un énorme tarif protecteur; les libre-échangistes y sont assez nombreux, mais ils n'ont jamais eu la majorité au Congrès et le système protecteur a toujours prévalu. Il faut reconnaître que ce système leur a réussi et qu'à l'aide de la protection leur industrie s'est rapidement développée. Mais les industriels américains sont maintenant dans des conditions à pouvoir lutter avantageusement avec l'Europe ; sans avoir besoin d'être protégés par un tarif si élevé que pour certains produits ce tarif est prohibitif. Ils sont riches, ils sont bien outillés et ils ont la matière première et la main-d'œuvre à aussi bon marché que les industriels européens. Il serait donc à souhaiter, pour l'intérêt de la masse des consommateurs, de voir abaisser, sinon supprimer complètement les droits de douane qui sont anti-républicains.

Les Américains ont imposé non seulement les objets de luxe, les articles de fantaisie, mais ils viennent d'établir un impôt élevé sur les objets d'art : tableaux, livres, dessins, gravures, statues, meubles, etc.

Nos vins et nos soieries sont fortement imposés et les Américains ont l'air de nous gronder, et ils nous menacent de représailles si nous mettons un impôt léger sur les blés et les farines étrangères pour protéger nos agriculteurs et si nous défendons l'importation de leurs jambons trichinés.

Le montant des droits perçus par les douanes américaines a été, pour la dernière année fiscale, de 950 millions, ce qui fait environ 30 pour cent de la valeur des marchandises importées.

Bien que les douanes soient la principale source de revenu des Etats-Unis, ce n'est pas pour équilibrer leur budget que le gouvernement et le Congrès maintiennent un tarif si élevé ; c'est surtout pour protéger leur industrie. On l'a vu récemment dans les discussions pour la révision du tarif. Tous les budgets se soldaient par un énorme reliquat :

la dette était presque éteinte et on avait trop d'argent au *Treasury*. Il fallait diminuer les recettes. On a préféré réduire de près de moitié l'*Internal Revenue* et on a conservé et même pour certains articles on a augmenté les anciens droits.

Il n'y a pas de manufacturier, pas de plus petit industriel américain qui n'ait eu, dans ces débats, son défenseur ardent au Congrès de Washington. Quand un partisan du libre-échange demandait l'abaissement ou la suppression des droits sur quelque article d'utilité générale, les intérêts des manufacturiers étaient toujours chaudement défendus, et toujours l'intérêt des consommateurs était sacrifié à celui des producteurs nationaux. C'est la protection, disaient les orateurs américains, qui a fait la richesse de notre industrie, ne touchons pas au tarif. C'est ce tarif qui a développé nos ressources et qui continuera cette prospérité merveilleuse qui excite la jalousie des nations européennes. Elles ne peuvent se passer de nos produits et nous n'avons pas besoin des leurs; et bientôt notre industrie, protégée contre la concurrence étrangère, nous fournira aussi bon marché et d'aussi bonnes marchandises que les manufactures européennes; et si une conflagration européenne survient, ce qui ne manque pas d'arriver de temps à autre, nous pourrons fournir aux puissances belligérantes non seulement des matières premières dont elles ne peuvent se passer, mais aussi des armes, des munitions et toutes sortes de marchandises qu'elles ne pourront pas fabriquer, tandis qu'elles seront absorbées dans ces luttes qui les ruinent et qui font notre fortune.

Grâce aux bienfaits de la paix qui ne risque pas d'être troublée aux Etats-Unis, ce pays sera incontestablement le plus riche, le plus prospère et le plus heureux du monde.

Voici, d'après les statistiques du *Board of trade* de Washington comment, pour l'année fiscale 1884-85, le commerce des Etats-Unis était réparti entre les diverses nations du monde. Le tableau suivant indique la valeur des exportations et des importations ou le montant des ventes et des achats de marchandises faits par les Américains avec les diverses nations étrangères.

Contrées	Exportations	Importations	Total
Iles Britaniques...	1.974.600.000 fr.	683.500.000 fr.	2.658.100.000 f.
Allemagne.........	304.000.000	316.000.000	620.000.000
France............	222.811.760	284.676.760	507.488.520
Canada............	179.800.000	184.800.000	364.600.000
Belgique	126.800.000	43.000.000	169.800.000
Russie	83.000.000	28.000.000	111.000.000
Hollande..........	59.800.000	23.500.000	83.300.000
Espagne...........	59.400.000	72.000.000	131.400.000
Cuba..............	52.200.000	14.000.000	66.200.000
Mexique...........	43.590.000	211.000.000	254.600.000
Italie............	38.000.000	14.500.000	52.500.000
Australie.........	36.000.000	46.000.000	82.000.000
Brésil	36.000.000	226.000.000	262.000.000
Antilles Anglaises.	34.000.000	51.000.000	85.000.000
Chine	31.000.000	81.000.000	112.000.000
Japon	22.000.000	5.000.000	27.000.000
Inde	22.000.000	1.700.000	23.700.000
Amérique Centrale	20.500.000	88.000.000	108.500.000
Danemark	15.000.000	58.000.000	73.000.000
Portugal	13.000.000	32.000.000	45.000.000

Ainsi, dans l'année finissant le 30 juin 1885, 54 pour 100 des marchandises exportées par les Etats-Unis sont allées en Angleterre, tandis que des marchandises importées aux Etats-Unis 23.6 p.100 seulement venaient des Iles-Britanniques.

Les Etats-Unis font, avec l'Angleterre, pour 2,654 millions d'échanges par an. Si l'on ajoute à ce chiffre déjà si élevé 364 millions d'affaires avec le Canada et 85 millions avec les Antilles anglaises, on a 3,707 millions d'affaires que l'Union-Américaine fait avec la puissance Anglaise, près de la moitié de son commerce général à l'étranger.

La France fait, avec les Etats-Unis, un commerce de 507,488,000 francs, c'est environ le sixième de l'Angleterre. Nos importations des Etats-Unis ont été, en 1885, de 222,811,760 fr. et nous leur avons vendu, cette même année, pour 284,676,760 fr. de marchandises. Nous avons donc vendu aux Américains près de 62 millions de marchandises de plus que nous leur en avons acheté.

Nous avons donc, avec les Etats-Unis, des relations commerciales importantes et surtout avantageuses, puisqu'elles se balancent à notre avantage et il importe de travailler à les augmenter le plus possible.

Les Etats-Unis sont un des meilleurs débouchés pour nos marchandises et ils pourraient devenir le meilleur débouché pour nos soieries et nos articles de fantaisie. Nos ports de l'Atlantique : le Havre, Nantes, Bordeaux, sont les plus directs d'Europe en Amérique et cependant nous nous laissons dépasser même par l'Allemagne qui a fait, la même année, pour 620 millions d'affaires avec les Etats-Unis, environ 113 millions de plus que la France.

Nous avons la plus belle situation commerciale

de l'Europe. Par nos ports de l'Atlantique nous sommes en communication directe avec le Nouveau-Monde et, par ceux de la Méditerranée, avec l'Europe méridionale, l'Afrique et l'Asie. Les divers états de l'Europe nous envient cette position admirable. L'Angleterre, la Hollande, l'Allemagne et la Belgique voudraient bien avoir un port dans la Méditerranée afin de n'être pas obligées de passer par le détroit de Gibraltar pour aller dans l'Inde et la Chine. L'Italie, l'Autriche, la Grèce, la Russie, sont obligées de passer par le même détroit pour aller en Amérique.

Pourquoi profitons-nous si mal d'une situation unique ? Pourquoi notre commerce n'est-il pas le premier du monde? La France devrait être l'entrepôt du commerce entre l'Europe et l'Amérique; entre l'Afrique et l'Europe. Tous les cotons des Etats-Unis, les cafés du Brésil, les laines de la Plata, les bois précieux du Nouveau-Monde devraient arriver au Havre, à Nantes ou à Bordeaux. Pourquoi les produits américains vont-ils de préférence à Liverpool, Londres, Hambourg, Anvers, La Haye, etc. C'est aux économistes français à étudier ces questions et à chercher à les résoudre à notre avantage.

Oh ! qu'il est déplorable de voir la France profiter si mal d'une si belle position géographique! Il fut un temps où nous étions les maîtres du commerce européen : pourquoi n'avons-nous pas conservé notre supériorité?

Est-ce que le peuple français a dégénéré? Non, certainement, quoi qu'en disent les anglo-saxons; notre race, la race latine, n'a pas dégénéré. Ce sont nos divisions politiques qui sont la seule cause de notre décadence commerciale. C'est malheureux pour nous, c'est déplorable, mais c'est ainsi.

Nous avons perdu nos plus vastes et nos plus riches colonies : le Canada, la Nouvelle-Ecosse, Terre-Neuve, la Louisiane, la Floride, la Dominique, Haïti, Madagascar, l'Ile de France ou Maurice, l'Indoustan, etc. La plupart de ces belles colonies sont devenues la proie de nos éternels ennemis, des plus redoutables adversaires de notre commerce et de notre industrie, des Anglais qui sont venus après nous et qui ont fondé le plus vaste empire colonial qu'il y ait jamais eu dans le monde.

Les Etats-Unis ont profité aussi de nos divisions politiques et de nos inepties dans l'administration coloniale ; en 1803 ils ont acheté, moyennant 75 millions, la Louisiane à la France. Napoléon a cru peut-être faire alors un bon marché : mais la Louisiane vaut maintenant des milliards et la Nouvelle-Orléans, fondée par des français, exporte annellement pour 400 millions de produits : 200 millions en Angleterre, 85 millions en France, 35 millions en Allemagne, etc. On dira que si le gouvernement français n'avait pas vendu la Louisiane aux Etats-Unis, ceux-ci l'auraient prise pour rien. Non, les Américains ne nous auraient pas enlevé la Louisiane par la force. Ont-ils jamais essayé de prendre le Canada aux Anglais ? Cuba aux Espagnols ? La vente de la Louisiane a été une grande faute de Napoléon Ier, qui était trop absorbé par les affaires d'Europe pour s'occuper des colonies. Consul, il n'a pas su réprimer l'insurrection des nègres de Saint-Domingue et cette belle île fut perdue pour la France. En 1810, il laissa les Anglais prendre Maurice ou l'Ile-de-France qui exporte maintenant pour 150 millions de sucre par an.

Le traité d'Utrecht (1731), la Paix de Paris (1763) et le honteux traité de 1814 ont été la ruine de notre ancien domaine colonial. Il restait une belle terre tropicale sur laquelle nous avions des droits incontestables, que nous avions en partie occupée au XVIIe siècle, que personne ne nous disputait et dont nous aurions pu facilement achever la conquête il y a quatre ans. C'est la fertile et grande île de Madagascar, plus vaste que la France, la Belgique et la Hollande réunies.

Par le déplorable traité du 17 janvier 1885, conclu avec les Hovas, nous renonçons à nos anciens droits sur Madagascar, nous reconnaissons les Hovas maîtres absolus de l'île entière, nous évacuons des postes importants que nous occupions, où notre drapeau avait flotté pendant deux siècles et nous ne nous réservons que quelques kilomètres carrés autour de la baie de Diégo-Suarez. Ce traité est aussi déplorable que ceux de 1713 et 1814. Il nous reste un espoir, c'est qu'il soit violé par les Hovas et qu'ainsi nous ayons l'occasion de revendiquer de nouveau nos anciens droits, de réparer les bévues de nos gouvernants et d'achever enfin la conquête et la colonisation de la grande île africaine, de la *France Australe*, comme l'appelait Flacourt dans son *Histoire de Madagascar*, publiée en 1661.

Les colonies sont des débouchés indispensables

au commerce et à l'industrie d'un peuple, et l'industrie et le commerce sont les deux principales sources de la richesse des nations modernes. Notre agriculture se meurt, elle ne peut soutenir la concurrence des pays neufs, des Etats-Unis, de la Plata, de l'Australie, de l'Inde, de l'Afrique méridionale qui peuvent produire presque sans limites et à meilleur marché que nous le blé, la viande, les laines. Il faut donc chercher de nouvelles sources de richesses sous peine de voir, la France s'appauvrir graduellement, tomber dans la misère et ne pouvoir faire face à ses dépenses et payer les intérêts de sa dette énorme.

Les Etats-Unis cherchent aussi des débouchés pour leurs produits; mais comme ces produits sont surtout agricoles, ils s'écoulent facilement. Leurs cotons, leurs céréales, leurs viandes sont des objets de première nécessité qui trouvent toujours une vente assurée, là où les populations sont si denses que la terre ne peut les nourrir.

Mais quand les Etats-Unis seront aussi peuplés que l'Europe et l'Asie orientale, quand les produits agricoles du pays seront consommés sur place, les Américains chercheront alors sérieusement à augmenter les ressources de leur commerce et de leur industrie, et ils fonderont des colonies pour y écouler les produits de leurs manufactures aussi bien que ceux du sol.

Déjà, ils luttent avantageusement sur quelques marchés avec les Anglais, les Belges, les Français et les Allemands et même avec les Suisses pour l'horlogerie. Nous avons vu qu'ils exportent déjà pour 60 millions de tissus de coton et pour 200 millions d'articles fabriqués en bois, en fer ou en acier; les métaux précieux y sont abondants et ils ne tarderont pas à exporter de grandes quantités de bijouterie ; on se souvient que pendant la dernière guerre le gouvernement français achetait aux Américains des armes, des munitions et des chaussures.

Ils ont des manufactures de toutes sortes, bien outillées, abondamment pourvues de matières premières de bonne qualité. Or, la population augmentant rapidement et constamment aux Etats-Unis, les produits agricoles ne leur donneront bientôt plus assez de revenus ; ils se tourneront alors vers l'industrie et le commerce avec la même ardeur, la même énergie qu'ils ont mise à défricher les vastes plaines de l'Ouest et à tracer des voies ferrées et alors l'Angleterre et l'Europe n'auront qu'à se bien tenir, si elles ne veulent pas être écrasées par les Américains. Ils produiront énormément et à bon marché, à des prix inconnus chez nous, à des prix qui étonneront nos manufacturiers, car ils sont dans de meilleures conditions que nous, car ils n'ont pas ces lourdes charges des dettes publiques, des armées permanentes, d'un fonctionnarisme nombreux, d'une administration compliquée et ruineuse et d'une aristocratie qui consomme et ne produit rien. Ils ont le gouvernement le plus libre, le plus stable, le plus simple et le plus économique qu'il y ait dans le monde.

Nous avons, en France, le plus instable, le plus compliqué, le plus gênant et le plus coûteux des gouvernements. Dans quelques années, les

Américains du Nord fourniront des marchandises non seulement à toute l'Amérique, mais ils franchiront l'Atlantique et le Pacifique et ils inonderont l'Ancien-Monde et le continent Austral des produits de leurs manufactures.

CHAPITRE XIX

CONCLUSION

En présence de cet accroissement prodigieux des Etats-Unis, de cet envahissement de l'Europe par l'industrie et les produits agricoles américains, de cette lutte pour l'existence entre les deux mondes, la vieille Europe n'a qu'une chose à faire : c'est l'établissement d'une Confédération européenne, des Etats-Unis d'Europe.

Dans les conditions où elle se trouve actuellement, elle ne peut lutter avec l'Amérique. Dévorée par des guerres continuelles, par des armements prodigieux, par l'entretien d'innombrables armées permanentes, elle sera écrasée par l'Amérique du Nord qui travaille dans de meilleures conditions, qui dispose d'un sol aussi fertile et de produits naturels d'une richesse incomparable, qui n'a ni armée, ni matériel de guerre à entretenir, ni guerres périodiques à soutenir, ni voisins dangereux à redouter et dont toutes les forces vitales sont livrées aux productions matérielles utiles. La matière première n'y manque pas et le peuple américain n'a pas d'égal pour l'énergie, le courage, la hardiesse, le génie pratique, l'esprit commercial. Si l'Europe n'y prend garde, elle sera bientôt débordée par l'Union américaine.

Quand on considère ce qu'est devenue cette République après 100 ans d'existence, quand on considère les progrès accomplis pendant ces vingt dernières années, on peut dire aux Européens : il est temps d'aviser. Pendant de longues années nous avons suivi pas à pas, au jour le jour, ce grand peuple dans sa marche progressive et nous en avons été effrayé pour les peuples de la vieille Europe et nous pouvons leur dire hardiment : Unissez-vous ou bien vous serez, dans moins d'un siècle, sous la suprématie américaine. Vous avez assez longtemps dominé l'Amérique, elle vous dominera à son tour. Votre décadence approche : vous tombez tandis qu'elle s'élève, vous vous appauvrissez tandis qu'elle s'enrichit, votre ruine fait sa grandeur. Votre or, votre sang, vos forces, votre industrie s'en vont en Amérique et se tourneront contre vous au jour de la lutte entre les deux mondes. Et voyez, déjà le *strugle* a commencé, la fille dévorera la mère.

Peuples de la vieille Europe, unissez-vous donc et désarmez.

Que toutes les nations de l'Europe nomment un Congrès pour fonder les Etats-Unis d'Europe. Qu'ils nomment un représentant par million d'habitants et fraction de plus de 500 mille.

D'après la population actuelle, ce Congrès aura environ 340 membres :

La Russie en fournira	89
L'Allemagne —	45

La France en fournira	....	37
L'Autriche	—	38
L'Angleterre	—	36
L'Italie	—	29
LEspagne	—	17
La Suède	—	6
La Hollande	—	4
La Roumanie, la Belgique et le Portugal, chacun	....	5
La Suisse et la Bulgarie, chacune	....	3
La Turquie	....	12
La Serbie, la Grèce et le Danemark, chacun	..	2
Et le Monténégro	....	1

Chaque Etat nommera ses représentants comme il l'entend, pour une période de 5 ans. En cas de mort, de démission ou d'exclusion pour crime, délit ou incapacité de quelque député, il sera immédiatement remplacé.

Ce Congrès se réunira dans une petite île de la Méditerranée qui sera libre, indépendante et qui formera la capitale de l'Union européenne.

Dans sa première séance, ce Congrès votera sur la langue qu'il devra adopter pour ses délibérations. La langue adoptée, celle qui obtiendra le plus de suffrages, deviendra la langue officielle de la République-Européenne.

Le Congrès Européen ne pourra s'occuper que des questions internationales et d'intérêt général. Les questions de forme de gouvernement des diverses nations, l'administration intérieure des Etats, la police, la justice, les cultes, etc., ne seront pas de sa compétence.

Le Congrès Européen proclamera la paix générale et perpétuelle en Europe. Il abolira toutes les armées, toute conscription, tout engagement volontaire forcé ou salarié. Le militarisme disparaîtra comme l'esclavage d'autrefois; et, à proprement parler, le militarisme n'est qu'une forme de l'esclavage, et dans beaucoup de pays la condition des soldats n'est guère meilleure que celle des anciens esclaves.

Les dix millions d'hommes actuellement sous les drapeaux en Europe, seront immédiatement congédiés et renvoyés à l'agriculture, au commerce ou à l'industrie.

Tous les établissements militaires : forts, casernes, arsenaux, écoles militaires seront immédiatement fermés. On ne laissera subsister que quelques forteresses sur la frontière Asiatique et une troupe de dix mille hommes pour garder le Capitole et l'Ile capitale.

Le Congrès abolira tous les tarifs, toutes les douanes intérieures en Europe. Il n'établira de tarif protecteur que contre les peuples de l'Asie, de l'Afrique et de l'Amérique qui ne voudraient pas accepter le libre-échange le plus complet, le plus absolu.

Le pacte fédéral européen sera indissoluble. La nation qui ne voudrait pas entrer dans la Confédération, serait mise au ban de l'Europe.

Le Congrès aura le pouvoir de modifier les limites des divers états européens pour les rendre plus homogènes, en tenant compte des aspirations de la majorité des habitants, des mœurs, de la langue, de la religion des habitants des provinces qui pourraient être détachées d'un pays pour être annexées à un autre.

Les colonies européennes continueront à être administrées et exploitées par leurs métropoles, comme par le passé et comme elles l'entendent, sans que le Congrès ait à s'en occuper.

Les libertés industrielles et commerciales ne pourront être entravées par aucune nation européenne.

Il n'y aura ni ambassadeurs, ni consuls, ni agents d'affaires dans les divers états de l'Europe, mais chacun pourra continuer à entretenir à l'étranger, c'est-à-dire hors d'Europe, des ambassadeurs, des ministres, des agents consulaires.

Le Congrès n'aura pas le droit d'invalider les représentants envoyés par chacun des divers états qui conservent leur souveraineté entière à l'intérieur, dans les limites qui leur seront assignées.

Le Congrès n'aura qu'une Chambre et siègera d'une manière permanente.

Il sera fait, au moins tous les dix ans, dans chaque état de l'Union Européenne, le recensement exact de la population ; et le nombre de représentants auquel chaque état aura droit, sera toujours déterminé par le montant de la population du dernier recensement.

Tels sont les principaux points qui devront servir de base à la future Constitution des Etats-Unis d'Europe.

Ceci n'est point une chimère ; c'est à peu près ce qu'a réalisé l'Union-Américaine, formée actuellement de 38 états et 8 territoires libres, indépendants, embrassant un territoire presque aussi grand que l'Europe et qui aura, dans 65 à 70 ans, c'est-à-dire en 1955, une population égale à celle de l'Europe actuelle.

Ce projet est-il réalisable ? Oui, puisqu'il est presque réalisé en Amérique. Sera-t-il profitable aux peuples de l'Europe ? Il donnera à l'Europe dix millions de travailleurs de plus et il réalisera une économie annuelle de dix milliards consacrés actuellement à l'entretien des armées permanentes, du matériel de guerre, des fortifications et des marines militaires.

Ce projet réalisé fera le bonheur de toutes les familles qui ont des enfants, la joie de toutes les mères qui ont versé bien des larmes amères sur leurs enfants massacrés sur les champs de bataille.

Il y a trop des siècles que les mères élèvent des enfants pour le malheur de l'humanité ; il est temps qu'elles en élèvent uniquement pour leur propre bonheur, pour les nourrir pendant leur vieillesse.

O femmes ! quand on vous laissera tous vos enfants, quand on ne viendra plus vous les arracher aussitôt qu'ils commencent à vous être utiles, aussitôt qu'ils peuvent vous dédommager de toutes les peines que vous avez prises pour les élever, oh ! alors vous bénirez votre maternité et le monde sera heureux.

Il en est ainsi aux Etats-Unis et aussi les familles y sont nombreuses et la population y double tous les trente ans.

Pourquoi, l'Europe n'imiterait-elle pas l'Amérique ?

Pourquoi après un siècle d'expérience de ce qu'a fait l'Union-Américaine, ne créerait-on pas l'Union-Européenne ?

Après avoir constaté les bienfaits de la célèbre Constitution élaborée à Philadelphie en 1787 ne pourrait-on pas, en 1889, élaborer la Constitution des Etats-Unis d'Europe ?

Quel est le sage, quel est le nouveau Washington qui proclamera l'Indépendance des Etats de l'Europe ?

La postérité le bénira et sa statue colossale dominera le nouveau Capitole de l'Europe, comme celle de Georges Washington domine, sur son vaste dôme, le Capitole de la Grande République Modèle.

FIN

TABLE DES MATIÈRES

PREMIÈRE PARTIE

PAGES

DEUXIÈME PARTIE

PAGES

www.ingramcontent.com/pod-product-compliance
Ingram Content Group UK Ltd.
Pitfield, Milton Keynes, MK11 3LW, UK
UKHW020104200726
13856UKWH00002B/379